沟通与演讲

GOUTONG YU YANJIANG

主　编　曹　洁
副主编　蔡松伯　余　婉

重庆大学出版社

内容提要

本书是反映高校教育教学改革最新理念的应用型特色教材,是项目课程开发的有益尝试。本书包括沟通篇、团队篇、演讲篇三大模块,在每一章前设计有导学案例、学前问题,在每一章中穿插相关案例及拓展阅读,在章后安排课后练习,便于学生在学中练,在练中学,学训有机结合,帮助大学生在团队中提升沟通演讲水平和合作能力。

本书可作为应用型本科、高等职业本科、高职高专院校以及各类成人院校各专业学生"沟通与演讲训练"课程的教材,也可作为提高大学生基本素质的参考读物,同时也可作为各界人士进行沟通与演讲训练的实用手册。

图书在版编目(CIP)数据

沟通与演讲/曹洁主编. --重庆:重庆大学出版社,2022.7(2025.7 重印)
ISBN 978-7-5689-3306-3

Ⅰ.①沟… Ⅱ.①曹… Ⅲ.①言语交往—高等学校—教材②演讲—高等学校—教材 Ⅳ.①H019

中国版本图书馆 CIP 数据核字(2022)第 086815 号

沟通与演讲

主　编　曹　洁
副主编　蔡松伯　余　婉
责任编辑:文　鹏　　版式设计:文　鹏
责任校对:王　倩　　责任印制:殷　勤

*

重庆大学出版社出版发行
社址:重庆市沙坪坝区大学城西路 21 号
邮编:401331
电话:(023)88617190　88617185(中小学)
传真:(023)88617186　88617166
网址:http://www.cqup.com.cn
邮箱:fxk@ cqup.com.cn(营销中心)
全国新华书店经销
重庆正文印务有限公司印刷

*

开本:720mm×1020mm　1/16　印张:17　字数:271 千
2022 年 7 月第 1 版　　2025 年 7 月第 4 次印刷
ISBN 978-7-5689-3306-3　定价:46.00 元

斯坦福大学前校长约翰·亨尼斯曾说过："大学有一种观念,即工程师只需知道如何使用计算器或电脑,不用掌握写作与演讲的技巧。这可能是对年轻人最大的谎言……写作与演讲是一切学科中最有价值的两项技能。"

东软控股投资举办的3所大学作为以IT学科为主的工科院校,长期基于CDIO工程教育理念进行教育教学改革,并特别开设公共必修课"沟通与演讲"来提升学生沟通表达与团队合作的能力。多年来,课程为学生快速融入社会提供了大量帮助,在精品课程建设中也积累了一定的经验。为满足社会和学生的广泛需求,我们与时俱进进行《沟通与演讲》教材的编写。

本教材体现CDIO工程教育理念,在系统化理论指导下,将理论知识、能力训练、素质提升进行三维一体化设计,使之有机融合。教材共分沟通、团队、演讲三个模块,每个模块均含知识点与技能点的教学,配以相关案例材料(为便于教学,均有所删改)说明佐证,并通过一定练习使学生进行锻炼和提升。本教材适合各专业学生和有志提高沟通表达与团队工作能力的社会人士阅读。

CONTENTS / 目录

模块二　团队篇

模块三　演讲篇

模块一

沟通篇

第一章　沟通概述

小王是公司销售部的一名员工，为人比较随和，不喜争执，和同事关系处得都比较好。但是，前一段时间，不知道为什么，小王感觉同部门的小李处处和他过不去，事事针对他，有时候还故意在别人面前指桑骂槐，跟他合作的工作任务也都有意让小王做得多，甚至还抢了小王的好几个老客户。

起初，小王觉得都是同事，没什么大不了的，忍一忍就算了。但是，看到小李仍旧如此嚣张，小王一气之下，告到了经理那儿。经理没有多做调查就把小李批评了一通。从此，小王和小李成了绝对的冤家了。

无论在生活中，还是在工作中，我们每天都会面临许多烦恼和问题，而其中相当大的一部分是因为沟通不畅造成的。

沟通不就是说话？有什么难的？可是，和他沟通怎么就那么费劲？那么简单的问题我已经讲得很明白了，可为什么他还是一脸没听明白的样子？我该怎么告诉他这件事？我该怎么让他明白我的意思……

语言是人与人沟通最常用的形式，只要没有语言障碍就能够说话——哪怕有语言障碍，也可以使用手语等替代形式——但会说话并不等于沟通能力就好，不等于可以与人良好地沟通。我们要知道沟通的一般原理、影响沟通的因素、沟通的基本原则以及掌握如何与人有效沟通的技巧。

◢▰ 学前问题 ▏

1.沟通的内涵是什么？沟通的重要性都有哪些？

2.有效沟通的条件和形式都有哪些？

3.如何改正自己的沟通缺陷，提高自己的沟通能力，最终实现有效沟通？

第一节　沟通的一般原理

一、沟通的定义及特征

关于沟通的定义一直以来都众说纷纭。据不完全统计，已经有150多种说法。美国著名传播学家施拉姆认为，沟通是传者与受者对信息的分享；美国学者露西和彼得森则认为，沟通是人与人之间相互影响的全过程；而霍本却认为，沟通是用言语交流思想；还有美国学者贝雷尔森认为，所谓沟通，是大众传媒或者人与人之间符号的传送。

上述几种观点可以说基本上已经概括了沟通的本质和主要特征。笔者认为，沟通就是信息发出者与信息接受者之间通过约定的符号传递信息、接收信息并给出相应反馈的过程。

由此，我们来归纳一下沟通的特征。

1. 沟通具有双向性

沟通有着信息的发出者和接受者，在沟通的过程中，信息发出者发出信息，接受者接收信息，在接到信息之后再予信息发出者以反馈，其反馈也是以符号的形式给出的，而之前的信息发出者在接到信息接受者给出的符号之后再做反馈或者任沟通结束。在这个过程中，信息发出者与信息接受者之间一直存在着信息交换（或者说是符号流动），发出者与接受者的角色不断地在他们之间相互转换，所以说沟通是双向的。

沟通必然包含信息发出和信息反馈两个过程，只不过有的时候信息反馈是隐形的，并不是通过很明确的符号表示出来的。如王老师在历史系的

QQ 群里发出通知:下午两点历史系所有党员同学在第三教学楼 201 教室开会。到下午两点,王老师到达的时候发现历史系所有党员同学都已经在 201 教室了。在这个沟通过程中,王老师通过通知的形式发出信息,而历史系的党员同学接收到信息之后通过准时参会这一行动对王老师发出的信息做出了反馈。

2. 沟通依赖于符号

沟通实现的信息传输依赖于符号。这里所说的符号是"约定"好的,即信息沟通的符号是人们在长期的交往过程中所共同遵循、有着特定含义、能被人理解的。它既可以是语音,也可以是动作、表情、文字、图像等。

3. 沟通信息要能被正确理解

沟通中的信息符号不但要能传递,还要能被充分理解。如交警在指挥交通时做出的手势,当交通参与者看到交警的手势时,就会采取相应的行为。

正确理解信息发出者发出的信息是沟通过程中最为关键的。正确理解信息实际上就是大脑对接收到的符号正确解码,并再将之转换为能被接受者所理解的信息。沟通所传递的信息不仅仅是知识,它往往还会附加发出者的情感、态度、价值观等。

另外,沟通双方通常还具有不同的背景,这会影响双方对信息的理解与对方行为方式的解读,背景通常包括沟通双方的自身经历、个人经验、文化环境和当时处境等。如张同学非常热衷电子竞技,但李同学却完全不感兴趣;一个见多识广、经验丰富的老师傅和一个初出茅庐的年轻人;同事 A 忙得不可开交,同事 B 却非常空闲。如果沟通双方的背景并无共通之处,那么沟通也会随之变得困难。

4. 沟通中存在噪声

沟通过程中存在着一个影响沟通效果的因素——噪声,噪声包括外在噪声和内在噪声。外在噪声主要存在于外部环境,如吵闹的房间、充满异味的场所、拥挤的空间等,这样的外部环境会对沟通双方造成身体或心理的不适感,也会对沟通效果产生不利影响。内在噪声主要指沟通双方内在的噪声,一方面是指生理噪声,如身体不适、疲倦、生病等,另一方面是指心理噪声,如遇到某些事情造成沟通者心理情绪的变化,有伤心、沮丧、愤怒等。

二、沟通的重要性

沟通能力在现代社会越来越重要，我们喜欢与沟通能力强的人打交道，因为他们待人有礼，说话得体，能听懂我们想要表达的意思并给予我们正确、高效的反馈，迅速达成我们的沟通目标。有资料显示，在招聘过程中，招聘方更多看中的是应聘者的沟通能力和团队合作能力，其次才是专业能力和其他相关能力。人际关系是通过人际沟通来营造并发挥作用的。因此，有人说，人际沟通就是生产力。

在和平与发展是当今世界的两大主题的情况下，战争、暴力与冲突明显减少，但这并不意味着人类进入了大同社会，没有了利益纠葛与纷争，国与国之间、地区与地区之间、个人与个人之间，利益纷争依然存在，只是更多采取了沟通对话等形式来解决问题——沟通还有助于减少争议，谋求发展。随着教育事业的发展，人类文明程度的提升，人们对于不同文化、团体、个人之间的宽容性增强，沟通的原动力已经由劝导和改变转化为理解和谈判。

拓展阅读

缺乏沟通团队合作能力成大学生就业短板

每年的十一、十二月，都是高校应届毕业生最忙碌的时候，奔波于各种招聘会、准备简历、参加考试面试……可结果却总是几家欢喜几家愁：有些毕业生顺利地找到了心仪的工作，而有些人则参加了很多面试，结果却都是"对不起，你不太适合我们这份工作"。造成这种差异的原因有很多，但自身不具备职业核心能力是其中不容忽视的一项。

许多用人单位表示，大学里的专业技能固然重要，但是当代大学生如何与社会沟通、融入社会也是一个不得不思考的问题。许多学生缺乏融入社会、进入职场的基本能力和核心竞争力。因此，如果学生的创新、团队合作、职业沟通、管理与自我管理等职业核心能力过硬，无疑会成为竞争中的一把利剑。

如今，团队训练已引起多方面的关注，越来越多的公司和非营利组织都在本单位推广以团队形式进行工作的方式,这是因为这样能给他们带来真真切切的效益。但令人惋惜的是,许多大学生"不会说话""不会与人交流",这在很大程度上也注定了他们求职会有坎坷命运。

中国高等教育学会前会长周远清就指出:"随着信息技术的发展和全球化深入,各个行业和岗位的变动越来越频繁,知识和技术的更新越来越迅速,社会的发展对高校的人才培养工作提出了更高的要求。用人单位招聘时,不仅仅要求学生掌握岗位相关的专业知识和技能,而且对学生的综合素质越来越重视。在现有的人才培养体系中加入对学生的职业素质、职业核心能力方面的培养,也成了教育改革的必然要求。"

目前,我国已有多所高校在如何增强学生的职业核心竞争力方面进行了探索和创新。西南交通大学提出:高校人才培养是培养符合社会需要的、具有专业技能和综合能力的高素质人才。因此,职业能力素质的培养也是高校人才培养的重要内容。

大学毕业生要解决就业难的问题,必须具备科学合理的职业核心能力,这将全面提高学生的就业竞争力,并使他们可以更快地适应职场不断变化的需求。同时,原本书声琅琅的象牙塔,也应加大力度培养学生的职业素质,只有这样,才能在新时期更好地服务国家和人民。

案例 1-1

在一个偏僻的小山村里,住着一对老夫妇。老婆婆十七八岁时从外村嫁到老公公家,两口子相敬如宾,平静地生活。老婆婆一直遵守传统,一心一意服侍丈夫。

农家人做饭烧的是大柴灶,烧出的米饭总是贴着锅边的一圈很硬,叫"饭焦",中心部分很软,叫"软饭"。老婆婆自从嫁给老公公的第一天起,总是把第一碗软饭盛给丈夫,而自己却吃硬硬的饭焦。

这个习惯一天也没有改变过。日复一日,年复一年,孩子们也长大了,纷纷离开家到外面更广阔的天地去谋生,而当初年轻的小夫妻,这时也成为白发苍苍的老人。

有一天,老婆婆又拿碗给老公公盛软饭,突然,一个念头冒了出来:"凭什么这么多年我要吃饭焦而他要吃软饭?自从我嫁给他到现在,我根本就不知道软饭到底是什么滋味!想必一定比饭焦好吃吧,今天我非要亲口尝尝不可!"

于是,老婆婆把软饭放在自己面前,而给老公公盛了一碗饭焦。老公公看着这碗饭焦直发愣,老婆婆不无怨愤地对丈夫说:"凭什么这几十年来我总是把好吃的、嫩嫩的软饭给你吃,而你从来没有说过一句谦让的话,今天我也要尝尝!"

可是,她没有想到,老公公听了这话突然老泪纵横:"孩儿他娘,我们下力气做农活的人从小就爱吃这口饭焦,可是自从你嫁给我之后,你每次都给我盛软饭,我还以为你也爱吃饭焦呢,所以这么多年一直忍着没有告诉你。今天,你终于给我盛了一碗饭焦,真是别提多高兴了,没想到……"

案例 1-2

小梅和几位新人一起到一家大公司上班,第一天是报到,由人力资源部集中进行岗前培训,讲企业概况、企业文化、行为规范等。第二天正式到科室上班,小梅想着要给人一个好印象,来得特别早。她走进写字楼电梯,刚转过身,就见一位气宇轩昂的中年男子走了过来,小梅马上按住了开门按钮延迟关门,那男子礼节性地朝她微一点头,就进了电梯。小梅本能地向一边让让,男子进来后,也转了个身,两人就这么面向电梯门并排站着。小梅觉得这人还有点面熟,一回忆,哦,原来,昨天培训正式开始前,人力资源部请了公司几位高管过来和新人见面,现在这位就是陈总经理。

时间还早,电梯里只有他们两个人,小梅一下子近距离地和公司老总单独待在一个狭小的空间里。你想想,一个新员工,和职级相差如此多的领导单独在一起,小梅一下就紧张得手足无措。陈总其实一直没有注意她,小梅却觉得自己挺尴尬。她所在的办公室在 11 楼,总经理在 12 楼。电梯上升的那段时间里,小梅觉得时间过得如此之慢,简直能够听到自己的心跳!好不容易,到了 11 楼,小梅冲出了电梯。

这一天的工作中,小梅都忐忑不安,感觉自己真笨,在领导面前表现一点都不得体。同时,她也开始羡慕那些在任何场合面对任何人都能表现良好的人。

晚上,小梅和一位朋友谈了自己的感受,朋友给了她一些建议。

过了几天,小梅略早一点来到写字楼,真巧,过一会儿,陈总又出现在电梯口,两人又一起并肩站着。这次,小梅就先主动打招呼:"陈总早!"陈总大约也知道她是新来的员工,礼节性地回一句:"你也早。"

"哎,陈总,听说你挺喜欢古典音乐的,广州大剧院昨晚那场音乐会你有看吗?来了好多国内顶尖演员,演绎的都是名曲。"小梅一口气说下来,虽有点急,但总体还好。

"哦,我刚巧没空。"陈总还是露出了一点笑容。

"戴玉强演绎的《今夜无人入睡》可真棒……"

案例 1-3

一位教授精心准备一个重要会议上的演讲,会议的规格之高、规模之大都是他平生第一次遇到的。全家都为教授的这一次露脸而激动,为此,老婆专门为他选购了一身西装。晚饭时,老婆问西装合身不,教授说上身很好,"裤腿长了那么两公分,倒是能穿,影响不大"。

晚上教授早早就睡了。老妈却睡不着,琢磨着儿子这么隆重的演讲,西裤长了怎么能行,反正人老了也没瞌睡,就翻身下床,把西装的裤腿剪掉2厘米,缝好烫平,然后安心地入睡了。早上5点半,老婆睡醒了,因为家有大事,所以起来比往常早些,想起老公西裤的事,心想时间还来得及,便拿来西裤又剪掉2厘米,缝好烫平,惬意地去做早餐了。一会,女儿也早早起床了,一看,妈妈的早餐还没有做好,就想起爸爸西裤的事情,寻思自己也能为爸爸做点事情了,便拿来西裤,再剪短2厘米,缝好烫平……

这裤子还能不能穿?

三、沟通的过程

一个完整的沟通过程包括信息策划、信息编码、信息传输、信息解码、信息反馈,并夹杂着沟通干扰。

1. 信息策划

组织信息是沟通的前提。信息策划就是在大脑中形成清晰、完整、有条理、可被接收和理解的信息的过程。在这个过程中信息发出者先要对信息进行收集、整理和分析。先产生一个要发送信息的雏形,接下来进一步思考:怎么组织信息,信息传递给谁,怎么传递,如何保证所传递的信息会被接收到被正确理解,且做出个人所期望的反馈。

2. 信息编码

在此阶段,信息发出方将所要表达的信息按照一定的语法规则编排起来,即进行编码。常见的编码是口头语言、书面语言,以及表情、手势、声调等非语言形式。非语言沟通一定程度上能够弥补语言沟通的不足,增强沟通效果。但这并不是绝对的。

使用书面语言进行信息编码时,信息发出者自身语言表达能力、文学修养以及信息接受者的文化修养、阅读水平都会造成信息沟通障碍。因此,选择哪种方式进行信息编码非常重要。我们需要选择最合适的或者最高效的沟通方式,并按照所选择的沟通方式将信息转换成为相应的符号。

3. 信息传输

信息传输是指将已经完成编码的信息通过一定的传输媒介从一个主体传递到另一个主体。信息传输的方式很多,电子邮件、信件、电话、短信息、微信、QQ、电报等都可以进行沟通信息的传输。

4. 信息解码

接受者接收到信息发出者发出的编码信息并对接收到的编码符号按照相应语法规则解码还原,将之还原为思想、情感或者态度等,并用自己的思维方式加以理解,这一过程叫作信息解码。

信息解码包含两个层次:一是还原信息为发出者的表达方式;二是对于信息真实含义的正确理解。说到信息的编码与解码,最典型的莫过于电报。电报用特定的密码将信息编码传输,发送者先将想要表达的内容翻译成电码,而收报人收到的也是电码,收到电码之后再对电码对照密码解译,解译成电报内容,这是解码过程,解码之后还有一个对电报内容的理解。

案例 1-4

一个秀才去买柴,他对卖柴的人说:"荷薪者过来!"卖柴的人听不懂"荷薪者"(担柴的人),但是听得懂"过来",于是把柴担到秀才前面。秀才问他:"其价如何?"卖柴的人听不太懂这句话,但是听得懂"价"这个字,于是就告诉秀才价钱。

秀才接着说:"外实而内虚,烟多而焰少,请损之。"(你的木材外表是干的,里头却是湿的,燃烧起来,会浓烟多而火焰小,请减些价钱吧。)这句话卖柴的人实在听不懂，于是担着柴就走了。

秀才与卖柴人沟通失败不是因为秀才语言表达能力差，而是因为他没有考虑听者的理解力。

5. 信息反馈

在接收并理解了信息发出者发出的信息之后，信息接受者通过语言或者行动给对方发出的一个相应的反馈，表明自己的思想、态度或者情感。

6. 沟通干扰

在沟通过程中，不可避免地会出现一些干扰因素，这些干扰因素会导致沟通在一定程度上出现失真，导致沟通效果打折扣。这些因素可能来自沟通本身，也可能来自外部环境。如沟通者表达能力差，听者故意对沟通者、其他听众人为地制造一些干扰，沟通场所的噪声，信息传输工具的故障等都会造成影响。

要想实现有效沟通，沟通者必须具备以下条件：

首先，具备较高的情商。通过近些年的观察，研究者们发现，情商决定沟通。一个人成功与否，事业发展得是否顺利主要是由情商决定的。要想提升沟通能力，实现有效沟通，首先要提高情商。

其次，具备良好的文化素养。中国有句老话"腹有诗书气自华"，文化素养高的人会具有一种非常好的气质和亲和力，使人愿意与之交流。人们在沟通过程中除了传递信息，还要表达情感、态度、价值观并做出反馈，其中沟通手段的运用、社交礼仪的展现、言语表达的技巧和处理问题恰到好处的"分寸"都有赖于文化素养的熏陶。一个人文化素养越高，他的言行就越符合社交活动规律，沟通活动成功的概率也就越高。

最后，良好的语言表达能力是实现有效沟通的基础。语言表达能力的强弱对于能否实现有效沟通至关重要。语言表达能力强则易于用相对简短的语句，正确、准确地将所要传递的信息编码，通过恰当考虑接受者理解能力的方式传输给接受者，使传输信息能够被接受者正确接收、解码、理解和反馈。言语结巴、口齿不清、发音不准、语感不强、词不达意、内容单调乏味、没有抑扬顿挫和轻重缓急、语言缺乏感染力和吸引力等都是语言表达能力欠佳的表现。有效的沟通必须条理清晰，逻辑清楚，层次分明，有吸引力，语言有感染力，生动形象。

第二节 沟通的目标、原则及基本内容

一、沟通的目标

在不同的沟通活动中沟通目标是不同的,如教育和娱乐。按照沟通层次的不同,沟通的目标可被归纳为:传递、理解、接受和行动。

1.传递

传递即信息发出者采用恰当的方式将信息传达到特定的人或组织。恰当的方式既可以是有声语言,也可以是辅助语言或者书面语言,甚至表情、动作等。信息传达到了即可视为沟通目的的达到,一般而言这一目标并不需要信息接受者做出很明确的言语反馈。

2.理解

要求信息的接受者能够深入明白所传递信息的性质、含义、用途及影响,并能够就接收到的信息做出信息发出者所期待的行为或者采取相应行动。

3.接受

使信息接受者在明白所传递信息的性质、含义、用途和影响的基础上,认同、接纳信息的内容。

4.行动

使信息接受者在认同、接纳了信息内容之后,就信息内容进行反馈。反馈既可以通过语言,也可以采取某种实际行为。所采取的行动是对信息发出者信息内容的回应。

二、沟通的原则

为实现有效沟通,在沟通过程中必须遵循一定的原则,包括相互尊重,真诚,清晰、简明,准确、完整,互动,赞美。

1.相互尊重原则

相互尊重原则指的是沟通双方对彼此的尊重,尊重对方的人格,尊重对方的话语权,尊重对方的不同观点,尊重对方的宗教信仰、风俗习惯、生活方式等。对说者而言，要尊重听者的不同观点的存在和发表；对听者而言，要尊重说者，不要在说者说的时候随意打断，或者做出一些影响说者和其他听众的行为。

案例 1-5

老李是公司的老员工了，一直以来工作都很勤谨。有一天，大家看到公司出台的一项新规定，都觉得这项规定对老员工不公平，老李也觉得是，于是怒气冲冲地去经理办公室找总经理反映情况。他去了之后发现总经理不在，办公室的秘书面带微笑地请老李坐下，为老李泡好茶水，送上水果，送过来还问他热不热，需不需要开空调。老李很诧异，他认为秘书小姐认错人了，便告诉秘书小姐："我是老李。"秘书小姐笑着说："没错，知道是您。总经理现在有事，不过他一直说公司的发展离不开你们这些老员工的辛勤努力，你们是公司的功臣，你们来了要当贵宾招待。"老李听了，心里的火气消了一大半。

隔了一会儿，总经理回来了，进了办公室，他就笑着朝老李走来，并主动和老李握手问好。老李心中觉得自己有些小题大做了，公司的规定又不是针对自己一个人。于是他转身就要走，被总经理叫住了，总经理说："老李，难得来我这坐一次，是我对你们这些元老功臣关心不够，我先检讨了。老李啊，最近身体怎么样？有什么困难吗？"老李说："没事的，我身体好着呢！也没啥事，就是过来看看您，工作那么忙，您一定要注意身体。"说完就告辞离开了。

案例中，老李本是来"问罪"的，结果秘书和总经理对老李的尊重成功地让矛盾没有被激化。试想一下，如果总经理和秘书因为老李是一名普通员工而不予尊重，不理不睬，这次事件又会是个什么结果？

2. 真诚原则

真诚原则是指沟通的双方态度真诚，沟通内容真实。在此基础上进行沟通，让对方感受到彼此的诚意，接下来会事半功倍。

案例 1-6

20 世纪 30 年代初正是西方经济大萧条时期。一位女孩很不容易找到了一份工作，在一家珠宝商店做销售员。一个早晨，她在打扫卫生的时候，不小心撞翻了首饰盒，盒中的 6 枚戒指滚落到地上，她反复搜寻，只找回了 5 枚戒指。这时她发现有位男青年步履匆匆地向门口走去，直觉告诉她就是这位男青年拿了那枚戒指。于是她赶上去叫住了他,很真诚地说:"您知道现在工作很难找,这是我的第一份工作,家里还有母亲等我赡养。"男青年顿了一下,跟她握了一下手,说:"祝你好运!"

男青年离开商店,她收回手,戒指已被放到她的手中。

案例 1-7

小李 20 岁从技校毕业后,就在一家机械厂做推销员。他十分珍惜这份工作,工作很认真,半年时间就和 30 多名客户做成了生意。之后,他发现自家卖出的设备比别家卖出的性能相同的同类设备价高。他很不安,他在想客户如果知道了,会不会对他的信用产生怀疑。于是他逐家去拜访客户,老老实实说明情况,并承诺以后以优惠价格交易,如果客户不满,也可解除合同。他的真诚态度让客户很感动,没有一个人与他解除合同。长此以往,小李的客户不仅没有减少,反而越来越多。

3. 清晰、简明原则

清晰是指信息的结构完整、条理清晰、逻辑无误、顺序有效,能够被信息接受者所接收。简明则是指传递信息要用尽可能少的信息载体,不要啰嗦、累赘,这样则更加便于听者理解和记忆,达成沟通效果。

4. 准确、完整原则

准确首先是指所传递的信息在发出者头脑中要正确,其次在信息的表达上也要正确,不要出现歧义。完整首先是指发出的信息符合信息发出者的目的,要涵盖想要表达的所有意思。其次则是指被接收的信息不是片面的,是完整的,包括了信息发出者发出信息的全部意思。

5. 互动原则

沟通是一个双向的、不断互动的过程,在互动的过程中沟通各方共同参与。有传递,有反馈,有意见的交流,才能在互动中达成共识。因此,有效沟通必须是有沟通各方的互动才可以达成的。各方都充分行使说话的权利是互动的前提,不能一个人在这里唱独角戏,不停地说,而使听众永远是被动接受信息的一方。

沟通从"你"开始。在众人聚会的场合讲话尽可能用"你"做每个句子的开头,抓住听者的注意并得到其他人的正面回应,是对互动原则的良好实践。

6. 赞美原则

威廉·詹姆斯说:"人性中最深切的禀质,是被人赏识的渴望。"在与人沟通时,我们要学会去赞美别人,给别人的赞美和鼓励,会为自己赢得好感与友谊。通过赞美和鼓励,我们会获得满足感并拉近彼此距离,为之后的沟通打下良好的基础。

赞美与鼓励的目的是帮助别人发现其自身价值,获得成就感。它不同于献媚与讨好。有效的赞美应当注意以下几点:

(1)赞美要显得真诚、自然

赞美别人的本质目的是帮助别人发现自身价值和成就感,而不是吹捧别人,因此无论是公开赞美还是委婉含蓄地赞美都应当把握好度,让自己的话语显得真诚,而不要矫揉造作、夸大其词。

(2)赞美要找准时机、场合

说话要得体,要注意场合,赞美也是如此,一定要选择最恰当的场合、时机,否则会起到相反的效果。

(3)赞美别人的得意之处

赞美别人也需要一双慧眼,要通过用心观察,揣摩别人心思,力争赞美到别人的心坎里,只有这样的赞美才是最佳的赞美。

案例 1-8

一个刚入职的娱乐记者被安排对某位明星做一个专访。她很紧张,所以在采访之前就做了大量的准备。采访开始,和明星简单寒暄之后,她说:"×哥,要说这娱乐圈里演技好的人多了去了,可是这演技好、人品好,还顾家、疼老婆的不多。我们有好多女生都羡慕您的太太有福气能嫁给您这么一位好男人,不但疼她,还烧得一手好菜。您可是我们大多数女生心目中的好男人啊!"一席话说得这位明星很高兴,采访在轻松、友好的氛围中进行,这位新入职的娱乐记者圆满完成了第一次工作任务。

(4)巧借他人之语来赞美

有时候我们去赞美别人会引起别人的怀疑:"他/她到底想要做什么?""他/她是不是有求于我才这么说?"这时,不妨借助他人之语来表达赞美——人们通常都很在意别人在背后对自己的评价。

案例 1-9

晚上 9 点半,张教授接到了单位同事小王的电话。他心里很不高兴,因为上了年纪,休息得早,这个电话打过来时他正准备睡了。他接通电话,只一声不吭地听对方讲。对面小王说："张教授,非常抱歉这么晚打扰您。我们现在迎接教学评估准备的材料里面有几个关键问题,想找人核对一些信息。您是我们全校公认的这方面的专家,就连旁边××大学都知道我们学校的张教授是这方面的权威。我们这是找您老帮我们指点迷津来了……"一席话听得张教授很高兴,连声说："没事,应该的。"后面,张教授不但回答了问题,提出了建议,而且还主动表示可以约时间帮他们看看准备的材料。

案例 1-10

张宁最近有些低落,她觉得辅导员王老师好像是在刁难自己。于是,她把自己的想法告诉了同寝室的朋友赵丹。赵丹也是班上的团支书。她说："哪有的事,你想多了。昨天王老师还和我说班上有几个同学很不错,说特别是张宁,上学期成绩上升特别快,学习上应该是下了工夫,希望她再努力一点,能拿到奖学金就会更好。"张宁听了之后,所有的郁闷一扫而光。

(5)试着多在背后赞美别人

当面夸奖赞美固然会赢得对方的欢迎,但是有时候会被对方怀疑动机,所以不妨试试在背后赞美别人。"了却君王天下事,赢得生前身后名。"这句诗告诉我们,其实大多数人都是很在乎别人对自己的评价的。通过"第三人"将你对某人的赞美与欣赏传递到某人的耳朵里比自己当面去赞美要好得多,再者,即使在背后赞美别人传不到被赞美者的耳朵,"第三人"也会觉得你人品不错,有修养,至少不会在背后诋毁人。

除了语言上的赞美之外,友好的微笑、赞美的眼神、夸奖的手势和鼓励的掌声也会收到意想不到的效果。

三、沟通的基本内容

有效沟通的基本内容可以概括为以下几个方面:何因、何人、何事、何地、何时、如何。

1. 何因

即沟通的目标、目的。沟通的目标是沟通活动的灵魂。整个的沟通活动必须围绕沟通目标进行。沟通目标不明确,整个沟通过程就会事倍功半甚至南辕北辙。确定沟通目标是一件很重要也很困难的事,必须要弄清楚双方的底线,包括沟通理解能力、沟通意愿、沟通态度以及行动能力。

2. 何人

即沟通活动的参与者,包括信息发出者和接受者。没有沟通活动的参与者,沟通活动无从进行。同样的信息、沟通方法和过程,由不同的发出者对同一个接受者来沟通,结果是不一样的。之所以会出现这种情况,主要是在整个沟通活动中,发出者的表达能力、所选择的信息传递方式以及接受者的接受能力等都很大程度上决定着沟通能否成功实现目的。实际上沟通效果达到与否的标准不是信息在多大程度上被准确无误地传递,而是信息接受者到底接受并理解了多少。

3. 何事

即沟通活动的主题。主题是串起所有信息的线索,是沟通活动的核心话题。在做长时间的沟通,如讲座或者报告的时候,听众很容易走神。这时如果主题明确,听众就比较容易将听到的信息前后联系起来。

案例 1-11

辅导员王老师觉得"校园贷"这个问题值得重视,因此查阅了大量相关资料,召集学生,专门给同学们进行主题班会,主题就是"防止掉入校园贷陷阱"。有着这么一个明确的主题,班会所讲的一系列案例、理论等也都是围绕"校园贷"陷阱这个主题来展开,层次很清晰,同学们也知道了"校园贷"陷阱的危害,增强了安全意识。王老师很容易地就达到了沟通目标。

4. 何地

指的是沟通活动发生的空间范围,包括地理区域、特定场所和室内布置等。大的地理区域往往有着不同的文化背景和区域特征。如在德国与人沟通,就要注意德国人做事严谨的特点,在工作上不要与他们开玩笑;而在法国或者美国则可以适当地进行一些调侃等。

特定的场所则经常暗示着沟通者的身份和地位。室内布局、陈设也会对沟通双方心理产生很大影响。

很多骗子会利用某些特定场合、谈话地点或室内陈设来暗示自己的特殊背景或者关系。

5. 何时

即沟通活动发生的时间。时间对于沟通效果的影响是非常大的，也是多方面的。时间对沟通效果的影响需要从以下几个方面注意：

（1）注意不同时间段与人沟通的不同效果

试想一下，凌晨2点你给朋友打电话，问朋友上次聚会结束时是谁买的单，你会被朋友怎样对待。再试想一下，如果这个沟通是发生在晚上8点，又会是怎样的一个结果。

（2）注意把握沟通时间的长度

一次非常重要的、做了很长一段时间的大量前期准备的、很多人参与的谈判，结果刚开始不到5分钟就谈完了，会让人觉得怎么样？一个简单的小事情开会讲了2小时又会是怎么样？

（3）注意不同时间观念对沟通效果的影响

不同国家和地区的人有着不同的时间观念，如德国人一向守时，强调准时准点，最好略有提前。而日本则认为守时就是提前5分钟。非洲和中东大部分国家对待时间态度比较松散，与他们合作最大的问题就是他们不守时。试想一下约好了上午10点会谈，一方9点55分就到达会谈地点，结果直到下午2点对方才姗姗来迟——等得怒气冲冲的一方与对于迟到还满不在乎的一方之间的会谈效果会怎样？

6. 如何

即实现沟通目标的方式、手段。要达到沟通目标，在信息策划阶段就需要考虑以下因素。

首先，选择何种方式表现信息，可以是文字、图片、动态影像资料、身体语言、专业符号、模型等。如教师在备课阶段就要根据教学内容等来思考，为了达成教学目标，应选用何种教具，是否需要以及需要哪些视频/音频资料，教学PPT需要选用哪些图片、呈现哪些文字等。

其次，使用何种沟通媒介。沟通媒介主要分为口头和书面两类。口头形式包括面对面沟通、远距离语音沟通、远程视频沟通等；书面则包括信件、备忘录、通知和电子邮件等。

再次，沟通场所的设计、布置以及沟通的基调。应依据沟通活动想要达成的目的、沟通内容、沟通活动的参与人数、沟通活动对象的基本情况、拟采用的沟通方式等来选择沟通场所并进行布置。

最后,沟通时间的选择。不同主题、沟通对象在时间选择上应有所不同。

拓展阅读

道德的沟通

桑德拉·黑贝尔斯 里查德·威沃尔

道德的沟通是诚实、令人满意和考虑他人权利的沟通。当沟通者讲述真相时,沟通是诚实的;当沟通者考虑对方的感情时,沟通是诚实的;当沟通者考虑对方情感的时候,他是令人满意和为他人着想的。然而,有时诚实和令人满意是相互矛盾的。例如,有朋友向你展示他的新车时说:"它很漂亮吧?"即使你认为不漂亮也不应该告诉他。我们称之为"善意的谎言",即一方不伤害另一方的感情。因为这不是重要的问题,从道德上讲它是能够被理解的。

在其他领域,考虑到他人的感情也是重要的。你的话有可能让别人窘迫吗?取笑某人和将某个人的故事当笑话传播经常成为令人窘迫的一种方式。孩子和青年人容易变得窘迫,所以对他们要特别谨慎。

引起他人痛苦的话在道德上应受到谴责。在人际交往中批评是重要的,但在使用它之前先考虑仔细。

有人认为很多伤害他人或者不礼貌的沟通没有考虑到词语的含义。如果在说话之前考虑清楚并询问自己是否诚实和照顾到他人的感情,你道德沟通的机会会更多。

第三节　沟通的形式

依据分类标准的不同,可以将沟通分为多种形式。

按照沟通是否需要依赖媒体,沟通分为直接沟通和间接沟通。直接沟通是指人类利用自身条件,在不需要其他媒介参与的情况下进行的沟通,如面对面的谈话、上课等。间接沟通则是在依靠传统的语言、文字之外,还需电话、电报、信件等媒介的沟通,如距离较远的两个人通过信件、电话、电子邮件、QQ、微信等进行交流。

依据所使用的符号形式,沟通分为语言沟通和非语言沟通。沟通者借助语言符号的形式向接受者发送信息的行为,就是语言沟通。语言分为两种:一种是人类在发展过程中形成的、有着具体的语法规则的语言;另一种是在社会交往过程中形成的、有规律的且为大家所理解的语言。前者分为口头语言和书面语言。口头语言用口语来进行信息传递,如讲话、演讲、打电话等。而书面语言则是通过文字的形式进行语言的传递,如通知、布告、写字条、发 E-mail 等。沟通者以非语言符号的形式将信息传递给接受者的沟通行为,可以称为非语言沟通。它是以表情、动作等为沟通手段来实现信息交流的。面部表情、眼神、身体动作、身体姿态(站姿、坐姿、步态)、距离、气质、外形、衣着等都是非语言符号,是非语言沟通的沟通工具。

按照沟通的组织形式,沟通可以分为正式沟通和非正式沟通。正式沟通,是一定的组织机构依照一定的程序或渠道进行信息的传递。如商务/政治谈判,上级部门对下属部门发布通知、下达批示,下级向上级呈报材料、汇报工作等。非正式沟通是较正式沟通而言的,非正式沟通的发生更加随意,无固定场合、时间和程序,多是以个人身份进行的信息交流,如两位朋友在街上偶遇短暂闲聊、议论某人某事、传递小道消息、私下交换意见等。

正式沟通与非正式沟通的区别还在于正式沟通是组织行为,所以周期性很强,也比较严肃,一旦开始正式沟通,就要为所传递出去的信息负责任。非正式沟通则周期较短,更加随意,信息传递后,信息发出者为自己所传递的信息承担有限责任甚至不用承担责任。

拓展阅读

职场中如何选择正确的沟通交流方式

工作中,沟通方式有很多种,常规的就是面谈、电话、邮件、微信、钉钉等。重要的事情尽量面对面沟通,不能面对面的情况下,我们再依次选择电话、邮件、微信、钉钉。工作中,不同沟通方式带来的沟通效果截然不同。不懂沟通,不会沟通,不重视沟通,我们想在工作上取得好的成绩,往往都会非常困难。

不同的沟通方式给人的感受截然不同,所起到的效果自然有着很大的差异。为什么会造成这样的结果呢?工作中如何选择正确的沟通交流方式?

1. 面谈

面谈能交流的信息量很大,反馈速度很快,有助于高效沟通并解决问题。而且面谈还会带来情感维系的好处:无论双方关系远近,只要多见几次面,都会亲近起来,有助于彼此的了解和相互支持。退一步说,面谈中,即使一方没满足另一方的需求,也会因此而心怀内疚,下一次协作时很可能会让步。

2. 电话

电话能交流的信息量也比较大,反馈速度也很快,但由于彼此没有表情和肢体语言方面的直观交流,会让信息沟通上有所缺失,也会让情感表达不那么充分,遭到拒绝的可能性大大提升。

3. 邮件

邮件一般会在比较正式或需要留存证据的情况下使用。但邮件的限制会多一些,比如文字篇幅不能太长,否则对方就没兴趣细读;接收方不能太多,否则成了"群发邮件",大家都把它当成通知,重视度就不够。邮件这种方式,西方人比较常用,在欧美深受欢迎。中国人在工作环境中往往只在商务沟通中经常使用邮件,企业内部则多发通知通告。

4. 即时通信

微信、QQ、钉钉等即时通信工具的优势很明显:便捷。随时随地都能进行沟通,可以避免延误、遗忘等情况发生。但这种方式有些随意,不够正式,只适合那些不太重要的事情使用,比如说些事情的进展、转个联系方式、问候、发红包等。如果是交流重要的问题,或者需要协调和解释内容,就不适合使用它们。因为我们沟通的内容是不容易理解或者容易误解的,这就很需要获得对方的充分反馈。交流重要的问题最好的方式是面谈,其次是电话,否则会出现沟通的误解和歧义,甚至引起双方情感矛盾,给工作带来重大的障碍。

不同的沟通方式需要根据实际情况进行使用。首先是优先顺序,即能面谈的就不要打电话,能打电话就不要写邮件,能写邮件就不要用微信。然后是组合搭配,即较重要的事务用邮件,同时配上面谈或电话,这样能将此事的关键点凸显出来,也能做到充分沟通;不是很重要的事务用微信,同时配上面谈或电话,这样会显得比较周到细致,不至于因为对方的疏忽而遗漏信息。最后,还要根据事务的复杂程度来应对,如果是非常繁复的事情,就要选择以语言类的沟通为主,辅以文字沟通;如果是简单的事情,就用文字进行沟通,必要时辅以少量的语言。

课后练习

1. 请同学们以小组为单位,分别进行自我介绍、家乡介绍,或对某一话题进行阐述,再相互点评和集体讨论,分析每个人在沟通中的优点与不足。

2. 用现代沟通理念来解释如下历史事件:

· 邹忌讽齐王纳谏
· 扁鹊见蔡桓公
· 触龙说赵太后

(1)以上3个事件中的人物,他们的沟通目标达到了吗?

(2)用我们所学的现代沟通理念来解析一下他们为什么能够达到或者没有达到自己的沟通目标。

(3)角色扮演,如果你是扁鹊,怎么说服蔡桓公接受治疗?

第二章　倾听的艺术

进入职场之前，家人和朋友对我的评价大致可以总结为"人见人爱，花见花开"。什么意思呢？就是说我善于沟通与交流，很快就能获得对方的信任和好感。因此我心怀梦想，满腔自信进入了教育咨询业——咨询不就是我最擅长的嘛。可是凭着我惯用的亲和力与沟通技巧来从事咨询工作时，我才沮丧地发现收效甚微，"八月桂花遍地开"变成了"铁树开花水倒流"……

公司的老师常讲，管理主要是"盯"，服务主要是"听"。作为公司的"窗口"，我的工作每天都围绕着两个字进行——"听""说"。每次部门总监交代给我日常工作任务时，我都会仔细记录她话语中的要点，而后机械地照搬她的指令来操作，倒也从没出过什么差池。但有一次，在处理一项比较特殊和复杂的咨询工作时，我对此项业务不太熟悉，就先去征求总监的意见。她一边说，我一边飞快地记在笔记本里，然后又逐句念给了之前询问我的高校老师。想不到的是，这位老师非常认真，又对我们项目的具体细则和实施方法进行了进一步询问，甚至提出了几项质疑。各种从未遇到过的问题接连而至，使得我张口结舌，束手无策，只得挂了电话，再去寻求总监的指点与帮助。这时总监停下手中的工作，严肃地问："之前我交代的要点你真的听懂了吗？那你给我复述一遍。"果然，在我缺乏底气、结结巴巴地复述之后，发现自己的理解和她的本意是有着明显差别的。这让我感觉很挫败，从未质疑过的自己的理解和沟通能力，却会导致这样的失误，到底是哪里出了问题？

麦可思为高校评价培养质量时，评价了毕业生的 35 项基本工作能力，其中有一项叫"积极聆听"。"积极聆听"是这样定义的："聚精会神倾听,花时间理解要点,适当地提出问题,不在不恰当的时候打断对方讲话。"("Giving full attention to what other people are saying, taking time to understand the points being made, asking questions as appropriate and not interrupting at inappropriate times.")"积极聆听"最简单的要求如听懂订单,中级水平如回答调查问题,较高水平如听懂法律辩论。

对照我此次的沟通问题,我才意识到在整个交流的过程中,自己并未积极去聆听对方的意图,没有主动去思考并表达自己的理解或是提出疑问,而仅仅被动地去接受和记录细节要求,当然难以灵活应对各种突发状况了。

发现了问题的本质所在后,我在与同事、高校老师的交流过程中始终保持多听少记、在复述确认后再记录的工作习惯。一段时间之后我惊喜地发现,自己不仅没有再出现之前的问题,思路也开阔了很多,很多事情都真正做到了举一反三。这让我再一次意识到"听懂"的本质:要在与他人的交流中全力聆听,思考对方的真实需求,提出问题以帮助自己理解,归纳自己的理解以确认理解无误。

与其责怪我们的大学毕业生在工作后不能领会别人的意图,倒不如期待咱们的高校在课程设置与教学培养环节就加强对学生聆听与交流能力的培养,在这个"处处有听说,事事需沟通"的年代,使大学毕业生在职场都能够做到"真的听懂了"。

学前问题

1. 你觉得倾听的重要性高吗?为什么?

2. 我们在倾听时,经常会出现哪些问题?

3. 你认为倾听分为几个层次?

4. 你知道哪些有效倾听的技巧?你会在交际中运用这些倾听技巧吗?

第一节　倾听是沟通的一半

在第一章，我们曾经讲过沟通是一个信息传递的过程，这个过程包括信息的发出—信息的接收—信息的反馈三个步骤，信息的接收是其中极为重要的一步。在这一步我们不仅要接收信息，还要准确地对接收到的信息进行解码破译，沟通能否达成目的关键就在这一步。人类信息传递采用最多、最广的方式是通过有声语言，而有声语言信息的接受则需要通过倾听来完成。通过耳朵这个有声语言的接受器官听到信息，在此基础上进行正确信息解码，听者才能对信息发出者给出正确、有效的信息反馈。

人们往往认为，在人际沟通中口才很重要，良好的口才会为自己的成功加分，因此拼命锻炼自己的口才；殊不知口才好、"会说话"并不等于你在人际交往中会成为一个沟通高手；夸夸其谈、喋喋不休反而会使人心生厌恶，不愿与你交流，而一个懂得尊重他人的好的倾听者会赢得人们的好感，使得人们愿意与之沟通交流。人际沟通中，我们既要能够有效地表现自我，还要突出他人，倾听与诉说是同样重要的。

案例 2-1

奥普拉·温弗瑞被称为美国的"脱口秀女王"。1976 年，22 岁的奥普拉成为巴尔的摩最年轻的主持人。然而因为性格细腻，播报一些新闻时往往会动感情，忍不住流泪，她被认为不具备新闻工作者的基本素质，9 个月后奥普拉不得不黯然离职。离职后不久，芝加哥广播公司 WLS 电视台负责人丹尼斯看到了她的潜质，雇用她来主持当时收视率最低的早间脱口秀节目《芝加哥早晨》。然而恰恰是这一个安排成就了奥普拉，她的节目收视率连连上升，第二年正式更名为"奥普拉·温弗瑞脱口秀"风靡全美，并向全球输出。此后，奥普拉的事业更是获得了一系列的成功。

在奥普拉主持的节目上，人们看到过迈克尔·杰克逊讲述自己小时候对父亲的恐惧以及对皮肤病的苦恼；看到过汤姆·克鲁斯向女友示爱；看到过天后惠特尼袒露自己从吸毒成瘾到戒毒的心路历程；看到过"坏小子"西恩·潘讲述自己与麦当娜的失败婚姻……许许多多的明星都曾在她的节目中出现，他们之所以愿意上奥普拉的节目，除了奥普拉出众的语言能力之外,他们认为奥普拉更是一个出色的倾听者。她总会让你觉得被尊重,她在用心倾听你的讲话,她从来不会贸然打断你的谈话,她会因为你的苦难而悲伤,因为你的快乐而快乐。

在倾听中,听到对方的声音并不算结束,我们需要用心去听,听出对方的弦外之音,听懂对方所想要真正表达的意思,听懂别人的心声。比如在生活中,孩子为了获取父母的注意会不停地说,而且所说的经常是一些无意义的话,父母听着会很烦,可是父母真的听懂了孩子要说的是什么吗?事实上他们想要表达的就是"我想妈妈/爸爸陪我"。

在沟通时,每个人都想将自己想要传递的信息传递出去,期望看到自己想要的结果出现,可沟通是一个信息交互的过程,每个人都只是忙着表达自己的观点,期待有利于自己的结果出现而不接收别人的信息,沟通怎么实现? 这样的沟通能达到自己的目的吗?

案例 2-2

曾经有一国家派使者到中国来,送了三个一模一样的金人,栩栩如生,把皇帝高兴坏了。可是这国使者不厚道,同时出了一道题目:这三个金人哪个最有价值? 皇帝想了许多的办法,请来珠宝工匠检查,称重量,看做工,都是一模一样的。怎么办? 使者还等着回去汇报呢。泱泱大国,不会连这个小问题都不懂吧? 最后,有一位退位的老大臣说他有办法。皇帝将使者请到大殿,老大臣胸有成竹地拿着三根稻草分别向金人们插去:插入第一个金人的耳朵里,这稻草从另一边耳朵出来了;第二个金人的稻草从嘴巴里直接掉出来;而第三个金人,稻草进去后掉进了肚子,什么响动也没有。老臣说:"第三个金人最有价值!"使者默默无语,示意答案正确。

最有价值的人,不一定是最能说的人,很大程度上是善于倾听的人。老天给我们两只耳朵一个嘴巴,就是让我们多听少说,不传流言,不播蜚语。

在沟通过程中,人们主动或者被动地接收有用或者无用的信息,大脑对于所接收到的信息进行解码和筛选,选出认为有用的或者重要的信息留下并被接受者所理解,倾听也就成为信息接受者获取信息的重要渠道。事实上,很多事业上能够取得成功的人,不是说他们的天赋一定就比别人高多少,而主要是因为这些人都是生活中的有心人,善于倾听,在倾听别人的过程中获取有用信息,抓住了机遇。

案例 2-3

"打工皇后"吴士宏在 1986 年只是 IBM 一名普通的勤杂工,典型的"一仆多主",要为公司的每一个人服务,不甘平庸的她一直在寻找机会。一天,吴士宏在会议室桌子下面贴标签的时候,听到一群刚招聘进来的年轻大学生在讨论接下来要进行的专业人员面试。吴士宏并没有出来,而是在桌子下面听他们讲,听着听着,她觉得自己一直在寻找的机会到来了,于是她去找负责此事的培训部经理。培训经理被她的精神打动了,破例给了她一个机会,这也成了吴士宏的命运拐点。从此之后 IBM 少了一个勤杂工,商界多了一个奇女子。

在沟通过程中,沟通双方发出自己的信息,接收对方所发出的信息,理解对方的意思并反馈给对方自己的想法,在这个动态的循环过程中,增进了相互了解,最终知己知彼,有助于沟通目的的达成。

倾听还能够实现更高层次的沟通——心灵沟通。现代社会飞速发展,每个人的压力都很大,生而为人,我们都有爱与被爱的需要,都需要被人重视,被人尊重,被人肯定,被人赏识。了解与关心一个人最佳的方式就是面对面交谈,用心去听他们的心里话,让他们感受到自己是被重视的,是被尊重的,是被人赏识和认可的。用心去倾听是最深层次的沟通,是最高层次的对他人的爱与尊重。

案例 2-4

那是一个圣诞节,一个美国男人为了和家人团聚,兴冲冲地从异地乘飞机往家赶,一路上他都在想着团聚的喜悦情景。然而不巧的是老天突然变脸了,这架飞机在空中遭遇猛烈的暴风雨,飞机脱离航线,上下左右颠簸,随时有坠毁的可能。空姐也吓得脸色煞白,惊恐万状嘱咐乘客们写好遗嘱放进一个特制的口袋,飞机上所有人也都只能祈祷。最终飞机在驾驶员的冷静驾驶下终于平安着陆,大家都喜极而泣。

这个美国男人回到家后异常兴奋,不停地向妻子描述在飞机上遇到的险情,并且满屋子转着,叫着,喊着……然而,他的妻子正和孩子兴致勃勃分享着节日的愉悦,对他经历的惊险没有丝毫兴趣。男人叫喊了一阵,却发现没有人听他倾诉,他死里逃生的巨大喜悦与被冷落的心情形成强烈的反差。在他妻子去准备蛋糕的时候,这个男人爬到阁楼上,用上吊这种痛苦的方式结束了从险情中捡回的宝贵生命。

不用心去倾听会造成多么恶劣的后果!

第二节　倾听的层次及类型

一、倾听的层次

我们的耳边每天都充斥着各种声音,不同的听者对于同样的声音刺激,最后的反馈结果也是不一样的,这是因为倾听是有层次的。具体而言,倾听可以分为以下几个层次。

第一个层次是"充耳不闻,心不在焉"。对于别人的讲话左耳朵进右耳朵出,表面应付,实际上压根就没有用心听。如在召开讲座进行理论学习的时候,教授在上面讲知识和理论,而学生低着头在玩手机,所有的内容都没被记下。

第二个层次则是"选择性倾听"。对于自己感兴趣或者喜欢的内容认真去听,对于不同意见或者不喜欢、不感兴趣的内容则是虚以应付。如在上英语课的时候,体育生们无精打采地坐在那儿,双眼望着窗外等待下课。可当老师讲课的内容中出现了"英超联赛"这几个字的时候他们马上竖起了耳朵,视线从室外转向老师,盯着老师,全神贯注地想要去听老师接下来讲什么。遗憾的是,老师仅仅讲了两三句就不再讲"英超联赛",接着讲教学计划内的其他内容。他们再一次感到无聊,将视线转向窗外坐等下课。

第三个层次则是"只是听见了"。每一句话都认真听了,然而却是"走耳不走心",并未调动所有的感官参与到倾听中来,对于听到的信息解码不全或者未予解码,导致沟通效果上打了折扣。

第四个层次则是调动全部的感官去主动倾听,积极思考,主动接收信息,准确解码信息,感知和了解信息背后所包含的思想感情、态度、价值观。

"听"字的繁体"聽"的寓意非常丰富:在偏旁"耳"的下面有个"王",指的是在倾听的过程中,要关注对方,以对方为主。在右边,有个"四",这是"目"的异体写法,代表眼睛,指的是在倾听的过程中,一定要用到眼睛,通过眼睛可以和对方保持目光上的交流,传达一些微妙的思想和情感,观察对方的身体姿势,也能分析出一些有用的谈话信息。同时,字的右下方还有一个"心",指的是听不仅仅是外在器官的参与,更是内心的关注,要用心体察对方的真实意图,这样才能明白对方话语的意思。

事实上不仅中国人注意到了,西方人也注意到了这一点。在英文中有一个公式用来表示倾听的层次:

Listening(倾听)= Hearing(听见)+Thinking(思考)+Paraphrasing(解译)

"听见"只是倾听的第一步,但倾听不只是感官活动,后面更要有心智的活动,思考和解译才是核心。

二、倾听的方式

经过长期的观察,研究者确认,由于人的身份地位、知识背景的不同,人们倾听注重的侧重点不同,并以此归纳出人们有 4 种不同的倾听方式。

1. 侧重于人的倾听

主要关注的是说话人,关心对方的情感,寻找与对方的共同兴趣,并对情感做出反应。如母亲听孩子从幼儿园回来后讲自己在幼儿园遇到的事;再如情侣听恋人讲话,即使发现对方讲的话里面有错误,往往也会因为不想使对方难堪,伤害彼此感情而不予指出。

2. 侧重于内容的倾听

听者喜欢听复杂和更具挑战的信息。他们可以不掺杂感情地倾听并在大脑中对听到的信息做评估,然后再做判断。如听新闻时总是希望信息量更大一些。再比如,当我们写完一篇论文想要找人指正时,侧重于内容的倾听者会根据你的陈述提出修改意见建议,而侧重于人的倾听者则不愿过分指出你的疏漏,怕因使你难堪而伤害你的感情。

3. 侧重于形式的倾听方式

这一类型的听者要的是准确、恰当得体的表述,对于哪怕是组织混乱的内容也没耐心去深究。如老师听学生回答问题,电视机前的观众听主持人讲话都是如此。

4. 侧重于时间的倾听

此类听者喜欢简捷、高效,表现在与人沟通上,他们喜欢简短和快速,不喜欢拖泥带水。他们也希望说者能够短时间内精炼地表达出自己想要传达的信息,他们甚至会明确告知说话者有多长时间来阐明观点。如领导与下属沟通,作为下属必须在事先整理清楚自己的思路,组织好语言,简单、高效地与领导沟通。

三、倾听的类型

根据目的、动机不同,倾听可以分为以下几种类型:

1. 获取信息式倾听

此类倾听主要是为了获取信息和知识。如学生上课听课、听讲座、参加培训、听广播等。这些都是获取知识与信息的渠道。获取信息式倾听的着眼点在于首先要倾听和识别内容的中心思想(贯穿于整个内容的基本思想),然后是听主要观点(加强中心思想的观点),最后是听支持性观点(支持主要观点的材料)。如在上课或者听讲座中,先要在大脑中形成框架,识别中心思想,听并记住主要观点和支撑性观点,在这个基础上预演接下来要讲的内容,将讲话者的观点与自己的经验联系起来,寻找共同或相似的观点,并对不同的观点进行质疑。

2. 批判式倾听

批判式倾听是对听到的内容进行评估和质疑。这些质疑可以在头脑中进行,也可以直接对说话者表达。理想状态下的沟通,所有的评估都是批判式的。事实上,每个人对于外界的各种事物或现象都有着自己的认知,这些认知有的是正确的,有的是错误的,这些认知的形成往往和个人的经历/经验或者知识谱系、道德评价标准、价值观有关。当我们去听别人讲某个知识之前,自己大脑中已经检索相关内容做出自己的判断,接下来的倾听过程,实际上就是一个质疑和判断的过程,听到的观点与大脑中原有的观点相互验证。

如辩论赛中,正方和反方都会注意倾听对方观点并对其中的一些内容观点进行批判等。再比如,王老师看到学校发的通知邮件,学校邀请国内某位著名教授下午举办一场有关信息安全的讲座,要求没有课的老师去听。在看到题目后王老师想"信息安全就是讲网络安全,现在网络技术飞速发展,我们每个人都有被黑客攻击、中病毒以及被植入木马导致信息泄露的危险,这次讲座应该就是告诉我们有哪些网络安全威胁,让我们安全用网"。下午听后,王老师发现这位知名教授讲座的内容和他设想的并不完全一样。

在批判式倾听中,我们首先要做的是搞清楚说话者的动机。其次是依据动机,将事实从观点中区分出来,对观点进行质疑和提问。在实际生活中,我们每个人在听到与自己意见相左的观点时都会不高兴,甚至反感;因此,为了有效地倾听,我们需要正视这种认知观念上的差异,以宽容的心态面对。

3. 情感式倾听

此类倾听是听者被要求或者希望为了情感而倾听,且要与对方分享自己的情感。现代社会,每个人的生存压力都很大,每个人都有向别人倾诉的愿望。研究调查表明,减压的最佳方式就是发牢骚倾诉,而在这个时候一个合格的倾听者是不可或缺的——说者并不需要听者做什么行动或者从听者那里得到什么帮助,而只是需要对方的倾听。

案例 2-5

王医生在一家知名医院里已经工作了 5 年。有一天上班后,一位女患者前来问诊治疗,他看这位女患者衣着得体但面容憔悴,气色不大好,在问过病情之后开了诊断书和药方,请患者拿药回家按照要求服用。

两周后,这位女患者再次前来问诊治疗,这次他发现女患者心事重重,面容憔悴,神情忧郁,病情似乎比上次还加重了。王医生很吃惊。他给患者倒了杯水,请患者坐下,对患者说:"你的病应该是心理压力太大所致,如果你有什么想要说的,我会是一名合格的倾听者。"刚说完,女患者就放声大哭。王医生起身关好门窗,再听这位女患者一边哭一边倾诉。在听的过程中他知道这位女士是家里出了一些变故。这位女患者哭完之后,整个人的精神状态比之前好了很多。她很感谢王医生的耐心倾听,并在之后又找王医生倾诉了两次,最终彻底痊愈。

回想起这次经历,王医生很感慨,他觉得一个好医生必须要懂得如何去和患者沟通,而与患者沟通中最重要的就是先当一名合格的倾听者,愿意听、会倾听患者讲话。

4. 享乐式倾听

此类倾听单纯只是为了享乐、放松而为之。如听音乐,欣赏话剧等。我们通过这样的倾听来舒缓神经、调节心情、缓解压力。如果我们喜欢,记住听到的内容是很容易的事情。如我们基本上可以一字不漏地复述自己喜欢的电影里面的经典台词或者歌曲中打动自己的几句歌词。

享乐式倾听不仅仅是声音入耳,更为关键的是还理解了内涵,产生感情共鸣,使得声音所传递的感情或者态度"入心"。若能将自己的知识经验与所听内容联系起来,那么倾听会更加有趣。如季老师比较喜欢听西方歌剧,也知道其中的一些规则。他去音乐厅听音乐会,节目单上有《拉克美·花之二重唱》以及《银铃之歌》,他很期待早点听到。在他的认知中,花腔女高音最好的歌唱家是达姆娆,他知道今天的节目中这两个曲目能否表演出色,花腔女高音演员很关键,他对这两首曲目中的花腔女演员充满了期待。

四、影响倾听的因素

1. 处理认知失调

这是一个适用于沟通的心理学原理:一个人对同一件事如果具有两种甚至更多种观点/态度,且这些观点/态度对立的时候,他会感到矛盾。如家境贫寒的大四学生小丁面对找工作和考研时的矛盾心态。又如下班时间到了,面对加班完成工作还是回家陪家人(第二天再做工作)的选择时。降低这种失调的通常方式是忽略那些引起冲突的信息,这时的忽略无疑会影响倾听的效果。

2. 情绪焦虑

有时候我们不能有效倾听是因为处于一种极度的焦虑状态中,没有支撑倾听的精神状态。比如说,下午快下班前突然开会,准备下班的母亲在担心自己生病的孩子,很着急,所以对于会议讲了哪些内容并不是记得很全且都很清楚。

3. 控制倾听

比起去听别人说,许多人有着很强的倾诉欲和控制欲,他们并不愿去倾听别人,他们更喜欢自己说。他们总是要控制话题,把话题拉过来。

4. 被动倾听

真正的有效倾听是主动的,需要抱着一种积极的态度参与进去。而很多人却以为倾听只需要坐着听就好了,不会让思考参与进来,更不会去主动反馈。教师往往要求学生课前预习,上课认真听讲,因为有预习的学习有助于实现主动学习:熟悉了内容和知识框架,学生上课听课是一种主动的、有目的的倾听。学生抱着积极的态度去听老师讲课,特别是课程的重难点,效率就会高很多,远比那些事先没有预习、漫无目的而被动地听老师讲课,甚至想要记下老师所讲每一句话的学生的成绩要好。

5. 环境干扰

环境干扰是影响倾听的最常见的因素之一，营造良好的倾听环境对于倾听至关重要。环境对倾听效果的影响主要是从以下两方面来体现的。一是对信息传递过程的干扰，消减、歪曲信号。比如老师正在讲课，从教室外面传来一阵刺耳的电锯声或者汽车喇叭声，这会直接影响学生的听讲效果，学生不得不竖起耳朵来，努力从噪声中辨别老师的声音。二是对沟通者心境造成影响。恶劣的沟通环境会直接影响到沟通者的心情，讲者不愿多讲，听者不愿多听，使得双方的沟通效率大打折扣。而好的沟通环境则会使双方都愿意沟通，并做深入的沟通。

6. 倾听习惯

倾听过程中，倾听者的一些个人习惯也会影响倾听效果。好的倾听习惯会促进沟通，如在听的过程中面带微笑、点头、对讲话者给予赞许的目光、用笔记录讲话者的观点等都会使得讲话者信心大增，保持良好的心态，从容、充分、全面且高效地将自己的沟通内容说出来。反之，倾听者的一些不好的习惯也会使得倾听效果大打折扣：

（1）面无表情地对着说话人

沟通的过程中，说话人在讲的时候需要观察听众反应，根据听众的表情、动作等来判断听众对于所讲内容或者观点的认可与否和接受程度，并从中得到鼓励。倾听者面无表情地对着说话人，说话人无从判断听众对于话题的喜好和接受程度，无法及时对讲述内容和观点等进行调整，因此，沟通效果上会打折扣。另外，从人与人沟通的礼仪礼貌角度来说，面无表情也是对对方的不尊重，是一种失礼行为。

（2）时常打断说话人

虽然说沟通是双向的，需要讲话人与听众共同参与才可以较好地达成沟通目标；但是在说话人未允许的情况下打断其讲话是一种不礼貌的行为，不时打断别人讲话的同时也会打断别人的讲话思路和其他听众的思路。

（3）经常看时间或者催促说话人

在与人沟通的时候经常看时间或者催促说话人，实际上是对说话人或者沟通内容的不重视，觉得所讲的内容对自己没用或者对于说话人有成见，甚至轻视说话人。这会让说话的人大为沮丧，只想草草结束讲话，这样，倾听者实际上接收的信息是打了折扣的，沟通也基本无效。

（4）对不感兴趣的话题或者内容表现出极不耐烦

听众仅根据自己的喜好来决定自己的倾听态度,当讲话人所讲的内容或者话题自己不感兴趣时,便通过行为或者表情表现出自己的不耐烦,这将分散双方的注意力,导致倾听效果打折,获取信息残缺甚至失真。

（5）对于某些细节性的问题刨根问底

认真、专注地倾听讲话人讲话,在听到某些细节性的问题时,打破砂锅问到底,不断追问细节,从而扰乱了讲话人的讲话思路,不利于讲话人沟通目的的达成。

（6）对于说话人的要求毫无反应

沟通是双向的,有信息的发出也有信息的反馈。说话人为了达成沟通目的,对倾听者发出信息,要求倾听者做出某种行为,这是来配合达成沟通目的的。倾听者对于讲话人的要求消极应对,则会导致沟通目的难以达成。

（7）在说话者说话的时候做无关的事

倾听离不开倾听环境,在倾听过程中,为了保证倾听效果,必须创造并维护良好的倾听环境,这个环境既要有利于讲话人的说,更要有利于倾听者的听。在倾听别人讲话的时候,不接打电话,甚至将手机调成静音或者关机是最基本的礼节,也是现代社会实现有效倾听的基本要求。

第三节　有效倾听的技巧

倾听不只需要耳朵的参与,更需要多器官参与,全身心协作。倾听是有技巧和学问的,其艺术的关键在于倾听者全身心投入,对说话者适当地真情鼓励,刺激说话人讲得更多、讲得更深入。不懂得倾听的技巧,不会倾听,则容易造成人与人之间的误会。

要想实现有效倾听,你需要知道并掌握以下几个技巧:

一、不打断对方

在别人讲话时,仔细倾听而不打断对方,这既是对他人的尊重,也是自身修养的一种体现。另外,不打断对方,可以让对方完整地表述观点与态度,避免自己过早做出错误的批判。过早地打断对方,听别人只听一部分就发表自己的见解,这时会因不能全面地理解对方的意思,从而武断地评价,错误地判断。

案例 2-6

一位老板正在和几个重要客户谈生意,谈到差不多快要成的时候,老板的一个朋友来了。这位朋友插话说:"嗨,知道吗?刚才在街上发生了一件很有意思的事情!"接着就说开了。老板示意他先不要说,可他却说得津津有味,不管不顾。客户见到话题已经被扰乱,便对老板说:"你先和你的朋友聊吧,我们改天再来。"说完就告辞走了。

这位老板的朋友插话搅了老板的生意,让他很是恼火。

二、注意非语言暗示

在倾听过程中,除了听说话者的有声语言,还要注意观察说话者的肢体语言如表情、动作,以及与听众之间保持的距离所代表的含义等。

案例 2-7

李老师在讲课的过程中,发现下面有一位同学一直在低着头玩手机。李老师一边提高声音讲课。一边用眼睛盯着这位同学。当下面那位同学的同桌发现后,用胳膊肘悄悄碰了碰那位同学,他抬头发现老师在盯着他,马上将手机收起来认真听讲。

李老师对于不认真听讲的同学并未直接点名批评和提醒,他通过增强音量和盯视引起注意,要表达的意思是"我注意到你了,你要认真听讲了"。而那位同学的同桌则是通过碰胳膊肘暗示那位同学"老师已经盯上你了"。这些都是非语言暗示。

三、倾听弦外之音

中国有句话叫作"说话听声,锣鼓听音"。在与人沟通时,除了对方明确说出的语言还要善于根据语境、前后句揣摩说话者心理,听出对方的弦外之音,搞明白对方话语隐藏着的想要表达的真实意思。

案例 2-8

在广州一个著名的大酒店,一位外宾吃完最后一道茶点后,顺手就将一个精美的景泰蓝食筷悄悄插入自己的西装口袋中。这一举动正好让一位服务员看到了,服务员不动声色地迎上前去,双手捧着一只装有一双景泰蓝食筷的缎面小匣子说:"我发现先生在用餐时,对我国的景泰蓝食筷颇有爱不释手之意。非常感谢您对这种精细工艺品的赏识。为了表达我们的感激之情,经主管批准,我代表本店将这双图案最为精美并经严格消毒处理的景泰蓝食筷送给您,并按照大酒店的优惠价格记在您的账簿上,您看如何?"

那位外宾立刻就明白了服务员话中的弦外之音,在表示了谢意之后,说自己多喝了几杯白兰地,头脑有些发晕,才误将食筷插入袋内,并且下台阶说:"既然这种食筷不经消毒是不能使用的,我就'以旧换新'吧!"说着取出内衣里的食筷恭敬地放回餐桌,接过服务员给他的小匣子向付账处走去。

案例 2-9

罗西尼是 19 世纪著名的意大利作曲家。一天,一个作曲家拿着一份拼凑而成的手稿来请教他。演奏过程中,罗西尼不停地脱帽。那位作曲家很奇怪,就问他是不是房间很热。

罗西尼回答说:"不,我有见到熟人就脱帽的习惯,在阁下的曲子里,我碰到了那么多的熟人,不得不连连脱帽。"

四、肢体配合,真情鼓励

倾听的过程中要善于通过得体的体态语言向说话者予以反馈,对说话者予以肯定、鼓励或赞赏。鼓掌、点头、微笑赞许的眼神等,这些对说话者而言是很大的鼓舞。

如果你想对说话人表示出你的友好,可以面带微笑来倾听。如果你赞同他的观点或对他所讲表示欣赏,可以在坐着的时候适度将身体前倾,目光注视说话人甚至点头微笑。如果他的观点对你有所启发,可以迅速将听到的内容记下来。若还想与对方有更深层次的交流,可以将自己的座椅适度向前挪动,缩短与对方的空间距离,表现出你对对方所讲内容的浓厚兴趣。满足对方渴望被人尊重的愿望,这使得对方愿意继续讲下去。

五、把握好时机,适时插话

我们知道,不要过早打断别人的讲话。但是,整个沟通过程不能只有说话人一个人在讲,必须要有双方的互动,听众要和说话人有交谈。随意打断别人讲话是一种失礼的行为,不利于沟通目标的达成,而适时插话则是为了帮助沟通目标的达成而进行的,并不失礼。不过插话要选择好恰当的时机,频率要适中,内容要有所选择,且能通过插话,激发说话者继续讲话的欲望,使得谈话得以继续或者使得话题更加深入。理想的沟通方式是一边听一边交流,以倾听为主,适时插话为辅。

一般而言,比较好的插话时机是什么时候呢?第一,对方刚讲完了,但是还不够深入,在这个时候可以插话诱导对方就刚才的话题深入讲下去;第二,对方讲话忘词或者卡壳了,在这种情形下,为了避免冷场,可以插话,简要地用几句话将说话人之前所讲主要观点、内容简单罗列、梳理和回顾,帮助说话人回忆起来接下来要讲的内容及观点,使得沟通可以顺利继续;第三,因为某些原因,谈话沟通的气氛已经不利于进一步沟通,这时候就需要第三方插话缓和谈话气氛。

插话时需要特别注意三点:第一,不要随便打断别人;第二,插话时,谈话的语气要友好,最好以商量的语气来谈;第三,句子形式要灵活,不要用语气强硬的祈使句,尽可能用相对柔和的反问句式等句子形式。

六、身心投入地听

所谓身心投入地听是指除了耳朵参与进来之外,眼神、表情、大脑、肢体等也都参与进来,全神贯注于对方。

身心投入地去听,首先要使自己身心处于一个放松的状态,面带微笑,注视对方,仔细去听,不要轻易打断对方,更不要表露出不耐烦和对说话人陈述内容的无兴趣。其次,注重对内容的倾听,不要急着去评判。最后,听的时候要善于抓住要点,提高对陈述内容要点的记忆。在听的过程中,还可以进行总结和复述,以便双方知晓本次交流信息是否理解到位,如当对方讲完一个话题后,我们可以加上一些引导语,如"您说的是……""基本上您觉得是……""按我的理解,您的意思是……""刚才我们讨论的是……"等。

七、善于利用工具

在倾听的过程中,如果能利用一些常用工具,会使沟通效率大大提升。

比如在对方讲到一些关键点时,可以拿出笔记本,同时询问对方:"您说的这个部分很重要,我可以记一下吗?",当对方看到你在认真记录并思考时,会感到受尊重。就像上课做笔记,教师在讲到关键点时,学生做了笔记,一是加深对知识的印象,二是体现对知识、课堂、老师的尊重。另外,市面上常见的电子设备也能辅助沟通,常见设备如录音笔、笔记本电脑、平板电脑等。这些设备具有一定的便携性与智能性,但以在交流中的实际感受来对比,录音笔与平板电脑的沟通效果会优于笔记本电脑,因为在使用笔记本电脑时,我们脸会在屏幕后方,在打字记录过程中,可能很难及时与对方做眼神与肢体语言交流;对讲述者来说,他很难辨别你是否在认真听,是否有正确理解信息。在使用录音笔时,一定要在打开前告诉对方"您说的问题很关键,方便我录音做个备份吗?""大家好,本次会议很重要,我需要做一个录音备份,请大家理解"等话语,只要没有保密需求,通常对方会同意录音。

拓展阅读

倾听的力量

熊浩

我们在一个沟通的时代,我们的舆论环境、氛围,包括我们正在录制的这档节目《我是演说家》,都在鼓励人们说话。孟京辉导演在他著名的话剧《恋爱的犀牛》当中有这样一句经典的台词,他说:"如果你爱一个人十分,但却只能表达一分,倒不如啊,你爱一个人一分,但却能够表达十分。"说话之道,是我们这个时代的高频词汇,也是我想在座的每一位,我们都想具备的特殊技能。

我在大学当中教授冲突解决,我帮助法院、医院、律所、企业,解决各种各样的问题,不同类型的纠纷。冲突见得多了我有一个非常有趣的发现。那就是,很多本可以管控良好的冲突,很多本可以处理妥当的矛盾,之所以最后爆发,其实是因为一些极为琐碎的原因。其中最常见的,就是我们好爱讲,但我们不愿意听。

哈佛大学法学院的教授威廉·尤里在他的代表作《谈判力》中举

过这样一个具有隐喻意味的故事。他说，我们设想一下，我们是两个孩子的父母亲。有一天，你拖着疲惫的身躯回到家中，你推开门发现两个孩子正在争抢一只橘子，你会怎么做？作为法律人，让我们把这个故事的细节勾勒得更加精准细腻。第一，你只有一只橘子，你不能从后面拿出一堆橘子说，没关系爸爸是种橘子的，这不行。因为这个冲突的本质，是资源的有限，橘子的唯一。如果你有很多橘子，本质上就没这个冲突，也就无所谓冲突的解决。第二，两个孩子当然都是亲生的。在这个前提下，你会怎么办？大家可以用自己直觉快速地有一个答案，我大概会听到这样的几种。第一种，哥哥应该让弟弟，因为所谓长幼有序。但另外一些人会说，弟弟应该让哥哥，因为孔融让梨。我打赌在座的各位，你们的第一反应最快直觉是，从中间剖开一人一半。这是一个看上去多像正确答案的答案。我们看看教授怎么说。尤里说，哥哥拿走他的一半，吃掉橘肉扔掉橘皮很正常。弟弟恰好相反，弟弟的做法是，扔掉橘肉而留下橘皮，为什么，因为他需要烤蛋糕。大家知道，陈皮其实是西点烘焙当中常见的一种香料。各位，刚才我所讲的，如果不是一个故事，而是一个电影。我们回转、放映、定格，我们回到你分橘子前的那一瞬间，我不知道在座各位有没有一点点感觉，那就是你大概少做了一个动作，你让一半的资源被浪费。因为本来哥哥可以拿到一整只橘肉，弟弟可以获得一整片橘皮。那个你漏掉的动作，就是听。

我们每个人都会听，但是要把听放到判断、了解、认知之前，这是一种需要特别学习的修行。我们通常说，我们是在一个沟通的时代，"The age of communication"。但是，以我浅白的观察，不是的，我们是在一个"巴拉巴拉"言说的时代。我们太多人说话，我们不大肯听。美国的数据，它说现在美国的年轻人，每天要利用互联网，向外发出一百条以上的资讯。我们随时随刻要和这个世界保持联系、我们每分每秒都想发表我们的演说，但他们跟父母的互动在减少，更少地去聆听别人的意见。当我们这个时代单一地强调说、鼓励说，我不是说有错，我是说如果这个当中没有实现听与说的平衡，过分地只强调说，我们将会变得越来越偏执。理由非常简单，因为当我说话的时候，就像此际，我其实是在强化我既有的认知，而各位在听的时候，是在张开你的耳朵，试图聆听不一样的经验。更何况，大家如果留意中国的互联网生态，我们一语不合，我们恶语相向。因为越激烈的言词才能显示立场；越过分的声音才能引发围观。只强调说，而忽略听，我们可能越来越极端，而失去真相。

美国有一个有趣的访谈节目，它的主要内容就是，主持人访谈一群小孩子。有一次主持人问小孩子一个问题说，大家将来想做什么呀？其中一个小朋友举手说，我想开飞机，我想做飞行员。主持人说："嗯，史密斯，那我问你一个有挑战性的问题。假如有一天你开着飞机，飞到大洋之上没汽油了，你会怎么办？"孩子说："我……我会让我所有的乘客都系好安全带，然后我自己背好降落伞包，赶紧跳下去，我……"他还想说，他没说下去。因为他的言辞已经被大人们的笑声打断了。大人们自以为是地认为："你看，人性当中的恶，连天真都包不住。"主持人没有，主持人仍然听，他好奇孩子为什么会这样想。当孩子发现他被聆听鼓励，孩子才有可能继续说，他说："我要从飞机上跳下去，我要找到汽油，然后赶紧飞回来，拯救所有的乘客。"没有人再笑了，我们的自以为是，让我们差点误会这个孩子。我们以为我们发现了恶，殊不知，那是被太阳淬炼过的，童真的至善、善良。

当我们在强调听的价值观，我们是在说我们每一个人的声音、观念、阅历、体验，都可以平等地被表达；当我们在强调听的观念，我们是在说，你的话我有雅量、我有耐心、我有责任让你讲完；当我们在强调听的观念，我们绝不是只是讲，沟通当中的微小技术，我们是在让大家回忆那些在人类历史上最闪光的价值观。它们是平等、宽容，以及对自以为是的节制。我来到演说家这个舞台，我没有特别动人和夸张的故事，我只想给你传达一些重要但微小的观念，并呼吁大家和我一起，一起来恢复听的习惯，一起来养育听的品德。因为只有这样，我们人和人之间的沟通，才有可能平和、开朗、通透；只有这样，你才能发现那个橘子背后孩子真实的诉求；也只有这样，我们才能骄傲地说，真的，我们占据在一个叫沟通的大时代。

课后练习

1. 以团队形式进行倾听训练。各团队第一位同学准备一张纸条,纸条上面是一则新闻。20 秒看完之后向第二个同学陈述,第二个同学向第三个同学陈述,第三个向第四个陈述……依此转述直到最后一个同学听完。完成后,各组最后一个同学上台向大家陈述自己所听到的内容,各团队比较内容的异同。

规则:

(1)不准抄写和拍照新闻内容;

(2)每个同学在向下一个同学陈述时,音量只能使自己和诉说对象听到,再有一人听到为犯规;

(3)程序之外,不准其他同学向还没听的同学泄露自己听到的信息;

(4)先完成的组举手示意,所有组都示意结束后最后一名同学再发言。

2. "发言棒"游戏

以小组或团队为单位,可自选某个话题作为交流主题,并指定某个特定的可手持的物体作为发言棒,之后参与者开始以顺时针顺序传递发言棒,每个得棒者都可以发言,过程中必须满足以下三个条件:①手持发言棒多久,就可以发言多久;②当发言者说话时,其他人不能插嘴或打岔;③当一个成员发言完毕以后,要把发言棒传递给旁边的人,然后保持沉默,倾听别人的发言;④直到所有人员发言完毕,游戏才可以结束一轮(可以停止或开始第二轮)。游戏正式停止后,小组讨论游戏的倾听体验,并思考游戏过程中有哪些可取的倾听方法。

3. 阅读本节"拓展阅读"的资料,就其中访谈节目的故事思考并回答问题

(1)通过这个小故事,你认为我们在沟通中为什么会误解对方?

(2)故事中主持人以什么让观众改变对孩子的看法?

(3)倾听的时候,我们还会犯哪些错误?

4.优秀倾听者测试

回答下列问题:

①在倾听过程中,你会看着说话人,并适时地点头、微笑吗?

②在倾听过程中,你经常能听出对方的言外之意吗?

③在倾听过程中,你能做到不受对方的外表影响而只关注讲话人的谈话内容吗?

④在倾听过程中,你特别关注说话人的主要观点和事实本身吗?

⑤在倾听过程中,你能控制自己不轻易打断对方吗?

⑥在课堂上,或者参加会议时,你经常坐在前排吗?

⑦你会不以自己的情感和好恶来评价讲话者的话吗?

⑧当听到对方所讲的内容有误时,你能克制自己不马上插话吗?

⑨在讨论问题时,你愿意让他人做出最后的总结吗?

⑩当听到与自己对立的观点的时候,你能耐心听完,不急于反驳和辩论吗?

⑪当听到不准确的问题时,你能及时反馈核实吗?

⑫你有做笔记的习惯吗?

⑬在倾听时,你的情绪会随着说话人的情绪变化吗?

⑭你在倾听中会注意分析讲话者所讲的内容是否符合逻辑吗?

⑮你能敞开心胸,抱着学习、获取有用信息的心态倾听吗?

如果你的答案中"是"的选择不到 8 个,那说明你在倾听技巧方面还存在很大问题,建议认真学习前面所讲内容,提高水平。

第三章 语言与非语言沟通

导游小王和小杨在一起聊天。小王问小杨："人家都说'沉默是金',你说,沉默真的是金吗?"

小杨说:"不一定。那次我和小白一起带团在西安,我们向客人推荐'贵妃宴'。介绍完了,问客人吃不吃的时候,20多位客人都一声不吭——沉默!我一看苗头不对就溜了。小白看在地陪的面子上,又去问客人吃不吃。结果呀,被客人骂了一顿。客人说:'让我们掏钱的事,你们怎么这么积极!'你看,沉默是什么?"

小王说:"照这么说,沉默有时不是金,而是'暴风雨来临前的宁静'啊!可是,如果客人把话说出来,你就一定能明白他的意思吗?"

小杨说:"那要看客人怎么说。比如,他对你说'你真好',你知道这是什么意思吗?""如果他把重音放在'你'字上,我想他是真的说我好;如果他把重音放在'好'字上,那就不好说了,可真可假;如果他把重音放在'真'字上,而且把声音拖长,说成'你真——好',那就基本上可以肯定他是在讽刺我。"

小王说:"我也注意到了,客人要强调什么的时候,是会用重音来强调的。比如,你问他要不要增加某一个景点,他如果明确表态,就会在说'我们不去'的时候,把'不'字说得重一点,或者干脆一字一顿地回答:'我—们—不—去!'"

小杨说:"是啊,恐怕有时候客人哼一声、出口长气,你都要想想那是什么意思!"

小王问道:"这哼哼声到底是什么意思呢?"

小杨说:"那就要看具体情况了。比如说,客人走着走着,突然'哎哟'一声,你又看到他一个趔趄,那大概是把脚扭了。如果客人在'哎哟'的同时,还拍着脑门,那多半是忽然想起了什么或者是发现自己遗忘了什么。"

小王问道:"如果客人出一口长气呢?"

小杨说:"那也得具体分析。那次登上长城,远眺北国,风光无限,我就听到一位老华侨长出了一口气,再看他那一脸的自豪。那意思肯定是'祖国真美啊!'不过也有相反的,去年股价大跌,我团里的一位上海客人长吁短叹。后来一问,果然他已经损失了将近一半。"

小王感慨道:"看来我们做导游的要想当一个好导演,首先应该当一名好观众,要善于通过观、听、悟,来把握客人的各种心理啊!"

学前问题

1.非语言沟通都有哪些种类?其各自特点及非语言沟通的重要性何在?

2.你能够正确解读日常交往中的非语言沟通所代表的含义吗?

3.如何在日常沟通中恰当地使用非语言沟通技巧?

第一节 语言沟通

根据信息的载体不同,沟通可以分为语言沟通和非语言沟通。语言沟通是以语言符号为载体,建立在语言文字的基础之上的沟通方式,它可进一步分为口头沟通和书面沟通。

口头沟通即我们通常所用的通过语音的传递进行的口头交谈。书面沟通是通过文字等符号的手段来进行信息传递的,包括电子邮件、书信、传真等多种形式。

非语言沟通是相对于语言沟通而言的,它是指通过肢体动作、体态、空间距离等方式交流信息、进行沟通的过程。

一、语言沟通的形式

1.口头沟通

它是借助语言进行的信息传递与交流。它的表现形式很多,最常见的是人与人之间的面对面的交谈。此外还有借助电话、广播、会议、即时语音/视频通信软件等进行的。

2.书面沟通

它是借助书面文字与符号实现信息传递的。书面沟通形式很多,如通知、布告、备忘录、报刊、邮件、传真、总结、汇报、短信、微信等。

口头沟通的完整过程包括意思的表达和领会,具体而言是信息发出(说话)—信息接收(倾听)—信息反馈(提问或者回答);书面沟通的完整过程主要包括写作(信息发出/传递)和阅读(信息接收)。

二、语言沟通的特点

1.普遍性与社会性

语言沟通是人们相互联系、传递信息等相互合作的手段与方式。从本质而言,它是一种社会现象。人是社会性的动物,语言是特定社会群体共同采用的,用于传递信息、态度、情感并为大家所共同接受和理解,且能据此做出相应反馈的一种行为和符号,因此它具有普遍性和社会性。

对于语言沟通普遍性与社会性要从以下 3 个方面来理解:(1)人类的沟通都是发生在一定的社会条件和时空场合中,不同的社会条件和时空场合决定了语言沟通的具体方式和风格;(2)语言沟通是动态发展的,不是静止不变的,它随着社会的产生而产生,随着社会的发展而发展;(3)人的社会性决定了语言沟通的社会性,人的社会性本质决定着个体必然与其他个体和社会组织之间发生交互,这个交互则是通过语言沟通来完成的。

2.个体性

语言沟通从具体形式上而言,都具有个体性的特点。语言沟通是通过个体来实现的,由于个体与个体之间存在差异,特别是语言沟通能力上存在差异,表达能力的强弱、表达习惯、理解接受能力、文化素养、社会经历、职业、气质、性格、教养等的不同导致了语言沟通的个体性。

案例 3-1

有位秀才,晚上睡觉被蚊子咬醒了,于是对睡在身边的夫人说:"尔夫为毒虫所吸也。"秀才看到夫人没有反应,又大声说了一遍:"尔夫为毒虫所吸也!"夫人依旧没反应。秀才大怒:"老婆子,快起来!你老公要被蚊子咬死了!"夫人闻声赶紧起床,赶走了蚊子。

秀才被蚊子咬醒,喊夫人起来赶蚊子,秀才的表达习惯和文化素养影响了他说话的特点,这也是导致他前两次沟通目的未能达成的根本原因。

3. 双向性

语言沟通的双向性是由沟通的特点决定的。沟通是一个"信息传递—信息接收—信息反馈"的双向流动的过程,这个过程既是信息的交互传递,也可以是情感的交互,实质上是一种能量的交换。语言则是这个过程中最为重要的能量源和信息载体,它也是双向的。语言沟通不能由单独一方来完成,即使直接面对面言语沟通的对象不是人,它也必定存在着一个客体。

书面沟通亦然。阅读的过程实际上是语言沟通的过程,透过表面的文字、符号,实际上我们沟通的对象是隐藏在文字、符号之后的作者,通过这些文字、符号我们获取、了解到的是作者想要传递的信息、思想、情感与态度。

三、语言沟通原则

1. 目的性原则

沟通的目的在于传递信息,语言沟通也是如此,要遵循目的性原则。说话传递信息,使得对方获取知识或者知道某事;传递信息,或引起对方互动,要对方做某事;传递信息,或引起对方的感情共鸣;传递信息,或使对方理解或者认同某事;传递信息,或使对方感到快乐。

2. 准确运用规则

语言组织必须精准、正确,符合约定俗成的、为大众和社会群体所遵循的语言规范即语法习惯。只有这样,语句才可以被正确解读和理解,并使接受者做出正确的反馈,否则将造成沟通中的障碍。如学院办公室主任李老师给陈老师打电话:"今天下午 6 点在田家炳教育学院大楼 1009 房间开展党组织生活会,请准时参加。"一句话中包含了应有的信息——时间、地点、事件,被通知者很容易理解并做出相应行动,沟通目标也就达成了。

3. 注重情境

语言沟通必须注意特定的情境,即必须根据沟通过程所涉及的时间、地点以及双方状态来选择沟通的内容,释放相应的情感。

案例 3-2

中午放学后,在餐厅买饭的同学排起了长龙。李蕊和赵丹等了好久才买到饭菜,就在这时,英语老师给李蕊打来电话,让她马上去办公室一趟。因急着去老师办公室,李蕊把饭盒递给赵丹,请她帮忙带回教室。赵丹接过饭盒向外走,上台阶时不小心滑倒了,饭倒了一地。赵丹本想重新给李蕊买一份,但想到此时餐厅还有那么多人在排队,就打消了这个念头。

李蕊回到教室时,赵丹愧疚地对她说:"真不好意思,我把你的饭撒了!"李蕊听了,非常生气,当着同学们的面数落起赵丹来:"唉,你真是太粗心了,上次元旦晚会排节目,要你去租盘光碟,你却在途中把光碟弄丢了,害得我们没有用到光碟,还要赔人家钱,这回又……"赵丹红着脸,小声地说:"要不,你吃我的吧,还有两个包子!""什么破包子,里面的馅都是垃圾肉! 怪不得你长这么胖,原来你爱吃这东西!"李蕊不顾周围的同学,如此揭短,赵丹很是难堪,"啪"地一声,她把包子摔在桌子上,扯着嗓门喊:"你爱吃不吃,实在不行,我赔你钱还不行吗?"赵丹一边说,一边把钱扔了过去。从那以后,赵丹和李蕊形同陌路,谁也不搭理谁。

赵丹和李蕊之所以会闹出这个结局,主要是李蕊在公众场合揭了赵丹的短处,让她无地自容。赵丹办事粗心,固然应加以改正,但李蕊口无遮拦,开口就揭短,也太不应该了。俗话说"打人不打脸,骂人不揭短",特别是在公众场合,揭短不仅损害对方在公众心目中的形象,也降低了自己的形象,不仅会加深彼此间的矛盾,还会让对方心理失衡。对同学因意外造成的过失,要多一些理解和宽容,李蕊如果事后找适当机会和赵丹沟通,帮助她改正,这样既能维护赵丹的面子,又不会破坏友谊。

4. 话语与对象认知习惯相契

同一件事情,根据不同人的认知习惯有不同的说法,沟通应考虑谈话对象的身份、谈话的氛围等,采用让倾听对象觉得舒服的表达方式来交谈。

案例 3-3

有一次,孔子带着他的几名学生出外讲学、游览,一路上十分辛苦。这一天,孔子一行人来到一个村庄,他们在一片树荫下休息,正准备吃点干粮、喝点水,不料,孔子的马挣脱了缰绳,跑到庄稼地里去吃了人家的麦苗。一个农夫上前抓住马嚼子,将马扣下了。

子贡是孔子最得意的学生之一,一贯能言善辩。他凭着不凡的口才,自告奋勇地上前去企图说服那个农夫,争取和解。可是,他说话文绉绉,满口之乎者也,天上地下,将大道理讲了一串又一串,尽管费尽口舌,可农夫就是听不进去。

当孔子的马夫看到子贡与农夫僵持不下的情景时,便对孔子说:"老师,请让我去试试看。"

于是他走到农夫面前,笑着对农夫说:"你并不是在遥远的东海种田,我们也不是在遥远的西海耕地,我们彼此靠得很近,相隔不远,我的马怎么可能不吃你的庄稼呢?再说了,说不定哪天你的牛也会吃掉我的庄稼哩,你说是不是?我们该彼此谅解才是。"

农夫听了这番话,觉得很在理,责怪的意思也消失了,于是将马还给了孔子。旁边几个农夫也互相议论说:"像这样说话才算有口才,哪像刚才那个人,说话不中听。"

说话要得体就要看说话对象,要看说话环境,要看说的事理。孔子曾经说:"可与言而不与之言,失人。不可与言而与之言,失言。知者不失人,亦不失言。""失人"是失去了可以说话的对象;"失言"可以理解为这次说话本身就不对,也包括选错了说话对象。要做到两"不失",就要在适当的场合、适当的时间、适当的语境,对适当的人说适当的话。上面案例中,能言善辩的子贡恰恰是因为没有看对象,也没选择正确的说话方式,才导致沟通失败,而孔子的马夫则注意到了说话对象的特点并选择了恰当的表达方式,因此达到沟通目标,且被认为说话很得体。

四、语言沟通的技巧

1. 口头沟通技巧

(1)讲话要有逻辑性

逻辑性主要体现在讲话时的内容是否严谨,条理是否清晰,层次是否分明,重点是否突出上。

(2)事先要对谈话对象有一定了解

沟通者事先对谈话对象的文化程度、理解能力、性格、喜恶、倾听习惯有所了解,才能有针对性地选择恰当的表达方式。

(3)做好"声控"

口头沟通依赖有声语言,声音非常重要,沟通者需要控制好语速、音量和声调,言语要有起伏、抑扬顿挫,注意语言的节奏感。

(4)灵活选择话题

根据不同的场合和沟通对象来灵活选择话题,注意大众化、易有共鸣的话题,也可以选择能彰显自己个性的话题。如果想要和对方有更多互动或者深入谈话,那么话题选择上尽量找对方关心的人或者事,以此和对方展开交谈。

(5)说话者必须有吸引意识

沟通成功关键在于实现双向信息交流与反馈,要做到这一点,说话者所说的内容必须能够吸引听众,要有新意。

(6)克服不好的语言习惯

正如每个人有不同的个性,每个人的说话也有着自己的习惯。有些习惯有助于有效沟通的实现,如有人在和别人沟通时候总是带着微笑,亲切而友好,有的人在与别人沟通时总是很有礼貌,声音悦耳。有的语言习惯则是不利于有效沟通的实现,如说话时不时爆粗口,在公众面前讲话时一句话中有多个无意义的语气助词如"嗯""啊""呃"。

(7)尊重对方

一方面,讲话要礼貌、真诚,体现出对对方的尊重;另一方面,在自己的行为举止上也要注意,不要一边忙别的事一边与人沟通,也不要与别人说话时漫不经心,更不要与人说话时抖腿或者坐在桌子上。

(8)发音清晰、准确

讲话者要口齿清晰、字正腔圆,对于自己的一些发音缺陷或者方言腔在平常要有意识地予以注意和纠正。

2. 书面沟通技巧

(1)书写工整

主要是指字迹清晰,不要潦草。

(2)符合语法规范

书面沟通更要符合所使用语言的语法规则,规范用语,表达的内容不要引起歧义。

(3)表意准确

指写作内容准确表达自己的意图且条理清晰,层次分明,便于理解。

(4)简洁明确

如非必需,尽量做到简洁明确,不要拖泥带水。

(5)网络语言的使用也要正规

使用的网络沟通语言要符合主流社会的沟通习惯和表达习惯,尽量不要太过个性、非主流,要用大家所能接受的方式进行表达。

拓展阅读

航空服务人员在服务过程中要多使用礼貌文雅的语言,防止在服务过程中说随便、粗俗的话语(但同时又要防止过分使用文雅词语),在与他人进行正式交谈时,用词用语一定要力求谦和、恭谨。如称呼对方为"您""先生""小姐"等,用"贵姓"代替"你姓什么"。再次是声音大小要适当,语调应平和沉稳,使听者感到亲切自然。

生活中常用礼貌用语包括:与人相见说"您好",问人姓氏说"贵姓",仰慕已久说"久仰",长期未见说"久违",向人询问说"请问",请人协助说"费心",求人办事说"拜托",麻烦别人说"打扰",请改文章说"斧正",接受好意说"领情",得人帮助说"谢谢",祝人健康说"保重",老人年龄说"高寿",身体不适说"欠安",请人接受说"笑纳",送人照片说"惠存",希望照顾说"关照",赞人见解说"高见",请人赴约说"赏光",对方来信说"惠书",需要考虑说"斟酌",无法满足说"抱歉",言行不妥说"对不起",慰问他人说"辛苦",宾客来到说"光临",等候别人说"恭候",客人入座说"请坐",陪伴朋友说"奉陪",中途先走说"失陪",请人勿送说"留步",问人住址说"府上",求人帮忙说"劳驾",请人解答说"请教",求人方便说"借光",求人指点说"赐教",向人祝贺说"恭喜",看望别人说"拜访",欢迎购买说"惠顾",归还物品说"奉还",自己住家说"寒舍",请人谅解说"包涵",迎接客人说"欢迎",没能迎接说"失迎",临分别时说"再见",送人远行说"平安"。

第二节 非语言沟通

一、非语言沟通的形式

非语言沟通的形式主要包括人的肢体动作、空间距离、站姿、坐姿、表情、服饰着装等。非语言沟通不同于语言沟通,但仍在人际沟通中有着重要作用。儒家学者为《诗经》所作的"大序"中写道:"情动于中而形于言,言之不足故嗟叹之,嗟叹之不足故咏歌之,咏歌之不足,不知手之舞之,足之蹈之也。"意思就是,当人无法用语言来表达情绪和感受的时候,就会唱歌、跳舞,用身体来表达感情。

研究表明,面对面交流中,非语言传递的信息量达到了93%,心理学和生理学也表明人类获取外界信息的80%来源于视觉,剩余的20%则来源于听觉及其他渠道。

二、非语言沟通的特点

1. 由文化决定

非语言沟通是由文化决定的。人的许多非语言行为都是后天习得的,是由其父母和所在族群有意或者无意地传授的。人们能够接纳自己所在文化群体的特性与风格。

2. 无意识性

非语言沟通依附于语言沟通,是一种无意识行为,不像语言沟通一样需要事先经过大脑的加工整理。例如与自己喜欢的人在一起距离会比较近,而与自己不喜欢的人在一起时,距离则会比较远。

3. 可信性

人类可以经过训练、有意识地作假,进行言语修饰与欺骗,但身体语言却不能。人无法使每一块肌肉、每一个表情都逃脱了意识的控制。非语言沟通所表现出来的信息很可能与语言信息相互矛盾,但身体语言发于内心深处,接收到外界信息后微表情、无意识下的动作等是人类最真实的本能反应、态度与感情,无法作假,可信度很高。

4. 个性化

每个人都有符合其个性的动作和习惯,肢体语言往往是其个性特征的外在反应,与其性格、气质紧密相关。我们可以通过一个人的肢体动作来解读其个性。

5. 情境性

与语言沟通一样,非语言沟通也和特定语境相关。不同的情境,相同的非语言符号有着不同的含义。同样的拍桌子既可以是"拍案而起",也可以是"拍案叫绝"。

6. 独立性与伴随性

独立性即非语言沟通能脱离语言沟通,以独立沟通的形式表现出来。伴随性是指非语言沟通往往也伴随着语言沟通配合使用,与之相辅相成。

7. 普遍性与特殊性

普遍性即非语言沟通具有普遍的适用性,许多身体语言在社会中为大多数人所识别和接受,且被理解为基本一致的含义;特殊性则是因为不同民族的不同文化背景和生活习惯,由此产生的不同的非语言沟通符号和含义。

8. 表意性

在日常生活中我们往往借助表情、目光和手势来表情达意,目光和手势等往往具有语言文字所不能替代的表情达意作用。

眼睛是人心灵的窗户,可以明显、自然、准确地反映自身心理活动。眼神是传递信息最有效的途径与方式。不同的眼神起的作用不同:既可以目送秋波,表现出含情脉脉的一面,也可以表现出"横眉冷对千夫指"的一面,可以表现出不屑一顾的一面,也可以表现出肯定、赞赏的一面。

手势是有声语言的延伸,具有极强的表情达意功能,表达的信息丰富多彩。在一些社会活动如引导参观中,介绍者往往会比参观者身子靠前,介绍情况的时候右手前伸,掌心向上,虎口成 90 度夹角,四根手指指尖所指方向实际上就是自己带领客人接下来参观的目标。

非语言沟通具有一定的替代有声语言的功能,不需刻意地用语言表达,只需一个肢体动作或者表情即可使对方明白想要表达的意思。如在和人谈及某事时,其中一人耸耸双肩,两手摊开,另一人即可知道对方所想要表达的无奈或无能为力的意思。

非语言沟通可以增强语言沟通的效果,使语言表达更准确、生动、有力、具体。如领导讲话时通过果决的手势、坚定的语气和神情等伴随着言语陈述,会使得讲话更有气势。

另外,因为非语言沟通有可能是无意识下的行为,具有很高的真实性,所以它能在一定程度上反映交际主体内心深处最真实的想法,流露出最真实的情感。

三、非语言沟通的类型

非语言沟通形式丰富,种类复杂,一切辅助人类人际沟通的形式均可以归为非语言沟通。

1. 肢体动作

肢体动作也被称为肢体语言、态势语言、形体语言,包含大量的非语言沟通形式。有非语言沟通的研究者将肢体动作分为五类:象征性动作、说明性动作、调整性动作、情感表露性动作和调适性动作。

象征性动作是解释词语的形体动作。如伸出手,拇指和食指握成环状,另外二指竖起来,意为"OK"。

说明性动作意在加重和强调词语的含义。如 7 岁的小明告诉小伙伴:"我爸爸昨天带我去钓鱼,钓了好大的一条鱼。"说话的同时,他伸出手,左手和右手各伸出一根手指,用手指间的距离来比拟鱼的长度,使得听众对于鱼的大小有了更深的印象。小王在遇到路人问路时告诉对方"向前直走,过两个红绿灯再右转,转过去后走 50 米左右到达"说到"向前直走"时他左手笔直向前带动手肘移动,说到"过两个红绿灯再右转"时左手的手指做一个向右的弯曲,通过这两个动作使路人更加直观明确地了解了他的意思。

调整性动作则控制听和说的流畅性,包括点头,手势、姿势的变换等。如老师上课提问说"请×××同学起来回答一下问题"伴随的动作是右手伸出,前臂下压,拇指与其余四指呈 90 度,掌心向上,四指指尖指向那位同学,加重了请这位同学起立回答问题的意思。

情感表露性动作是通过面部和肢体动作来表达情感。如嘴唇嘟起,两嘴角向下代表着不满与不服气,不会说话的婴幼儿用额头的触碰来表达对别人的喜欢。

调适性动作是根据沟通情景作出调整的非语言沟通方式。如有人在参加一次重要的面试前在备考室的座位上不停地挪动以调整自己的坐姿，以及摆弄自己身上的首饰等。

人们最熟悉的肢体动作语言，主要有眼神、面部表情、手势、站姿、坐姿、步态等。

(1)眼神

眉目传情，"相顾无言，唯有泪千行""含情凝睇谢君王，一别音容两渺茫"等诗句都可见出眼神能够表达出人内心深处最真实的情感和想法。眼神的交流是社交成功的先决条件。

眼神交流无处不在。眼神的正视表示庄重；仰视表示思索；斜视表示蔑视；俯视表示羞涩。一般而言，目光坚定、有神是对生活和事业充满热情的表现；目光游离不定说明这个人要么心怀鬼胎，要么性格懦弱、自卑，缺乏自信心。突然睁大眼睛，说明谈话内容对方比较感兴趣或对他而言比较重要。眼睛闪避，代表认为自己处于卑劣地位以及对对方的服从和退让。

眼神交流中还有一个比较容易被大家忽视却又很重要的信号，它来自瞳孔，瞳孔大小的变化往往有着更深刻的含义。研究发现瞳孔放大有三种情境：一者是人们在看到自己喜欢或者感兴趣的对象的时候；二者是在外界光线由强变弱的时候；三者是人在吸食可卡因这种毒品的时候。通常情况下，可以根据瞳孔大小的变化来判断对方的真实好恶。

(2)面部其他表情

最容易引起人们关注的非语言则是面部表情。面部表情最为直观地展示着人们的心理状态，表达着人们的真实情感。"眉开眼笑"说明春风得意，发展顺利；"愁眉苦脸"则是将郁闷与忧虑写在了脸上；"脸红脖子粗"是对愤怒的描写；"脸色苍白，双股战战"则是对于恐惧的表述。一个人的面貌是先天生成的，但中国有句老话叫作"相由心生"，意思就是说一个人的心态、性格、学识修养、生活经历等也会很大程度上改变一个人的相貌。很多时候，我们甚至可以从一个人的相貌和面部表情上判断出其所从事的职业。

笑是面部表情中最为丰富的一种形式。通常一个人在高兴时，嘴角后伸，上唇提升，眉目舒展，两眼放光，笑容满面。不同的笑容后面隐藏着不同的思想信息,具有不同的含义。微笑是一种令人感到舒适、放心的笑。《红楼梦》中对于王熙凤的笑的描写是"粉面含春威不露,丹唇未启笑先闻",只有"皮笑",声音的笑与"皮笑"不协调,因此她的笑容实际上是一种假笑,仅仅表明态度,目的在于赢得贾母的宠爱,哄贾母高兴罢了。真正发自内心的笑是表情与声音的和谐统一,是可以被人所感知的。笑,能迅速拉近人与人之间的距离,为接下来的沟通打下良好的基础,在社交中人们往往会更喜欢与会笑的人打交道。

面部其他器官的运动也有其含义。眉毛闪动表示欢迎或加强语气;眉毛扬起后短暂停顿再降下表示惊讶或悲伤难过。面部表情中也不可忽视嘴部的作用:嘴唇闭拢,表示和谐宁静,端庄自然;嘴唇半开表示疑问、奇怪、惊讶;嘴角向上代表善意、喜悦和礼貌;嘴角向下表示悲伤、无奈;嘴唇噘着表示生气、不满;嘴唇紧绷表示已经下定决心或者对抗。

在一个人的头部动作中,身体挺直、头部端正,表现的是自信、严肃、正派、有精神的风度;头部向上,表示希望、谦逊、内疚或沉思;头部向前,表示倾听、期望或同情、关心;头部向后,表示惊奇、恐惧、退让或迟疑;点头,表示答应、同意、理解和赞许;摆头则意为快走。

(3)手势

人们在讲话时经常配以手势表意表情。手舞足蹈表现的是内心的愉悦;捶胸顿足表示悔恨;拍案而起表示内心的愤怒;以手拍胸表示敢做敢当;双臂交叉表示抗拒或警惕;伸手将食指放在嘴唇前意为噤声;鼓掌表示欢迎和赞赏;摆手意为禁止或者不要;招手意为快过来;等等。手心向上是坦诚直率,有积极肯定的意思;手心向下表示否定、贬低、抑制和反对。

握手是一种常见的手势,正确的握手顺序一般而言是男士和女士握手,女士先伸手;和领导长辈在一起,领导和长辈先伸手;客人与主人之间,主人先伸手。正确的握手姿势是与对方手掌交叉,抓住对方手轻轻摇晃三四次即可。握手无论是主动还是被动都不要慢,且要与握手对象有目光交流,不可戴着手套与对方握手。

(4)站姿、坐姿与步态

中国有句话讲"站如松,坐如钟,行如风",实际上这就是对于一个人正确的站姿、坐姿与步态最基本的要求。

正确的站姿是表情自然,目光平视前方,身体挺拔,收颈,收腹,收下颌,腰部挺起,两臂自然下垂,双腿并拢,脚跟靠拢,足间夹角 45~60°。

正确的坐姿要求端正、大方、自然。上身挺直,坐的时间久了可以稍微靠一下靠背。无论男士女士,入座时都应轻缓,从容不迫,入座后双腿应并拢或略微分开。女士穿套裙或短裙时,就座时应身体微侧,一手按着椅子边,另一手压住裙子下摆轻缓入座,入座后再转身,坐下后双手垂直压在膝盖上,女士也可以身体略有一个小倾斜,双腿并拢斜放在前方。

步态即走路的姿态。正确的步态是脚步干净利索,身体挺直,手臂随着走步有节奏地前后摆动,目光平视前方,从容不迫。走路时手插衣袋或者裤袋都不雅观。

2. 辅助语言

辅助语言是伴随有声语言(口头沟通)的暗示形成的,包括语速、音调、音量、音质等。

(1)语速

语速对于信息的接收会产生很大影响。人们每分钟一般说 120~160字,当语速较快时,表达更有魅力,但过快了反而会影响信息的接受程度与效果。

(2)音调

音调是指声音的高低。一个善于沟通的人,他的讲话总是既有高音又有低音,有起伏变化。

(3)音量

信息的传递与接收也会受到音量的影响。如在嘈杂、喧闹的环境中必须加大音量,以保证听众能够听到你的讲话内容;而在安静的环境下,即使低柔的说话也会被听到。如果讲话内容比较重要,也可以增大音量以引起听众注意,将信息分别轻重地传递给听众。

(4)音质

音质即声音的质量,它是由声音所有的其他特点构成的,如速度、回音、节奏和发音等。简而言之,音质代表着声音的悦耳程度。如果声音听起来比较尖锐刺耳,会使得听众心生反感,从而导致信息传递效果减弱;如果声音比较悦耳则会引起听众的兴趣与好感,从而使得信息大部分或全部被接受并使听者做出正确反馈。

3. 空间距离

空间距离在此是指人与人之间在沟通交流时,留给彼此的安全空间与距离。一旦进入某一个场所,我们就必须决定自己需要一个多大的空间,以及你想要和他人保持什么样的距离,所选定的空间将被视为我们自己的领地。如小明上课习惯于坐在教室第4排靠窗的位置,当他有一天走进教室发现第4排靠窗的位置被其他同学占领的时候,他会产生一种自己的领地被侵占的感觉。

爱德华·霍尔先生通过观察和访谈北美印第安人,发现与他人沟通存在着四个层次的距离:亲密距离、人际距离、社会距离和公共距离。

亲密距离:0~0.45米,一般发生在最亲密的亲人和朋友之间。如父母亲将婴儿抱入怀中亲吻、抚摸,恋爱中的男女朋友拥抱、依偎,女性间的手拉手,男性间的勾肩搭背,等等。

人际距离:0.45~1.20米,朋友间非正式接触。如在街上遇到熟人,停下来聊天等情况时通常采用这种距离。

社会距离:1.20~3.60米,当和人不熟时,最可能保持这种距离。处理非个人事务、社交性聚会和访谈大都利用的是社会距离。当然这种距离也可以用在正式的场合和业务往来中,如一个单位的最高领导往往会用一个大办公桌隔出与部下和来访者的距离。

公共距离:一般在3.6米以上,是正式场合公开交互的距离。如领导在大会上对部下讲话,演说者进行演讲等都采用这种距离。

4. 仪容仪表

仪容仪表包括沟通者的服饰、发型、妆容、其他打扮等,这些视觉信息是组成个人风格和印象的一部分,能产生第一印象。从沟通的角度来看,这些信息可以作为对沟通对象简单归纳的参考,如可以从服饰风格看出个性与品位,从打扮的整体效果看出个人礼仪、修养、经历等。英国临床心理学家琳达·布莱尔提到,人们建立第一印象的时间很短,往往只有7秒的时间。在7秒内对别人进行一个从头到脚的打量,从而形成第一印象,这种说法可能过于绝对,但不可否认,第一印象确实会对沟通效果和人际关系起到重要作用。

纳粹间谍现形了

第二次世界大战末期,当盟军部队已经进入比利时,德军仓皇溃退。一天,两名盟军士兵在驻地附近逮捕了一个叫艾米里约·布朗格尔的人。盟军将领平托上校感觉到:这个人的穿着和谈吐虽然是典型的北方农民,口音也是地道的比利时瓦隆地区的土音,但他粗壮的颈部和魁梧的运动员体型,与当地常见的惰性十足的居民截然不同。他于是决定对布朗格尔进行审讯。

"你是农民吗?"

"过去是,现在不是。德国侵略者抢走了我的牲畜,杀死了我的家人。"

"会数数吗?"

"数数?"

"对,把桌上这盘豆子数一数吧。"

"一,二,三……"他慢慢地用法语数着。

在第一次审讯中,上校未发现任何破绽,但仍不气馁,决定进行第二次审讯。这次审讯换用了特殊的方式:他派人在布朗格尔的住处放了几捆草,一个士兵点着了后,烟从门的下面进到了屋里。值勤的士兵用德语大喊:"着火了!"布朗格尔惊醒,动了动,又睡了。接着平托上校用法语大声喊道:"着火了!"布朗格尔一下子跳了起来,绝望地敲打着门。这一次,上校仍未发现破绽。

第三次审讯,上校又用了新的方案。在布朗格尔被带来时,上校拿起一支从他身上搜出的铅笔。

"你带这个干什么?"

"不就是支铅笔吗?"

"用他来写情报?"

布朗格尔做出不屑回答的样子。

"可怜的家伙。"上校用德语向身边的军官说,军官也用德语反问:

"为什么?"上校说:"他还不知道明天上午就要被绞死,已经21点了。他肯定是个间谍,不会有别的下场。"

平托上校一边说一边斜睨布朗格尔,特别注意他的眼睛和喉头。但布朗格尔没有任何表示,他要以神态证明自己不懂德语。很明显,第三次审讯没有结果。到此为止,上校几乎绝望了,开始怀疑自己以前的判断。但直觉让他进行最后一次审讯——第四次审讯。如果再没有突破,他就只好决定立即释放布朗格尔了。

最后一次审讯是这样进行的:当布朗格尔像平时一样走进平托上校的办公室时,上校装作正看一份文件,看完后拿起铅笔在上面签了字,然后抬起眼睛,突然用德语对布朗格尔说:"好啦,我满意了,你自由了,现在就可以走了。"布朗格尔长长地出了一口气,动了动肩膀,像是卸了一个沉重的包袱,他仰起脸,眼睛放着光,愉快地呼吸着自由空气。当他发现平托上校嘲笑的眼光时,一切都已经晚了,身后的士兵已紧紧地抓住了他。

这是一个十分有趣的案件,在前三次审讯中,布朗格尔作为一个间谍,对自己的眼睛、表情以及体态的刻意训练均达到了滴水不漏的境地。但在第四次审讯中,上校将话语内容由处死改为释放,布朗格尔的心理防备松懈了。他伪装多时,以为终于获得成功,那一刻的目光、神情和动作便泄露了他的真实身份。

别让"二手压力"影响你

肖恩·阿克尔 米歇尔·吉兰

过去10年,我们发现人类的大脑会受到情绪的感染。

情绪通过一张镜像神经元的网络进行传播—镜像神经元是我们大脑的一小部分,能够让我们有共情同理心,理解其他人的感受。

当你看到有人在打哈欠,镜像神经元就会被激活,于是你也会跟着打哈欠。坐在房间另一端的人如果有疲惫情绪,你的大脑也会作出回应。但是,能够传染的不仅仅是微笑和哈欠,我们还会像吸二手烟一样吸取其他人的消极情绪、压力和不安全感,这些内容可被称为"二手压力"。

加利福尼亚大学的研究员霍华德·弗里德曼和罗纳德·雷吉奥发现，如果你视野内有人感到焦虑并且表现力非常强，不论他是否说话，你都很有可能被这些负面情绪感染，而且你大脑的运行也将受到影响。

观察在压力之下的人——特别是同事或者家庭成员——会迅速影响你的神经系统。另一组研究人员发现，26%的人仅仅是观察压力之下的人，就会出现肾上腺皮质醇上升的情况。来自伴侣的二手压力比来自陌生人的二手压力更具有传染性，但即便观看有关陌生人充满压力的视频，24%的观察者也会出现压力反应。

当你上班乘坐出租车，司机愤怒地按喇叭，你一路上都会承受他的焦虑。当老板匆忙步入房间，你也会在表达自己想法时承受他的压力。即使在交易大厅里，被玻璃板隔开的银行工作人员，也会因为看到房间另一端同事惊惶的表情而有所感染。

美国职业压力研究所的海蒂·汉纳是《压力狂》的作者，她认为之所以会产生二手压力，是我们具备感知外部环境中潜在威胁的能力。

她写道："大部分人都有过这样的经历——只要某些特定的人员一进入房间，就会引发自己的压力反应，而这往往是基于以往互动的条件反射。不过，这可以通过和缓地改变生物机械节奏，比如心跳或者呼吸频率等，而成为积极沟通的表现。"没错，周围人极其微妙的变化都会成为我们二手压力的线索，甚至产生显著的影响。

事实上，除了看到、听到，你还会闻到其他人所承受的压力。

新的调查显示，压力会令人散发特殊的压力弗洛蒙，人们可以通过嗅觉感知。你的大脑甚至能够判断出这种"警报弗洛蒙"是由高压力还是低压力导致的。消极情绪和压力确实能够通过你的鼻子飘进脑回路。

随着调查越来越复杂，我们发现从其他人那里"捕获"的消极情绪能够影响每一个商业和教育的结果，而且最近的调查显示，消极情绪甚至能够在细胞层面影响我们，缩短我们的寿命。正如汤姆·拉什在《健康》一书中强调的那样，健康的身体跟积极的心态是紧密相连的。

在连接高度紧密的现代社会中，我们会与许多人进行频繁接触，这就意味着负面情绪和压力的传染会变得异常强大：财经新闻节目中频繁出现压力透支的肢体语言,地铁和飞机上到处都是被压力缠身的人,在开放式办公场所,你可以感受到每个人的压抑惆怅……

因此,我们需要找到正确的方法强化我们的情绪免疫系统,避免受到二手压力的影响。以下是几点方法:

1. 不再视压力为威胁

我们在与斯坦福大学头脑与身体实验室的阿利亚·克洛姆博士和耶鲁大学情绪智力中心的创始人彼得·萨洛维进行的调查发现,如果你创造一种积极的心态面对压力,停止与压力做斗争,压力对你产生的负面影响就会降低23%。当我们不再视压力为威胁时,我们的身体和头脑会在一定程度上自觉忽视压力的增强效应。这样一来,我们就会免于因受到周围负能量人群的影响而感到沮丧,而且还会将压力视为感受同情的机会,让自己更积极地应对挑战。

2. 以理解中和消极影响

我们需要一些可以中和负能量人群消极影响的行为。当你面对一个饱受压力折磨的同事时,不要以同样充满压力的苦相和肢体语言作为回应,而是报以微笑或者理解地点点头。你就会突然之间得到力量。

正如《传播幸福》所建议的那样,你可以创造一根"电源线"让负面情绪短路。试着打电话时,不再以"我要喘不过气了"或者"我特别忙"开头。相反,试着先深呼吸一口,然后镇定地说:"能跟你说说话,实在是太好了。"

3. 用自信提升自然免疫力

拒绝接受他人压力的一个最好的缓冲方法,是具备稳定、强烈的自尊心。你的自尊心越强,就越能觉得自己能够应付眼前的状况。如果你发现自己受到了他人情绪的影响,不妨停下来提醒自己事情进展得有多顺利,相信自己有能力处理一切可能发生的情况。

锻炼身体,是培养自尊心的最好方法。运动能促进内啡肽分泌,而你的大脑会根据内啡肽的情况,记录下每一次很棒的锻炼经历。

4. 给自己积极的心理暗示

在进入工作或者充满压力的环境之前,给自己心理暗示。比如,我们可以学习TED演讲中提到的5个积极心理习惯,帮助自己做心理

暗示,对抗他人的消极心态:

· 写一封 2 分钟的电子邮件,表扬一个你认识的人。

· 写下 3 件你觉得感激的事情。

· 花 2 分钟记录下一段积极的经历。

· 做 30 分钟有氧运动。

· 冥想 2 分钟。

如今,我们都知道要躲开吸烟室,从人流密集的机场出来后要洗手。同样,从现在到以后,我们将会逐步意识到:健康幸福的关键,在于提高我们的情绪免疫系统,保护自己免受他人压力的影响——当然,不光是其他人的压力在影响我们,我们的心态也影响着周围的人。积极的心态,能够帮助我们以及周围的人提高生活质量。

注:肖恩·阿克尔是《纽约时报》畅销书《幸福优势》和《在幸福来临前》的作者。米歇尔·吉兰曾是哥伦比亚广播新闻主播,著有《传播幸福》。

课后练习

1. 尝试表示不同的肢体语言,请身边的同学猜一猜其含义,并讨论不同文化背景下肢体语言不同的表意功能。

2. 收集生活中不正确的非语言表达,以情景展示的方式进行讨论。

3. 设计好主题,以团队的形式进行人物访谈,访谈对象可以是辅导员老师、任课老师、院系领导、学长、校内外商业街上的某位老板。结束后进行总结,分析其中的成功与不足。

4. 组成小组,选择观看一档国内谈话类节目,研究讨论主持人的说话技巧,分析其中一些著名主持人的沟通特点。

5. 尝试着去和班上的内向到沉默寡言的同学进行一次交谈,看你们能谈多久。

第四章　跨文化沟通与现代沟通

导学案例

资料显示,2015 年,中国有大约 200 万外国人。这些外国人分布在中国的多座大中城市,北京、上海、广州、成都 4 座城市更是集中了相当多的外国人士,且名列 2020 年度"外籍人才眼中最具吸引力的中国城市"。这么多的外籍人士中,韩国人最多,接下来则是美国、日本以及其他国家。

中国有 23 个省、5 个自治区、4 个直辖市和 2 个特别行政区,有 56 个民族。不同的地区、民族有着各自的风俗习惯、方言和宗教信仰。随着中国经济改革的深化,中西部快速发展,"一带一路"倡议实施后,不同地区、民族的人们经济、生活交往越来越多。"一带一路"倡议延伸到海外,受到很多国家特别是沿线国家政府和人民的欢迎与支持,各国都希望在参与中国"一带一路"建设的过程中获得发展机会。

在这一历史进程中,我们不可避免地要与其他国家和地区的人们进行沟通。

学前问题

1. 如何与不同文化背景的人进行沟通?
2. 不同文化之间可能存在哪些方面的差异?
3. 跨文化沟通的内涵、特征是什么?
4. 跨文化沟通的策略与原则是什么?
5. 现代沟通都有哪些方式?需要遵循什么样的礼仪?

第一节　文化与文化差异

一、文化的内涵、特征

文化是指一定区域内,特定族群基于共同的经济活动而产生的相同或相似的生活方式(如共同的饮食习惯、风俗习惯、语言、宗教信仰、审美观等),且最终形成的共同的思维方式和核心价值体系。

由此可见,文化具有一定的地域归属性,它归属于一定地域内的特定族群,并且具有相对稳定性和可遗传性。如儒家文化长期以来是中国文化的符号,它的主要传承和影响区域是中国和日本、韩国等东亚国家,以及周边其他几个小的国家。几千年里,儒家文化在这些国家传播,儒家文明的"仁、义、礼、智、信"等基本和核心思想一直在被继承,却又并不是一成不变。历代大儒对儒家文化的思想和内容进行了符合社会与实际发展的解释和扬弃。

二、文化的差异性

不同国家、不同地区或不同族群,由于地理状况、历史发展沿革的差异使得其文化出现差异。这些差异表现在以下几个方面。

1. 价值观

价值观是人们对社会生活中各种事物、社会现象的评价、态度与看法。不同文化背景下,人们的价值观差别是很大的。比如在西方人的价值观中,生命最重要,士兵在战斗失败后为了保护自己的生命可以投降;而在东方文化中,军人的荣誉远比生命重要,投降是一种可耻的行为。

2. 宗教信仰

不同的宗教有着不同的文化精神与戒律,影响着人们认识事物的方式、价值观和行为准则。教徒信奉的宗教不同,信仰和禁忌也自然不同。这些信仰和禁忌制约了教徒的生活方式。

3. 审美观

审美观表现为人们对于事物美与丑的评价。不同的国家、地区、民族、宗教、阶层和个人往往因文化背景等的不同而在以什么为美的标准上不尽一致。例如,中国妇女喜欢将饰物戴在耳朵、脖子或手指上,而印度妇女则喜欢在鼻子上饰以鼻环。

4. 风俗习惯

风俗习惯是特定区域内在一定的社会物质生产条件下长期形成并世代沿袭下来,且为人们所共同遵守的模式或规范。主要包括民族风俗、节日风俗、传统礼仪,它对于社会成员有着强烈的制约作用。

5. 语言文字

语言文字是人类交流的工具,是文化的核心组成部分之一。不同地区、不同国家、不同民族大多都有着自己的语言文字。相同或者相近的文字,在不同的国家和地区意思也是不同的,如汉字"手纸"在中国实际上指的是卫生纸,而"手纸"在日语里是"信件"的意思。

6. 伦理道德

伦理道德是调整人与人之间关系和行为的规范。不同的国家、地区,历史背景不同,经济发展程度不同,文化传承不同,相应的伦理道德规范也不同。

三、文化差异对跨文化沟通的影响

不同文化背景的人进行交际即为跨文化沟通。跨文化沟通在经济全球化的背景下越发频繁:随着科技的进步、交通业与通信业的飞速发展,国与国、地区与地区、国家与地区之间的经济往来越来越紧密,不同文化背景的人们共同生活、工作与学习等,多元的文化也有更多机会相互碰撞。

文化间的差异是一直存在的,来自不同文化的个人和企业要想和平共处与共谋发展,就必须面对多元文化,了解不同文化的差异,学会跨文化沟通,掌握跨文化沟通的能力。

1. 感知差异对跨文化沟通的影响

感知即人体通过感觉器官感受外界刺激并进行选择和评价的过程。影响感知的主要因素有三种:生理因素、环境因素和文化因素。文化因素对感知的影响很大,如臭豆腐对于中国人而言是美味,可对于西方人而言却很臭,他们无法忍受那种发霉的味道。

案例 4-1

2006 年,还在读研究生的李莉认识了一位从美国来中国读书的女学生 Olivia,两个性情相近的女孩很快成了好朋友。在一次聊天中 Olivia 向李莉吐槽,外面的衣服卖得比较贵,李莉听了很奇怪,因为她知道外面的服装并不贵且还可以砍价,她便陪 Olivia 去买衣服。

到了服装店,Olivia 选择了自己喜欢的衣服之后问老板多少钱,老板又报出一个比较高的价格,Olivia 又准备放弃的时候,李莉开始和老板砍价,最终衣服以不到第一次报价四分之一的价格买到。Olivia 很兴奋,她不断地称赞并询问李莉是怎么完成这么"伟大"的事情的。李莉也很高兴,但她又不知道如何去向 Olivia 解释"砍价"这种行为。想了想之后,她告诉 Olivia:"I cheated her.(我骗了她)"然而听到李莉说这句话,Olivia 脸色大变,说了句再见就匆匆走了,在校园里也是尽量避免和李莉见面。后来她托人告诉李莉,在美国人的思维观念中,欺骗是一种不道德的可耻的行为,她自己没有骗过人,也不想有一个骗人的朋友,那件衣服被她视为耻辱,她现在和将来都不会穿。

在得知原因后,李莉很委屈,她也托人帮助自己解释了这件事情。她特别强调,在中国购买商品,砍价是一种正常的商业行为,这种行为通常为卖家和买家所共同接受,并不是欺骗,且与个人品行无关。一番解释消除了误会,两人继续交往,但是这件事给两人都留下了难以忘怀的印象。

2. 思维方式差异对跨文化沟通的影响

思维方式是人们思考问题的根本方法。不同文化背景的人,思维方式的差别是很大的。而在跨文化沟通中,很多人想当然地认为别人会用与自己一样的思维方式来解决问题,恰恰是这种错误的想法使得跨文化沟通难以顺利进行。

3. 价值观差异对于跨文化沟通的影响

价值观具有相对稳定性,通过个人或者群体对事物或者现象的评判决定着人的行为方式。这种文化价值上的差异对管理观念有重要的参考价值。

在看待几个重要的概念上,不同文化的价值观有所差异。首先,在看待年龄上,中国自古有敬老之传统,尊重年长者;而西方则强调"尊重青年",重视青年人的创造力。其次,在守时上,不是所有国家和地区的人都有很强的时间观念:阿拉伯人和拉美人,约好时间却迟到是常见的事;法国人要求别人按时到达,自己却经常迟到;美国和德国人则时间观念很强,不守时会被认为不礼貌。再次,在看待自我上,西方人注重个性的发挥和个人利益,以"自我为中心",强调自我实现;而中国及东亚几个国家则因长期受儒家思想影响,强调自制,一切行为都要从众。最后,在成就上,西方文化重创新,有一种进取的"创业"观,而东方文化重人情,有着较强的、保守的"守业"观。

案例 4-2

2003 年 10 月央视热播电视剧《大染坊》,其中有一集,主人公陈寿亭宴请周涛飞,给周涛飞讲了一个笑话:"德国人到我厂里装机器,一到 6 点钟就洗手下班,我不明白呀,我就问,这天还没黑,怎么就下班了? 我的朋友卢家驹跟我说,这外国人下班不看天,看表。我说不行,你把他们仨给我叫来,我得跟他们说。这仨人就来了,我说这是在中国,下班不看表,看天,天黑了才能下班,天要是不黑,不能卜班,你要是天不黑就下班,我机器的余款我就不给你。他们也是工人,怕丢了差使,也就答应了。说来也巧,那天天阴得很,要下大雨,5 点多钟天就黑了,他们洗洗手就要下班。我一看不到时候啊,怎么就下班了? 我问他们为什么,他们用手一指天,那意思是'天黑了'。"

主人公陈寿亭所讲笑话其实反映的就是两个国家的价值观差异,中国传统上讲究"鸡鸣则起,日落则栖",所以工作结束时间就是以天黑为准。而西方人,特别是德国人,则做事严谨,有着严格的时间观念,有着明确的上下班时间,且有着很好的契约观念,所以才会闹出先是 6 点要下班,后来天阴着、光线变暗就又准备下班的笑话。虽然是笑话,但这也提醒我们在跨文化交往中一定要知道文化差异的存在,提前做好解决问题的准备。

4. 行为动机差异对跨文化沟通的影响

行为动机是由人的需要决定的。按照马斯洛的需要层次理论,人们会为了满足某种需要而工作。经济发展水平不同的国家,人们工作的动机不同,动机不同则最终的行为和结果也会不同。在跨文化沟通中我们要试着去了解对方采取某种行为的动机,学会换位思考,理解对方,在知道和理解的基础上采取相应的策略。

5. 社会规范差异对跨文化沟通的影响

社会规范具体包括风俗习惯、道德规范、法律规范和宗教规范等，它们规定的是人们应该做什么、不应该做什么、能做什么、不能做什么，是跨文化沟通中容易引起误会和冲突的重要因素。

（1）风俗习惯

风俗习惯是流行最广的社会规范，是特定族群在历史中形成的生活方式，它表现在饮食、服饰、节庆、婚嫁、丧葬、社交礼仪等各个方面。在跨文化沟通中必须了解、尊重和适应不同国家、宗教、民族和地区的风俗习惯，特别是要注意其中的禁忌。

· 数字禁忌

多数西方国家都不喜欢数字"13"。西方国家多受基督教文化影响，而基督教文化中13是一个不吉利的数字。日本和韩国则都比较忌讳"4"，因为"4"的读音与汉字"死"读音相近。

· 其他禁忌

跟英国人打交道，要注意下列三点：一不要系带条纹的领带；二不要以王室的家事作为谈笑的话题；三不要把英国人通称为英国人（British people），而称"大不列颠人"，就会使苏格兰人、爱尔兰人、威尔士人在内的所有的英国人满意。与欧美人谈话不要谈私事，比如年龄、收入、住址、健康状况等。与东南亚国家的人交往时注意不要跷二郎腿。与佛教国家的人交往不要摸小孩的头顶。与印度人、印尼人交往不要用左手与对方接触，也不可用左手传递东西。

· 男女禁忌

除非你想要追求某位女性，否则在法国不要给女性送香水；阿拉伯人忌讳别人问候他的妻女，所以与阿拉伯人寒暄时不要触犯这一点；在印度，如果遇到鼻子上装有饰物的女性，请不要搭讪，因为印度的已婚女性才会这样打扮，冒昧前去搭讪，会被视为有不轨企图而给自己惹来麻烦。

· 颜色禁忌

埃及人忌黄色；印度人忌白色；泰国人忌红色；南美人不喜欢浅色衣服；欧美多国忌黑色（丧服的颜色）；伊拉克人忌蓝色。

·饮食禁忌

法国人不爱吃肥肉及肝脏以外的动物内脏；韩国人不喜吃香菜；美国人则往往接受不了皮蛋的气味。

·称谓禁忌

在中国汉族、藏族等多个民族，都有"子不言父名，徒不言师讳"的尊师敬祖传统，晚辈一般都不能直称师长姓名。

·凶祸语禁忌

趋利避害是人的常见心理。基于此种心理，人们往往忌讳提到某些字眼。如"死"是所有人都最恐惧的字眼，人们想方设法来规避使用，用"仙逝""升天""去了""走了""过世""牺牲"等来代替。另外，在乘船时也比较忌讳说"翻""沉""漏"等字。

·节日禁忌

在春节期间，如果打碎了碗碟，要说"碎碎（岁岁）平安"，而不能说"坏了"。因为大家都普遍重视自身及自家的财运，所以春节期间人们见面打招呼，要拱手说"恭喜发财"等。

(2)道德规范

不同文化中的道德既有相同之处，也有各自的不同。如偷盗、不忠在各国文化中都被认为是不道德的，应当受到谴责。跨文化沟通中，道德比风俗习惯高一个层次，因而沟通者对道德规范上的差异更要努力适应。

(3)法律规范

不同的国家有着不同的法律规范。在跨文化沟通中，法律规范的不同会给跨文化沟通带来一定的困难。因此跨文化沟通之前必须了解沟通活动涉及各方所在国以及沟通活动发生地的相关法律规范。

(4)宗教规范

宗教规范包括信仰、宗教节日、教规、教义、礼拜所在地点等方面。不同的宗教信仰产生不同的价值观念、行为准则，持不同宗教信仰的信众的思维方式、消费偏好、态度、习惯是不同的，这些都会对跨文化沟通造成很大影响。

6.物质文化差异对跨文化沟通的影响

不同的文化创造了具有各自特色的物质产品与技术。跨文化沟通中，最容易发现的明显的文化特征就是物质产品的不同。如提起日本首先想到的就是和服、榻榻米;提起印度则是咖喱和纱丽服;提起阿拉伯就想到长袍和白头巾;提到俄罗斯就想到红肠、列巴和伏特加。

案例 4-3

一名移民巴塞罗那的母亲为自己的孩子进行了刮痧治疗,随后,孩子脖子上起了几条红印(中医称"出痧")。孩子到校被老师发现异样后,学校随即报警称孩子遭到了母亲的虐待。在当地法院审理过程中,法官无法理解孩子母亲和证人所解释的中医文化中"刮痧"的疗效。这位可怜的母亲因"虐待"孩子,被拘役 20 天并且 3 个月内禁止与孩子见面。

7. 语言差异对跨文化沟通的影响

语言是人们交际、沟通的工具,每个民族都有自己的语言并且各民族语言之间存在着差异,这些差异既在口头的言语表达上,也在书面的文字书写上,甚至是同样的语词由于不同地区发音的不同也会给沟通带来干扰。"手纸"一词在汉语中意为厕所用的卫生纸,而在日语中则是信件的意思。

第二节 跨文化沟通的基本原则和策略

一、跨文化沟通基本原则

规避或者解决跨文化沟通所存在的障碍,才能实现有效的跨文化沟通。这涉及一些原则和方法。

1. 相互尊重原则

承认文化差异的存在,尊重对方的人格,尊重对方不同于自己的文化,如宗教信仰、价值观、风俗习惯等。但是这个尊重并不是无原则、无底线的,对于对方不合理、有悖全人类共同价值甚至非分的要求也要坚决予以抵制。

2. 相互了解原则

积极交往,主动去了解对方家乡的风土人情、风俗习惯、道德规范、法律规范等。只有相互了解才能为实现有效沟通打下坚实基础。

3. 相互信任原则

沟通双方相互理解，相互尊重，在合作共事的过程中实现相互信任，从而促进相互学习和共同发展。

4. 平等互惠原则

跨文化沟通双方在沟通过程中要主张地位平等、话语权平等、法律上的权利义务平等。平等互惠有利于保护各自利益，建立长期合作关系。

5. 因地制宜原则

来自不同文化背景的沟通者，宜根据当地实际情况制定沟通策略，因地制宜，建立起适合自己的跨文化沟通模式。

二、跨文化沟通的策略

1. 承认差异，求同存异

不同地区、国家和民族的人存在文化差异是必然的，甚至有时不同文化的冲突也不可避免，我们不能逃避，必须承认文化差异的存在。面对外来文化，对于自己的文化充满自信，同时也不贬抑其他文化，寻找其他文化与自己文化的共同点，对于不同之处采取客观保留态度，致力于解决共同关心的问题，搁置争议，实现双赢。

2. 兼收并蓄，取长补短

各个地区的文化很难说具体哪种优，哪种劣，文化就是不同条件下的人们从长期的生存过程中，总结出的经验与智慧，每种文化既有其优点也有其不足。在跨文化沟通中，我们要以开放的姿态面对文化差异，敢于打破文化壁垒，大胆吸收其他文化中的精华，摒弃自己文化中的糟粕。

3. 兼顾多元，差别管理

对不同文化的人们进行差别化管理是以更好地为不同文化背景的人提供机会和福利——他们在性别、年龄、种族和宗教信仰等方面应享有的尊重都是无差别的。

拓展阅读

跨文化的沟通能力

伊格尔·里斯蒂奇

我出生在波斯尼亚，并在东欧度过了生命的最初十年。现在我居住在美国，已经走遍了五大洲的十多个国家。我走过的地方越多，就越能受到启发，特别是如何在文化的内部和文化之间进行有效的沟通。

跨文化的沟通是有挑战性的。以餐桌服务这个简单的例子来说：在美国，服务员会先和顾客寒暄两句，在送餐的过程中也会反复进行核对，不遗余力地展示他们的友好与热心。与此相反，大多数东欧的服务员会迅速地写下菜单，在你进餐的过程中绝对不会打扰你，最后悄悄地留下账单。当我第一次来到美国的时候，服务员的热情对我来说太不寻常了。而现在当我回到欧洲的时候，我有时会觉得这里的服务人员缺少人情味和耐心。成为一个好的沟通者，要求我对每一种文化的习俗都保持开放和理解的态度。

举上面的例子，并不是说东欧人不热情、不友好。事实上，当我在塞尔维亚和家人聊天的时候，他们常常坐在我的身边并用手臂搂着我的肩膀。而在美国生活了十多年后，我很介意保留自己的私人空间。谈话的时候，我更乐意与人面对面地坐着，保持一定的距离而没有身体上的接触。这在我成长的过程中是无论如何也想象不到的。

我一直告诉自己，在文化交流的规则里没有什么正确或者错误，有的只是单纯的差异。成为一个好的沟通者，意味着我需要对不同的文化规范都保持清醒的认识，同时尽可能去改变自己的沟通方式，以便能够适应它们。

第三节　电话沟通礼仪与技巧

现代沟通是指区别于传统的沟通,人们借助新兴的通信工具或者通信方式进行思想、感情、观念、态度的交流。

现代沟通方式主要包括电话沟通和网络沟通。电话沟通的媒介是固定电话和移动电话,从19世纪70年代诞生起,它就成了必不可少的社交工具。虽然看不见人(可视电话除外),但我们还是可以从对方接打电话时的口气、用语、方式等来判断一个人的素质、态度、及精神状态,进而决定是否要和对方继续交往或合作。因此,正确地使用电话对树立良好的个人形象十分重要。

一、如何打电话

1. 拨打电话的时间选择

不能说一天24小时,我想什么时候打就什么时候打,电话时间选择错了,对方可能会因不方便而感到不高兴,打电话的目的就不能达到。一般而言,若非紧急、必要之事,不要在对方休息时间打电话,特别是在晚上10点之后和早上8点之前。在对方的进餐时间也不要打电话。因为公事需要和人沟通,一般而言请在上班时间打电话,确实要紧急处理的,可以先给对方发短信,简要说一下情况,并在最后说明"如果方便,我想马上在电话中和您就此事进行沟通",征得对方同意后再打电话。

2. 通话时长由呼入一方控制

一般而言,打电话需要遵循的是有话则长,无话则短,但尽可能短的原则。有人提倡3分钟原则,即无论多复杂的问题,都应在3分钟内讲清楚。当然这也并不是说通话时长一定不能超过3分钟,主要是提醒大家自觉长话短说,控制好通话时间。

3. 先整理好沟通内容,再打电话

电话的呼入方在打电话之前,先要想清楚自己给谁打电话、因何事打电话、要达成什么目的、先说什么、后说什么,否则说话没有重点、逻辑混

乱,对方也会听迷糊,并且留下你这个人办事糊里糊涂的坏印象。

4.打电话,先自报家门

电话打通之后应当首先自报家门:"您好,我是×××"不要等对方来问,特别是第一次和别人打电话,千万不要让别人猜你是谁。商务电话则应更加正规:"您好,我是××单位××部门的×××……"或者"您好,我是××单位负责××事务的×××,我就××事与您接洽沟通"。在通话结束后,一定要说"再见"然后再挂电话,否则对方会以为你事情没说完而中断,可能选择继续等待。

二、如何接电话

1.及时接听

无论你在做什么,当电话响了,都应当暂时放下手头的工作来接听。一般而言,接听电话的最佳时间是铃响两三次之后。太久的话会让对方心焦、不耐烦,而太快的话可能对方还没准备好怎么和你说,让对方大吃一惊。

2.态度友好

拿起电话后应自报家门并问好,如"您好,这里是××单位××部门"或者"您好,我是×××,请问您是哪位?"这样的话对方可以很快确定你是不是要找的那个人。若不想暴露身份则可以不报姓名,直接报电话号码,使对方知道自己是否拨错了电话号码。如"您好,这里是……,请问您是哪位?"即使是对方打错了电话也不要粗暴对待,或者一句"打错了"就挂机,一定要注意礼貌地告知对方打错了。

电话用语应当文明、标准且有风格。当呼入方没有挂电话的时候被叫方一般不可以先挂电话,而是将结束通话的权力交给呼入方。若通话时间太长、拖得太久或者不方便接听,也应礼貌委婉地告知对方,约好时间给对方再打过去。

3.认真对待

对于来电中所提到的问题认真答复,确实不能马上解决,也应做好通话记录上报,以备日后查询。注意在通话时的态度,虽然看不见,可对方还是可以根据你的语气、声音、声调、停顿等判断出来。尽量减少无关事情的干扰,接打电话的时候口中不要含东西,不要吃东西。嘴唇离话筒保持适当的距离(12毫米左右)即可,声音太大或者太小都不好。

三、如何收发短信

短信沟通也具有迅捷性、简便性和普遍性的特点,较之电话,它的文字信息作为资料还可以长久保存。

发短信应当注意以下问题。

1. 用语文明礼貌且符合语言规范

短信一定程度上可以说是"白纸黑字",所以发短信一定要以文明礼貌体现出自己的素养。同时要符合语言的表达规范,更重要的是要严谨,不要给自己将来留下麻烦。

2. 短信末尾要署名

很多人发短信有个误区,就是信息发出去了,却没告诉对方自己是谁,想当然地觉得对方知道自己的电话号码。但事实上,如果遇到对方更换手机或者忘记存储你的手机号时,很容易给对方带来困扰。

3. 及时回复对方信息

在收到对方的信息后一定要及时回复,否则对方无法确定你是否收到信息,会一直等着。这也是对他人的不尊重。

4. 不要群发祝福短信

短信拜年以及进行节日问候等都已经成了时尚,可很多人会选择将网络上流行的祝福语更改收信人称谓后再群发。这样的短信千篇一律,会给人应付差事的感觉,因此,祝福短信千万不要群发。此外,祝福语一定要简洁、朴实,最好能体现出你的个性和心意。

5. 发送信息之前细心检查

短信一定程度上也能看出一个人的文化素养,因此发短信之前必须细心检查。特别是在职场上,给上级发的短信里面出现错别字或者逻辑不通等问题,会让对方觉得你的责任心不强,而给下属发短信出现错别字等也会让对方看轻你,认为你不过尔尔。

第四节　网络沟通礼仪与技巧

网络是继报纸、广播、电视出现之后第四种覆盖面广、具有超强影响力的传播媒体,具有其他媒体无法替代的功能,它在信息沟通方面发挥着越来越独特的作用。

网络沟通是以互联网为工具,以文字、图片、声音及其他媒介为媒体的沟通方式,是现代沟通中最重要的形式。常用的网络沟通形式有电子邮件、论坛、QQ、微信、微博、贴吧等。

一、网络沟通的特点

1. 信息资源的丰富性

随着互联网的发展,越来越多的信息被上载到其中,互联网因而成为一个信息和知识汇聚的宝库。人们可以轻松地通过网络查找到所需的文字、图像、声像等视听资料。

2. 沟通的交互性、多维性

网络沟通不仅是媒体将准备好的资料、信息呈现给用户,更是使用户不再只是被动地接受信息,而可以通过阅读、下载、评论、留言、转发、上传等实现多维交互。

3. 沟通的开放性、虚拟性

网络是开放的,每一个人都能利用网络发表自己的观点,分享和展示自己的才艺。人们可以实名或者匿名在网络中进行相对自由的沟通。

4. 沟通方式的多样性

人们可以在网络上浏览信息,阅读电子图书,观看影视作品,视频聊天,打游戏,刷微博,聊微信,听音乐,看直播,等等。

二、常见的网络沟通形式

1. 电子邮件

电子邮件是利用网络提供信息交换的通信方式,是网络沟通中应用最广的服务,具有使用简易、投递迅速、收费低廉(甚至免费)、易于保存、全球畅通无阻的特点。

2. 网络电话

网络电话拨打流程与常规电话一样,较之传统电话资费更加低廉,使用更加便捷。目前常用的网络电话有 Skype 等。

3. 即时通信工具

即时通信工具具有能即时发送和接收互联网信息的通信模式。目前国内流行的即时通信工具有:QQ、微信、微博、MSN 等。

三、网络沟通的礼仪

·正确

沟通内容正确无误,没有违背社会常识和超出人们普遍认知范围的内容出现。

·简洁

网络沟通行文要简洁明了,不要拖泥带水、啰啰嗦嗦,没有重点。

·清楚

网络沟通内容条理清楚,层次分明,观点明确。

·注重安全与隐私

遵守网络道德,注意妥善保护自己与他人的信息安全,不窥探他人隐私也保护自己隐私。

·友善与尊重

网络沟通应当怀着友善的心态,交流中尊重他人,不使用网络暴力攻击他人。

四、网络沟通技巧

1. 电子邮件书写技巧

(1)电子邮件必须要有标题

标题是接收者了解邮件内容的第一信息,因此要提纲挈领,最失礼的莫过于邮件标题空着。标题要简短,不宜冗长,且要使用有意义的表达,能一眼反映出邮件内容,使收件人判断其重要性。

一封邮件尽可能只有一个标题。回复对方邮件,可以更改标题,不要用系统默认的回复格式"Re……"开头。

（2）礼貌称呼收件人

礼貌恰当地称呼收件人，注意拿捏好尺度。

（3）正文简明扼要

邮件正文应简明扼要、通顺并注意说话的语气。如系英文，避免太多句子使用"I、We、My、Our"开头，分清条目，理清楚段落，一封邮件交代一条完整信息。尽可能避免拼写错误和错别字，避免使用不规范的表情符号。

（4）便于收件人阅读

邮件语言的选择上要尊重对方的阅读习惯，尽量不主动发交流中较少使用的语言邮件。另如果邮件接收者年龄较长的话应设置便于阅读的字号（字不要太小）。

（5）结尾署名

邮件结尾必须署名。即使系统将记录发件人信息，结尾署名也更符合格式规范和庄重，且能补充系统记录的不足。

2. 电子邮件的其他处理技巧

①避免在情绪激动时书写公文性邮件。

②发送前检查全部书写，特别是收件者的姓名，若非工作需要尽量不要群发邮件。

③及时回复。收到对方的邮件后应当及时回复，回复要有针对性且有一定篇幅（一般不得少于 20 个汉字）。

④不要随意转发邮件，特别是带附件的电子邮件。

3. QQ、微信、微博类即时通信工具使用礼仪与技巧

①在别人状态为"忙碌"时，尽量不要打扰。

②不要随意给别人发送不明链接。

③即时通信工具不适合谈工作；若要谈工作，也请尽量压缩在 10 句以内。

④注意增强网络安全意识，不要在私人空间如卧室使用视频聊天，避免自己的隐私暴露。不要在有明显标志物的地方使用视频聊天或者拍照并公开发布，不法分子易由此获取到你的位置信息。不要泄露自己的个人身份信息和隐私。

⑤注意用语文明礼貌，不要使用言语暴力去攻击他人以及散布谣言等。

⑥网络沟通需注意遵守国家法律规定，特别是保密规定，不要为了获得他人的关注而将一些关系到国家军事安全等的保密信息有意或无意地发布出去。

拓展阅读

跨文化沟通的5种方式

联想集团原首席执行官阿梅里奥说："沟通是我每天都在做的事情。我经常在美国、新加坡以及中国的香港、北京等地出差，与当地的经理人讨论公司的发展。"

今天，像阿梅里奥这样的跨文化沟通者在许多公司已变得非常普遍。印度威普罗原总裁韦·保罗说："现在，许多创业公司一开始就是微型跨国公司，20名员工在硅谷，10名员工在印度。如果公司的产品不止一种，有些产品可能在马来西亚或中国制造，有些设计在中国台湾，而客户支持在印度或菲律宾，工程方面则可能在俄罗斯及美国，这将成为未来的潮流。"

在这股潮流中，沟通技巧日益成为跨国团队合作的基石。如何促进习惯、文化不同的高层管理团队高效互动？以下是联想、通用电气等优秀公司的经验。

高层管理者要做榜样。阿梅里奥现在已经会说"你好"和"谢谢"。他还参加一个沉浸式中文学习项目，以便了解更多的中国文化。

西门子中国区原总裁郝睿强乐于做中国经理的导师。他和经理们单独见面，帮助他们规划自己的职业发展；给他们讲解他们平时不太接触的东西，比如制度是如何建立的、决策是怎样产生的等，让他们熟悉西门子的企业文化。

了解双方的思维和习惯。阿梅里奥的感受是，美国和欧洲的经理人，擅长表达自己的想法，而且希望让所有的人都了解自己的想法。中国的经理人往往倾听得更多，而且他们经过深思熟虑后才会表达自己的观点。他希望美国及欧洲的同事要明白，如果中国同事没有说话只是在点头，这并不一定意味着他们表示同意。

参加业务会议,保持有效沟通。通用电气中国公司首席培训官白思杰经常要为各业务集团的经理人设计培训课程,他把集团内的培训经理看作自己最大的客户,通过会议与他们保持有效的沟通。"我们会保持经常的交流,我会参加他们的会议,会见各个业务集团的负责人,试着了解他们的人才需求。"另外,他还从培训经理那里拿到各个级别领导力培训项目的候选人名单。"因为培训中心并不了解业务集团的具体情况,哪些人适合参加什么培训。而他们有人才库的储备,会提出合适的人选。"

设定标准,避免沟通误解。白思杰说:"几年以前,我们有 45 个不同版本的 coaching(教练)课程。在布达佩斯的培训师和上海的培训师使用完全不同的术语和技巧。现在我们努力制定一个标准的版本,做到在程序、术语和训练方法上都是同样的。"白思杰的目标是,让不同国家的经理人受到相同的训练,这样他们就不会产生不必要的沟通误解。

创造沟通的机会。有效的沟通,往往是在轻松活泼的环境中实现的。为此,联想公司举办中秋乒乓球大赛,阿梅里奥领衔的外方团队,在双打比赛中与以董事长杨元庆为首的中方团队展开了较量,结果以微弱比分负于后者。通过乒乓球比赛这样的非正式沟通活动,中外管理人员展现了自己的所长和团队精神,加深了彼此的了解和信任。

课后练习

1."一带一路"倡议目前正在深入推进,截至 2022 年 3 月,与中国签署"一带一路"合作文件的国家和地区达到 180 个。全班分为 8 组,其中 5 组扮演东南亚、中亚、西亚、南亚、中东欧各国,另外 3 组扮演韩国、美国和日本。各组在查阅资料后讨论:自己所扮演国家或地区的文化特点是什么?中国和这几个国家进行跨文化沟通需要注意哪些事项?将讨论结果制成PPT,各组派代表上台陈述,每组 5 分钟时间。

2.小王是新上任的经理助理,平时工作主动积极,且效率高,很受上司的器重。一天早晨小王刚上班,电话铃响了。为了抓紧时间,她边接电话边整理有关文件。这时,有位姓李的老员工来找小王。他看见小王正忙着,就站在桌前等着。只见小王一个电话接着一个电话,最后,他终于等到可以与她说话了。小王头也不抬地问他有什么事,并且一脸严肃。然而,当他正要回答时,小王又突然想到什么事,与同室的小张交代了几句。这时的老李已是忍无可忍了,他发怒道:"难道你们这些领导就是这样对待下属的吗?"说完,他愤然离去。

　　①这一案例的问题主要出在谁的身上? 为什么?

　　②如何改进其非语言沟通技巧?

　　③假如你是老李,你会怎样做?

第五章 面 试

导学案例

    2022 年全国高校毕业生人数预计 1 076 万人,较之 2021 年的 909 万人增加了 167 万人,大学生就业形势依然很严峻。就业形势严峻的原因是多方面的,有目前经济增速放缓对就业拉动效应减弱,也有城镇化进程中农村劳动力转移压力大,还有新兴产业的快速发展。此外,近几年中西部地区经济快速发展导致的劳动力流动、企业用工成本和就业者对薪酬的期望值较高的矛盾、老龄化社会的进入等也对就业造成了相当影响。应聘参加面试、顺利签订合同找到一份工作确实很不容易。

学前问题

1. 面试的内容都有哪些?

2. 自荐信、个人简历都有哪些内容?

3. 面试需要掌握哪些技巧?

4. 如何塑造良好个人形象(内在素养与外部形象),使自己在面试中脱颖而出?

第一节　面试的基本知识与准备

一、面试的含义及其基本内容

1. 面试的含义

面试是一种有目的的组织行为,它是组织者为实现一定目的,经过精心设计,在特定场景下,主要通过考官与考生近距离的、面对面的交谈和观察,由表及里测评考生的知识、能力、经验等有关素质的考试活动。它的目的在于筛选出符合条件的优秀人才加入自己的团队从事某项工作。

2. 面试的基本内容

(1)仪表风度

仪表风度主要是指面试者的体型、外貌、气色、举止、精神状态等体现其气质的外在表现。中国自古对于人才的选拔都很重视其仪表风度,如唐代士子经过礼部考试,进士及第后不直接授官,需要先经过吏部选官,选官标准即"身、言、书、判"。其内容,身是"体貌丰伟",言是"言辞辩正",书是"楷法遒美",判是"文理优长"。由此可见一种良好的仪表风度对于个人求职的重要性。

到了现代社会,人们更认为一个人的体型、气色、举止、精神状态代表着一个人的教养,一定程度上也能反映出一个人的自我管理与自我控制能力,以及做事态度。现如今,人们越来越重视一个人的外部形象,甚至有偏激者提出"颜值即正义"的说法,此说法折射出社会对个人良好形象的看重。每个人的相貌虽然是天生的,但可以通过提升个人气质修养等来对自己进行形象上的"整容"。一个人,如果长得漂亮但是气质不佳,这个人未必会取得成功,而一个人相貌一般却气质极佳,这个人取得成功的概率则会相当大的。

(2)表达能力

语言是思维的载体,面试官通过听面试者自我介绍、回答问题等的言语,并观察其面试过程中的行为来评判面试者,看其是否能通过口头语言并辅助肢体语言等顺畅、准确地表达自己的思想、观点、意见、建议,使其观点为听者所理解和接受。

(3)专业知识

面试时,考官通常会根据应聘者的个人简历、自荐信和自我介绍陈述,提出一些关于所求职位专业方面的问题,借以评判应聘者的必需技能掌握情况。

(4)实践经验

与专业知识相比,有经验的考官更关注面试者的经历,特别是考察面试者是否拥有实践经历、是否在之前的实践中运用了所学的知识或者某项技能,是否能适应未来的工作与学习。

(5)思辨能力

思辨能力即分析判断能力,也就是通过了解问题,思考问题,进而得出一个恰当、合理结论的能力。它主要是对面试者的知识素养、理论水平、思维快慢等进行的综合测试,是整个面试中最为重要的一项。

(6)应变能力

要求面试者有一定的思辨能力、反应力、敏捷度,有能够对于可能发生的紧急事件、突发状况快速提出应急方案并着手解决的能力。

(7)沟通能力

在越来越强调团队合作和注重团队意识的当今,沟通能力越来越被看重。良好的沟通能力能够帮助团队实现高效协作,发挥出"1+1>2"的作用。因此,招聘方面试会观察面试者是否具有良好的沟通能力,是否能快速融入团队,顺利地与团队成员沟通并得体地与团队外人员、组织进行正常沟通。

(8)自控能力

自控能力主要是对面试者意志力、情绪方面的考察。现代职场工作压力以及每个人的生存压力都很大,人际关系复杂,因此要求工作者必须具备一定的抗压性,具备一定的韧性和耐力,能够控制好自己,合理地调节情绪和心态。

(9)工作态度

主要是考察面试者对工作的认知、期待以及应聘工作的态度,包含了对于工作的热情度、信心度、愿景、对于工作成就的渴望等。

(10)求职动机

面试官通过提问等方式考察了解面试者参加面试的原因和对工作的

兴趣、追求什么样的目标、面试应聘的职位能否满足其工作要求和期望等。

3. 面试的类型

(1)常规面试

人事部门负责人对应聘者通过提问等行业常见形式进行的面试。

(2)情景面试

也叫作情景模拟面试。给定一个与工作相关的模拟情景,看应聘者在这个情景中作何反应、如何处理问题的面试。

(3)个人面试

是指一个或者多个面试官在同一时间段内对于多位应聘者逐个进行的面试。

(4)集体面试

是指面试官将应聘者分为几组,以组为单位对多个应聘者进行面试,或者同时间面试多个应聘者,对他们进行提问,观察不同应聘者在面试过程中的表现,以便比较优劣,进行抉择的面试。

(5)一次性面试

面试官通过一次面试即确定录用何人的面试。

(6)分阶段面试

招聘方通过多次面试对应聘者进行逐层筛选的面试。

(7)视频面试

利用特定的电脑软件系统,通过视频及图片、文本等的网络传输,进行的实时面试。较之其他面试方式,视频面试具有如下优点:首先,视频面试中,考官高高在上的压力与求职者会因不在同一现场而大大消减,应聘者会比较放松,能够自如地展示自己;其次,视频面试节省了应聘方、招聘方双方交通、物料准备等方面的时间成本和经济成本。

二、面试的准备

面试的准备包括个人自荐材料的准备、心理准备、着装准备以及对面试方信息资料的收集等。

1. 个人自荐材料的准备

一份好的自荐材料关系着面试者能否给面试官一个好印象。在准备自荐材料时需要注意其内容与规格。

自荐材料包括个人简历(含所学专业介绍、学习成绩、各类奖励或者资质证书、作品复印件等)、自荐信。

自荐材料一般要用 A4 纸打印,页面整洁,内容简明,布局合理。

(1)个人简历

个人简历内容包括求职者个人基本信息,与申请职位相关的信息。具体而言包括个人信息、面试求职意愿、教育背景、社会实践活动、实习或工作经历、所获奖励或荣誉、其他技能(如计算机、外语)。

简历书写原则上要求做到精准、精炼、真实、重点突出。在排版上,一般而言,个人基本信息(包括自己的姓名、年龄、联系电话、毕业院校、电子邮件、应聘职位,必要的时候性别、籍贯等也可以写,想要应聘的职位、要求的工作地点等信息放在最开头,也便于面试官快速了解面试者,从而有针对性地进行提问考察)在最前,其次则是教育背景、实践经历,以及个人与其他人不同的优势。简历篇幅最好控制在一页以内,若内容大都比较重要且无法删减,那么第 2 页最好要写到 2/3 以上,原则是重要的内容在前面,不重要的内容往后排,没有的可以不写。

对于面试组织方而言,筛选简历首先考虑的是是否合适,其次是是否优秀。因此简历的准备要有针对性,针对面试方的情况来撰写,切忌一份简历包打天下,而要根据面试方的要求准备自己的简历,一开始就突出优势,使得对方愿意在你的简历上多停留一点时间(组织面试的时候招聘方会面对海量的个人简历,在面试的时候也会面试大量的符合基本条件的人才,因此留给每份简历的时间不会太多,只有 15 秒左右)。如考研的面试,重点将自己的受教育情况、对报考专业的认知以及目前所取得的成绩突出在前,突出你的学习能力和研究能力;应聘国有企业、事业单位重点突出自己的教育背景、政治面貌等;公务员面试重点突出自己的政治面貌、教育背景、社会实践经历以及性格的稳重、内敛、责任心强等;应聘其他企业应聘更多的则是要突出自己的沟通合作能力,以及职位要求的专业能力、技能与实践。

此外,个人简历绝对不能造假,即使竞争再激烈,但只要真诚、有能力,一样也会成功。简历造假会使人对面试者是否诚信产生怀疑,反而会不利于个人的长远发展。

简历写得再好,如果投递出了问题也是不行的。简历的电子邮件投递需要注意以下几点。

①邮件必须要有明确的主题,如"×××大学×××专业×××应聘×××职位"。

②收件人的邮箱地址必须正确无误,发送简历之前必须反复核对后再发送。

③简历发送者的电子邮箱名字不能太孩子气。如"那年我给你的酸奶和辣条""时间搁浅""妈妈夸我好宝宝""学徒型梦魇",甚至还有掺杂火星文等的。招聘方需要的是遵守社会规范的、务实的、成熟的劳动者,而不是一个邮箱从名字上即给人尚未成熟、不负责任感觉的,可能还在叛逆期的孩子。所以最好将自己的邮箱名字改得正规一些,符合成人世界规范一些。

④如非招聘方有明确要求,尽量不要以附件形式发送简历。若按要求以附件形式发送了简历,也请在邮件正文里简短地写上一句"已经按要求将本人简历以附件形式发送过来,烦请查收,谢谢!"。

⑤一对一投递简历,不要为了省事而将自己的简历群发。

(2)自荐信

自荐信旨在向自己求职意向所在方推荐自己,为自己赢得一个面试的机会,因此可以在自荐信中对自己进行较个人简历更为详细的介绍,尽可能多地强调自己的优势,补充简历中未能详细说明的能力或经历。有效的自荐信应当明确、直接地表明自己的意愿,并在此基础上进一步阐述自己与要求相匹配的学习经历或者工作实践经历、优势。

自荐信的格式与常用书信格式相同,大致包括称呼、正文、结尾、落款几个部分。开头写明用人单位领导,如"尊敬的××(单位)人事经理/领导:您好"等字样,结尾写上"祝工作顺利"等祝愿的话,在正文中诚恳表明自己希望能获得一个面试的机会,请求对方阅读自己的简历(如附有),最后则写上自己的姓名、学校、联系电话/邮箱、通信地址和时间。

写好自荐信要注意文字通顺,字迹整洁,布局合理,版式清晰且无错别字。信件内容要精炼,不要堆砌辞藻;要不落俗套,即使是相同的职位,不同单位的要求也是有区别,要根据意向方的具体要求、组织文化、发展理念等量身定做。

2. 面试者的心理准备

面试者首先需要告诉自己:来参加面试的人不少,我未必是最优秀的,但也不会是最差的,能来参加面试说明我是合适的,至少是初步符合了他们的基本要求,满足了基本条件,我要做的就是通过面试表现让考官对我的认知实现从"合适的"到"优秀的"的转变,从而赢得面试。

面试官是自己的前辈,因此在面试中,求职者必须表现出自己的专业一面和有礼貌的一面,虚心对考官作答,向考官学习和请教。

面试者必须认真对待每一次面试的机会,克服自视甚高的心态,拒绝无所谓的心态,不要自惭形秽。

3. 面试的服饰准备

服装与外貌言谈一样,是了解面试者的重要凭据。它显示着一个人的社会地位、思想修养、个性特征、心理状态、审美情趣等,也反映着一个人对自己,对他人,以至对生活的态度。正确、得体的着装体现着一个人社会化(即一个人作为社会公民独立、成熟地遵守社会规则,参与社会活动并为社会所接纳和认可)的程度。面试者服饰要符合自己所要扮演的社会角色,且要适合面试的氛围、场合。总体上而言,面试着装应以精干为主。

(1) 男士面试着装

男士着装不求华丽、鲜艳,遵循"三色原则",从上到下的颜色不要超过3种。面试是一种比较正式的场合,如穿西装必须系领带,上衣和裤子的搭配必须合理,要考虑整体性的统一,不能混搭,以示礼貌、庄重。领带必须打在衬衫上,长度到皮带扣处为最佳。领带颜色、图案随西装和衬衫颜色而定,最好是冷暖色相间,衣服下端不要露出领带头。

男士穿着西装有 7 个禁忌需要注意:一忌西裤过短,二忌衬衫放在西裤外面,三忌不扣衬衫扣,四忌西服袖子长于衬衫袖子,五忌西服、西裤口袋里面装东西得鼓鼓囊囊,六忌西服上装两扣都扣上,七忌西服搭配休闲鞋、便鞋(应是系鞋带的正装皮鞋,且保持光亮)。

男袜常见的有两大类:深色的西装袜和浅色的纯棉休闲袜。白棉袜只用来配休闲服和便鞋,也不能一年四季穿。

最后,在面试前还需注意白色或者单色衬衫的领口、袖口无污渍。面试者应剪短指甲,保持手部清洁。

(2) 女士面试着装

女士面试须注意饰物要少而精,发式要合适,化妆要淡雅,香水不要过于浓烈,不留长指甲,不涂指甲油。

女士正装选择可以是西装长裤也可以是西装套裙,后者更为经典。正装西装选单色、深色的,选择纯天然质地的面料,不要过紧,应当以舒适合身,符合职业要求为第一原则。透光性强的衣服最好不要在工作和社交场合穿。

女性饰品的佩戴注意除了把握少而精(若同时佩戴多种,不应当超过 3 种)的原则,还要讲究同色同质,且和整体服饰相统一。另外选择饰物也要考虑身份、体型、季节等因素。

女士面试时,鞋子和衣裙在色彩、款式上应协调。穿裙子时,应当搭配长筒袜或者连裤袜,颜色以肉色为宜,袜口不得低于裙摆边。穿袜子时需注意不能穿挑丝、有洞或者补过的。

女士着装 4 禁忌:一忌露,职场或正式场合不能露背或者露出肚脐等;二忌透,天气再热,衣服再薄也不能让内衣等若隐若现;三忌乱,穿着不能太过随便,如卷袖、敞扣、颜色过杂、饰物乱搭等;四忌紧,不能过分追求曲线美以致衣服过于紧身。

4. 面试礼仪准备

中国是一个重视礼仪礼节的国家,讲究"礼多人不怪"。在社会交往中必须遵守相应礼仪,职场也是如此。在参加面试的时候也要重视和遵守相应礼仪。具体而言包括以下方面。

(1)面试前了解并掌握招聘方基本信息

很多人认为这一点不应该放在面试礼仪里来讲——可恰恰这是最重要的礼仪。试问如果有一个人表明想要和你做男女朋友,可他/她却在向你表明自己爱意的时候喊错了你的名字,将你的信息张冠李戴,请问你会和他/她交往吗? 在接到面试通知后,需要认真做功课。如通过网络等渠道收集招聘单位的更多信息并进行相应准备。需要知道招聘单位的成立时间、地址、企业文化、企业发展成长的历史、企业发展现状、业界的评价、主要管理人员姓名等。

(2)对于面试官的尊重

无论面试前还是面试中,甚至面试后都应当对面试官体现出足够的尊重。这一点应当从对于每位面试组织人员的问候致意、面试过程中礼貌得体的待人接物、认真有礼地回答每位面试官的提问,包括礼貌地入场和退场等来体现。

(3)尊重你的竞争对手

求职者往往会遇到多人一起面试,在这个过程中大家都是竞争者,但不要因为对方是自己的竞争者就心怀敌意,或者在回答问题时太急于表现自己,不给竞争者说话的机会或者打断别人讲话。须知面试者的一切行为面试官都看在眼中,急于表现自己、不尊重他人等行为会让面试官觉得你不成熟、没素质,更不懂得团队合作。

拓展阅读

在面试过程中,应该特别注意的 10 个问题

1. 多带几份简历前往面试。没有比当被要求多提供一份简历而你却没有更能显示你缺乏准备了。多带几份简历,面试你的人可能不止一个预想到这一点并准备好会显得你做事正规、细致。

2. 留心你自己的身体语言,尽量显得精警、有活力、对主考人的提问全神贯注。用眼神交流,在不言之中,对方会感觉出你对这份工作的渴望与兴趣。

3. 注重初步印象和最后印象。最初和最后的 5 分钟是面试中最关键的,这段时间里你留给了考官第一印象和临别印象,这决定了主考人是否欣赏你。最初的五分钟内应当主动沟通,离开的时候,要确定你已经被记住了。

4. 填妥公司的表格。即使你带了简历来,很多公司仍会要求你填一张相关信息表。你愿意并且有始有终地填完这张表,还会传达出你做事正规、做事善始善终的信息。

5. 谨记每次面试的目的都是获聘。你必须突出地表现出自己的性格和专业能力以获得聘请。面试尾声时,要确保你知道下一步怎么办以及雇主什么时候会做决断。

6. 清楚雇主的需要,表现出自己对公司的价值,展现你适应环境的能力。

7. 要让人产生好感,富于热情。人们都喜欢聘请容易相处且为公司自豪的人。要正规稳重,也要表现你的活力和兴趣。

8、要确保你有适当的技能,知道你的优势。你要不露锋芒地用自己的学历、经验、受过的培训和别人比较,谈些你知道怎么做得十分出色的事情,让面试官明白你优于他人。

9.展示你勤奋工作、追求团体目标的能力。大多数主考人都希望找一位有创造力、性格良好,能够融入团体之中的人。你必须通过强调自己能以努力为团队带来的好处来说服对方你在自我实现和帮助团队上两者皆优。

10.用个性和外在证据营销自己。雇主只在乎两点:你的资历凭证、你的个人性格。你能在资历的基础上工作并适应公司文化吗?谈一下你性格中的积极方面并结合例子告诉对方你在具体工作中会怎么做。

面试禁忌:说话风格切勿过分张扬

咄咄逼人的言语、过分张扬的说话风格,往往是面试中最伤人的行为。你自以为表现很好,实际上却因为不恰当的表达给面试官留下不好的印象。因此,在面试中要特别注意你的说话方式,将你原有的锋芒收敛起来,用简单、平实的描述来打动面试官。

牛谁都会吹,大话谁都会说。但是对于阅人无数的面试官来说,无论你的言语有多么的张扬,仅从你的行为和表现中他们便能发现你的本质。虽说就业是一个双向选择的过程,但是在如今紧张的形势下,绝大多数的求职者还是处于弱势地位。如果不想被淘汰,不想成为面试官口中的反面教材,那在面试前必须认真了解面试时话语风格中的一些禁忌问题,千万别自掘坟墓。

1.面试时语调不能太逼人

语气,往往会赋予同一词语不同的含义。就比如你想谢谢别人,如果你用平和、温柔的语调来说,别人很快便能感受你的谢意,但如果你用大声、凶狠的语气说话,即使真心想表达谢意,别人也会认为你说的是反话。

面试中,求职者要特别注意自己的语调。如果平时说话语速快、声音大的话,那就试着减缓语速、控制音量,将所要表达的内容从容地叙述出来。这样才能较容易地被别人接受。

2. 用词要三思而言

除了语调语气，在面试回答问题的时候，用词也需再三斟酌。像平时常挂在嘴边的一些言语，或是一些敏感、带有贬义的词语，尽量不用。平时跟朋友相处，大家都相互了解，即使说一些难以让人接受的言语，朋友因为了解你的性格，也不会计较。而面试则不同，面试者与面试官在面试前没有接触过，在别人不了解你性格的前提下，如果你还是用平时的方式去交流，那就很难让人接受。

3. 说话不能以自我为中心

面试时，在回答问题或是个人介绍的过程中，尽量站在第三方的立场上，较为客观地去描述。不要总是"我认为"，这样以自我为中心的话语，听多了总会给人一种"王婆卖瓜自卖自夸"的嫌疑。虽说面试就是一个自我推销的过程，但如果推销得过火的话，肯定会让面试官厌烦。

面试中自信是好事，可是如果过于自信的话，那难免便会成了自恋。面试是双方最直接的了解过程，你的一言一行都决定着你在面试官心中的印象。如果不想被淘汰出局，那就得时刻注意自己的举止，一些不合时宜或是过分张扬的言语，一定不能随意出口。

无领导小组讨论面试怎么考怎么答

无领导小组面试是一种采用情景模拟的方式对考生进行的集体面试，考官可以通过考生在给定情景下的应对危机、处理紧急事件以及与他人合作的状况来判断该考生是否符合岗位需要。近几年来，无领导小组面试法得到越来越多单位的认可，无论是公务员面试还是外企面试都倾向于用这种方法。无领导小组讨论给考生提供了一个充分展现个人才能与人格特征的舞台，这类面试对考生而言其实更有利：在既定情景下，通过对问题的分析、论述，给考官留下良好的印象，从而在竞争中脱颖而出，迈进成功的大门。但是很多考生对无领导小组面试缺乏了解，面对这种开放式面试不知该从何着手，在面试时没有发挥出自己应有的水平，错失展现才华的良机。

无领导小组讨论面试通常有四种题型：开放式、多项选择式、两难式、资源分配式。

1. 开放式

是指没有标准答案，可以有多种多样的答法的问题，考查内容主要是引发争议的社会事件、政府政策，以及需要解决的社会问题等，多以谈看法、提建议为主。主要考查考虑问题是否全面、是否有针对性、思路是否清晰、观点是否鲜明和新颖等。

2. 多项选择式

常与开放式问题相结合，是指让考生从多种备选答案中选择其中有效的几种，或对备选答案的重要性进行排序的题目。主要考查分析问题实质、抓住问题本质方面的能力。

3. 两难式

要求考生在两个各有利弊的选项中选择其中一种。两种备选答案都具有相同程度的利弊，不存在其中一个答案比另一个答案有明显的选择性优势的情况。主要考查分析能力、语言表达能力及说服力等。

4. 资源分配式

也叫资源争夺型问题，给考生出一些具有相近程度利弊的选项，然后让考生就有限的资源进行分配，常与多项选择式问题相结合。主要考查分析问题能力、概括能力、总结能力等。

不论哪种提问，其讨论一般分为提纲准备、个人陈述、自由发言、总结陈词4个阶段。

1. 提纲准备

发言准备很大程度上决定个人陈述的质量，在准备发言提纲时观点要尽量明确，论据充分。可以尽量准备一套备选方案，以应对和其他考生观点重复的情况。时间允许的情况下，也可适当研究后续问题。

2. 个人陈述

这是考生第一次系统表达自己观点的阶段，有按抽签顺序依次发言的，也有自由决定发言顺序的。在此阶段，考生首先需要开门见山亮出观点，其次要把握时间论证观点，最后仔细记录，充实发言。

3. 自由发言

这是考生真正展现个人能力的阶段，类似于辩论赛，但又比辩论赛更注重结果达成的一致性，需要考生注重技巧，尽量不要暴露自己的弊端。

在不指定谁是领导的情况下，讨论者找好自我定位很重要：你若是想要制定整场讨论的规则，在内容和过程控制两个维度为讨论的进行作出贡献，则可以争取做破冰者；你若很擅长"开脑洞"，则非常适合做建议者；你若自信拥有优秀的组织协调能力与领导才能，则自然适合担当领导者。但是如果没有拿到自己最适合的角色也别丧气，你也可以在扮演好其他角色的同时担当自己适合的角色的辅助，这样不仅能够体现自己的大局意识，也会为自己增加发言次数。

4. 总结陈词

此阶段是对小组讨论结果的概括陈述，总结陈词者需要以小组代表的身份把小组讨论的结果向面试官陈述，既要体现小组成员讨论的不同观点，又要体现出对于不同的观点进行梳理整合后的一致。总结陈词的呈现方式有两种，一种是自己做总结陈词，一种是推荐他人做总结陈词。

第二节　面试各阶段的技巧

准备面试时要仔细多读几遍对方的招聘岗位和条件，有针对性地进行准备。在去参加面试前必须清楚：面试地点离自己所在有多远，选用何种交通工具前往最为妥当？自己的职位在同行业、单位所在地的薪酬情况，自己在单位大概的薪酬会是多少？之前有没有人也参加过该公司同一职位的面试？是否被录用？薪酬如何？该公司以往面试提过哪些问题，采用过何种面试方式？等等。

一、面试开始前：树立良好的第一印象

面试是在短时间内展示面试者的综合素质，不仅仅只是知识、业务能

力、道德品质、心理素质,还包括面试者的社会交往能力与修养。没有其他正式的方法能在面试之外帮助你树立良好的第一印象,而第一印象的好坏很大程度上决定着面试的成功与否。

1. 守时,提早到达面试地点

守时是现代人应当遵循的最基本的重要礼节,准时甚至提前片刻到达代表着你对面试的重视与重诺守信。一个连面试都会迟到的人,我们怎么相信他在以后会是一个责任心很强、尽心尽责的人呢?

2. 礼貌对待每一个人

求职者对面试中遇到的每一个人都应当给予必要的尊重,因为它很有可能就是你将来的同事。友善对待每一个人,对他们报以微笑,大方得体,不过分拘谨也不过分谦让,为自己创造一个轻松友好的氛围。

3. 得体的招呼

进入面试房间,站定后目光投向考官,直背舒肩,面带微笑地向面试官打招呼,表现出自己的自信。有的面试官会与面试者握手,正确的握手方式是在考官伸出手之后,上前距离考官一步远,上身前倾(其余部分立正),伸出右手,掌心向上,四指并拢,拇指张开与考官手合在一起,拇指压在对方手背,上下轻摇 3~4 次,同时整个过程中面带微笑目视对方,表示对对方的尊敬。在握手结束,面试官示意就座时说声"谢谢",后退一步从容不迫地挺直腰轻轻入座即可。

4. 调整心态

调整心态,使自己的心态保持在适度紧张的状态即可,不能过于紧张也不能太过放松。最重要的是给予自己足够的信心。面试前可多做几次模拟练习,发现自己的不足并及时改正。

二、面试过程中:用才华征服考官

1. 做好自我介绍

自我介绍往往是面试的第一项内容。面试官通过面试者的自我介绍可以将简历、自荐信的文字和人联系起来,加深对面试者的印象,以便接下来更加深入地评判面试者的语言、应变、心理承受和逻辑思维等能力。

好的自我介绍要做到内容重点突出,言语简洁、精炼,陈述时间若无要求则以不超过 3 分钟为宜。自我介绍不是简单的简历的复述,而是进一步细化陈述限于简历篇幅所没写到的自己的优势,突出自己不仅合适而且优秀,以及自己能做什么,通过面试后打算做什么,怎么做等。

好的自我介绍还应当做到掌握好分寸,恰如其分地评价自己,既不妄自尊大也不妄自菲薄,且留有余地,不用极端的词来形容自己,以免使自己进退维谷。

2. 善于推销自己

面试过程中要巧妙地通过介绍言语将自己的真诚、热情、进取等简历无法展示的情感内容反映出来,自我介绍和回答时要敢于肯定自己的优势、特长与能力,善于扬长避短。同时,面试过程中要尽量减少"我"的使用频率,因太多地使用"我"字过于强调自己,拉开了与对方的距离,使得面试官很难和你在心理上亲近相反地在恰当的时候使用"您"字能拉近双方距离。

3. 主动且巧妙提问

面试过程中,面试者同样可以化被动为主动,向面试官进行提问。这在面试过程中是被允许的,而且在提问过程中面试官可以感受到面试者的热情、期望,判断面试者的水平,从而加深对面试者的印象。

面试者不仅要敢于提问,还要善于提问,提问内容要与面试或者日后的工作相关,且还可以通过提问引导对方对自己的优势、特长产生兴趣,使面试向着有利于自己的一面发展。不同的问题要在面试的不同阶段提出,注意提问的方式和语气,如非特别必要,尽量委婉一些。需要注意的是不可连续发问,免得弄巧成拙,引起对方反感。

4. 巧妙解除困境

当遇到面试官难度较大或者比较刁钻的提问的时候,注意冷静作答,不要掉入对方的圈套,单纯的表决心或者干巴巴的作答不仅自己能听出来空洞乏味,而且很容易被面试官听出来,并在之后在此基础上被追加问题,使得对自己更加不利。比较好的办法是减缓语速,将面试官的提问做一重复:"您刚才问我的问题是……,关于这个问题,我是这样思考的……",这样做,一来是确认题目没有听错,另外也为自己争取几秒钟时间想明白对方提问的真正意图,在快速思考后以缓慢语速作答,防止出现纰漏。如果对方的提问自己确实不会,不妨坦率地告诉对方,对于面试过程中出现的小的过失与失误也不要过于计较,应当关注后续的问答。

三、面试结束后：用修养感染考官

面试结束后应当主动轻轻地起身,避免使座椅发出声音(特别是刺耳的声音),起立后面带微笑向面试官表示感谢并礼貌道别,正面面对面试官,从容、轻盈地退出面试房间,特别是不要将背部对着面试官,出房门前再次道谢并说再见。面试结束后的一两天可以向具体负责的面试官发一份感谢邮件,感谢他们给你面试的机会并花费精力和时间对你进行面试。感谢信要真诚,既能体现出你的修养与热情,又不让人觉得煽情。一般而言,面试官面对大量的面试者,记忆力很有限,除了印象特别深刻的个别人,对其他大多数面试者的印象都会比较模糊。一份真诚而又不乏热情的感谢信有助于面试官回想起你,增加好感度,从而增大面试成功的几率。

无领导小组面试中的几个绝招。

1. 后发制人

面试开始后,许多考生抢先亮出自己的观点,寻找充当领导者的机会,成为小组讨论的主席,以展示自己引导讨论及总结的才能,这样做不一定能给主考官留下深刻的印象。最初不要力图引导和左右其他应试者的思想和见解,不要总是把他们的注意力吸引到自己的观点上来,不要争当领导,不要锋芒毕露地对每个发言者的言论逐一点评,尤其是对某个发言者所说的问题无突出见解时,自己还不顾一切地帮他进行总结。

正确的做法是,在讨论结束之前,你将各成员交谈要点一一点评,分析优劣,并适时拿出自己令人信服的观点。这时的语调一定要舒缓平和,进入讨论的中心要不露痕迹,无形中使自己成了领导者的角色,自然就为自己成功领导增加了筹码。

2. 逐步说服对方，保持团队精神

各个讨论者的想法可能是差不多的,影响个人是否接受别人观点的首要因素就是人际关系,即他会先考虑与你的熟悉程度和友善程度,彼此的关系越亲密,越容易接受你的观点。如果他认为彼此存在的是敌对关系,那么对你的观点多半会被拒绝。所以我们在充分阐述自己观点的时候,不要对队友恶语相向、横加指责或对对方观点无端攻击,这样往往只会导致自己最早出局。

试图说服对方时要看好时机,不要在对方情绪激动的时候改变他的观

点。因为在情绪激动时,对方的情感多于理智。所以要找准时机,找到与对方言语里共同的观点,引申出自己的观点,让对方在一定程度上能感觉他的观点与你的有相同之处,然后在对方对你稍稍放下敌对心理、情绪有所放松的时候合理地提出自己的观点,辅以充分的理由,这样较能说服对方。

特别要注意的是在自己发言的时候,要尽量做到论证充分,辩驳有力。小组讨论中,当然不是谁的嗓门大谁就得高分,考官是借此考查一个人的语言能力、思维能力及业务能力。夸夸其谈,不着边际,胡言乱语,只会在大庭广众中出丑,将自己不利之处暴露无遗。语不在多而在于精,观点鲜明,论证严密,有的放矢,尽量能够一下子说到点子上,这样可以起到一鸣惊人的效果。及时表达与众不同的意见和反驳别人先前的言论,也不要恶语相加,要做到既能够清楚表达自己的立场,又不令别人难堪。因为如今的竞争日趋激烈,单凭一个人的智慧很难在竞争中取胜,成功需要大家的共同努力,所以每个单位都很重视合作,都不会聘用没有团队意识的人。

3. 观点明确,注意交谈技巧

考生应该有自己的观点和主见,即使与别人意见一致时,也可以阐述自己的论据,补充别人发言的不足之处,而不要简单地附和说:"××已经说过了,我与他的看法基本一致。"这样会使人感到你没主见,没个性,缺乏独立精神,甚至还会怀疑你其实根本就没有自己的观点,有欺骗的可能。

当别人发言时,应该用目光注视对方,认真倾听,不要有下意识的小动作,更不要因对其观点不以为然而显出轻视、不屑一顾的表情,这样不尊重对方,会被考官认为是涵养不够。对于别人的不同意见,应在其陈述之后,沉着应对,不要感情用事,怒形于色,言语措辞也不要带刺。保持冷静可以使头脑清晰,思维敏捷,更利于分析对方的观点,阐明自己的见解。要以理服人,尊重对方的意见,不能压制对方的发言,不要全面否定别人的观点,应该以探讨、交流的方式在较缓和的气氛中,充分表达自己的观点和见解。

4. 有气度、讲礼仪

如果你选择的话题过于专业,或者自己发起的话题不被众人感兴趣,或者对自己的私事介绍得过多了,可能会导致听者疲惫。听者面露厌倦之意的时候,自己就应当立即止住,最不宜在这个时候还要我行我素。当有人突然出来反驳自己的时候,不要恼羞成怒,而是应心平气和地与之讨论。

发现对方有意寻衅滋事时,则可对之不予理睬。

谈话时目光应保持平视,仰视显得谦卑,俯视显得傲慢,均应当避免。谈话中应用眼睛轻松柔和地注视对方,但不要眼睛瞪得老大,或直愣愣地盯住对方不放。在谈话的时候要温文尔雅,不要恶语伤人,讽刺谩骂,不能高声辩论,纠缠不休。以适当的动作加重谈话语气是必要的,但某些不尊重别人的举动不应当出现,例如揉眼睛,伸懒腰,挖耳朵,掏鼻孔,摆弄手指,活动手腕,用手指向他人的鼻尖,双手插在衣袋里,看手表,玩弄纽扣,抱着膝盖摇晃,等等。

总之,在言谈中要以礼待人,给予每个人同样的尊重,在平凡中见神奇,于温和中见真知,让考官在细微处感受到你的魅力。

拓展阅读

无领导小组面试优缺点分析

1. 优点

无领导小组讨论作为一种有效的测评工具,和其他测评工具比较起来,具有以下几个方面的优点:

能测试出笔试和单一面试所不能检测出的能力或者素质;

能观察到考生之间的相互作用;

能依据考生的行为特征来对其进行更加全面、合理的评价;

能够考察到考生的多种能力和个性特质;

能使考生在相对无意之中暴露自己各个方面的特点,对预测真实团队中的行为有很高的效度;

能使考生有平等的发挥机会,从而很快地表现出个体上的差异;

能节省时间,并且能对竞争同一岗位的考生的表现进行横向对比;

应用范围广,能应用于非技术领域、技术领域、管理领域和其他专业领域等。

2. 缺点

对测试题目的要求较高;

对考官的评分技术要求较高,考官应该接受专门的培训;

对考生的评价易受考官各个方面的影响特别是主观意见(如偏见和误解),从而导致考官对考生的评价结果大相径庭;使考生有做戏的可能性;

指定角色的随意性,可能导致考生之间地位的不平等;

过分依赖经验,而考生的经验会影响其能力的真正表现。

3. 评价标准

在无领导小组讨论中,考官评价的标准主要是:

受测者参与有效发言次数的多少;

是否善于提出新的见解和方案;

是否敢于发表不同的意见,支持或肯定别人的意见,在坚持自己正确意见的基础上根据别人的意见发表自己的观点;

是否善于消除紧张气氛,说服别人,调解争议,创造一个使不大开口的人也想发言的气氛,把众人的意见引向一致;

能否倾听别人意见,是否尊重别人,是否侵犯他人发言权;

语言表达能力、分析能力、概括和归纳总结不同意见的能力;

发言的主动性、反应的灵敏性。

课后练习

1. 每6~8名同学组成一个团队,每个团队为一个企业。团队每位同学都参与讨论,快速为自己的企业起一个名字,确定自己企业的经营方向、企业文化、发展战略,并设置不同的职位,选出企业的主要负责人。负责人将不同的人分配在不同的职位上。主要负责人或企业人事写出招聘公告,并招聘员工或者管理层,同时在其中体验招聘方与应聘方思维的差异。(25分钟)

活动过程及具体操作:

①各团队选代表陈述选择某同学做企业主要负责人的原因(5分钟);

②企业主要负责人陈述将某位同学分配到某个职位上的原因(5分钟);

③主要负责人或者负责人事工作的同学上台发布本组招聘公告（5分钟）；

④其余各团队根据最先发布的招聘公告，各派出 1 名同学前来求职。最先发布招聘信息的企业组成面试组对各团队求职者进行面试(10分钟)。

2.某公司有以下几个职位需要招聘新员工，请你针对某个职位写一份简历。

· 软件开发工程师

· 软件测试工程师

· 软件销售人员

· 动画设计师

· 日语/英语翻译

模块二 团队篇

第六章　团队与团队沟通

孙磊是一家信息技术公司的技术人员,有一天领导找他谈话,让他担任公司青年服务队的领队。原来,市里即将召开高新技术产品洽谈会,市经委要求城区参加会议的公司派5名青年与会服务。考虑到孙磊大学时担任过团干部,公司决定让他带队。

孙磊说:"我现在正在开发一个项目,这您是知道的。现在正是关键时刻,我没精力干别的。"领导说:"时间只有3天,不会消耗你太多的精力。你只要每天把人带到会上去,你也不需要整天待在那里。"孙磊犹豫着同意了。

会议举行的这几天,孙磊只第一天在大会上露了面,他叮嘱其他人自行到会务组报到,自己则是回家钻研他的项目去了。别人见领队不来,也都开小差溜了。会务组找不到人,直接电话反映到公司领导那里去了。这件事,孙磊给领导留下了很不好的印象。

年底,公司调整部门主管,因为孙磊研发的项目取得了成功,有人推荐孙磊任技术部主管。领导很冷淡地说:"连4个服务人员都管不好,还能主管什么?"一句话就让孙磊失去了这次晋升的机会。

学前问题

1. 什么是团队?团队中如何与上级沟通?
2. 团队中与平级同事沟通应当注意什么?
3. 作为领导,如何与下级进行有效沟通?

第一节　团队与群体

1994 年,斯蒂芬·P.罗宾斯首次提出了"团队"的概念,在随后的十几年里,关于"团队合作"的理念风靡全球。随着企业员工的素质和能力的增强,承担的责任和拥有的权力更多,企业对外面临降低成本的压力增大,信息技术发展带来的工作自动化促使组织迅速变革,管理中间层的消失也鼓励基层人员的自我管理:管理越来越强调人本价值,正是在这种变革的背景下,团队形式得以风行,它几乎成了将个体利益与整体利益相统一,从而实现组织高效率运作的理想工作状态的代名词。

一、团队的定义

管理学家斯蒂芬·P.罗宾斯认为:团队就是由两个或者两个以上的相互作用、相互依赖的个体,为了特定目标而按照一定规则结合在一起的组织。我们认为,团队是指一种为了实现某一目标而由相互协作的个体所组成的正式群体,群体成员以知识和技能协同解决问题,达到共同目标。

二、团队与群体的区别

团队与群体有着不同的特点。群体是两个以上相互作用又相互依赖的个体,为了实现某些特定目标而结合在一起。群体成员共享信息,作出决策,帮助每个成员更好地担负起自己的责任。群体可以分为正式群体和非正式群体:正式群体有命令型群体(如学校领导班子)、任务型群体(为任务而共同工作);非正式群体有利益型群体(有共同关心的具体目标)、友谊型群体(如球迷协会)等。团队则是一个有机整体,团队成员除了具有独立完成工作的能力之外,同时具有与他人合作共同完成工作的能力。团队的绩效源于团队成员个人的贡献,同时永远大于团队成员个人贡献的总和,即"1+1>2"。而群体中成员没有协同工作的要求,群体的绩效是群体成员个人绩效的总和。团队与群体的区别还具体表现在以下几个方面。

领导方面:作为群体应该有明确的领导人;团队则不一定有,尤其是团队发展到成熟阶段,成员共享决策权。

目标方面:群体的目标必须跟组织保持一致;团队除了保持一致,还可以产生自己的目标。

协作方面:协作性是群体和团队最根本的差异。群体的协作性可能是中等程度的,有时成员还有些消极,有些对立;但团队中是一种齐心协力的气氛。

责任方面:群体的领导者要负很大责任;而团队中除了领导者要负责,每一个团队的成员也要负责,甚至要一起相互作用。

技能方面:群体成员的技能可能是不同的,也可能是相同的;而团队成员的技能是相互补充的,团队把拥有不同知识、技能和经验的人综合在一起,形成角色互补,从而达到有效组合。

结果方面:群体的绩效是每一个个体的绩效之和,团队的绩效是由大家共同合作完成的。

案例 6-1

《时尚》杂志是专门做女性时装宣传的,该杂志非常畅销。一本畅销杂志要编成,不论是总编还是其他的编辑都需要有自主性,每个人自动自发地去收集资料;需要创造性,每个人要自己去想方法、想点子、想内容;需要协作性,剪接的、收集的、采编的、摄影的成员要充分地合作,才能够把这本杂志出色地编出来。尽管它的发行量也许很大,但杂志社其实只是一家很小的公司。不过,虽然它的规模小,但仍是一个团队。几十万人的大企业和几百人或几十个人,哪怕是几个人的小企业,都是要有团队概念的。

团队不同于群体,群体可能只是一群乌合之众,并不具备高度的战斗能力,而团队则要满足自主性、创造性、协作性三个条件才成。英国谚语说得好,"一个人做生意,两个人开银行,三个人搞殖民地",这就是团队的效果。在竞争激烈的知识经济时代,单打独斗已经成为历史,竞争也不再是个体之间的,而是更多地表现为团队与团队、组织与组织之间的竞争。很多时候,目标的实现、困难的克服、挫折的平复,不能仅凭借个人的力量与勇气,而必须依靠整个团队的智慧。

第二节　团队的构成要素

任何组织的团队,都包括 5 个不可或缺的要素,简称"5P",即:目标(Purpose)、人员(People)、定位(Place)、权限(Power)和计划(Plan)。

一、目标(Purpose)

团队应该有一个既定的目标为团队成员导航,使他们知道要向何处去,没有目标这个团队就没有存在的价值。对于一个企业来说,从打算在组织内部建设团队开始,就必须树立明确的目标,直至该团队完成使命。建立团队的原因是什么? 我们希望我们的团队能够为我们的企业解决什么样的问题,完成什么样的任务? 这些都是在建立团队之初就应该明确的。团队的目标还有更广泛和深远的意义:共同的远大目标可以令成员振奋精神,与企业的政策相互配合,充分发挥生命的潜能,从而在真正的学习中体会工作的真意,追求心理的成长与自我实现,并与周围的世界产生一体感,创造超乎寻常的成果。

归根到底,人是社会的动物,自然有着一种归属感,而团队的共同愿景或目标落实了归属的需求。不仅团队,人类的任何一种组织的诞生都是基于人类存在共同的需求。在人类的群体活动中,很少有像共同的愿景这样能激发出强大力量的东西,只有共同的愿景才能使团队的成员知道自己的角色和任务,从而真正组成一个高效的群体,把工作上相互联系、相互依存的人们团结起来,产生"1+1>2"的合力,更有效地达成个人、部门和组织的目标。当然,团队的目标也不是一成不变的。例如,在新产品开发出来以后,团队工作的重点毫无疑问地应该从产品研制转移到增强新产品的竞争力上去;如果目标是提高客户对产品的满意度,那么团队工作的第一步就是如何提高服务质量等。

一个团队如果失去目标,团队成员就不知道何去何从,最后的结果可能是失败,这个团队存在的价值就要大打折扣。团队的目标必须跟组织的目标一致,此外还可以把大目标分成小目标具体落实到各个团队成员身上,大家合力实现这个共同的目标—如果团队成员的目标各不相同,那么这个团队也岌岌可危。同时，目标还应该有效地向大众传播，让团队内外的成员都知道这些目标，有时甚至可以把目标贴在团队成员的办公桌上、会议室里，以此激励所有人为这个目标工作。

案例 6-2

曾经有人做过这样一个实验：组织 3 组人，让他们沿着公路，分别向 10 公里外的 3 个村子步行。甲组不知道去的村庄叫什么名字，也不知道它有多远，只被告知跟着向导走就是了。这个组刚走了两三公里时就有人叫苦了，越往后人的情绪越低，最终被低落的情绪击得溃不成军。

乙组知道去哪个村庄，也知道它有多么远，但是路边没有里程碑，人们只能凭经验估计需要走两个小时左右。这个组走到一半时才有人叫苦，大多数人想知道他们已经走了多远了，比较有经验的人说："大概刚刚走了一半的路程。"于是大家又簇拥着向前走。当走到 3/4 路程时，大家情绪低落，觉得疲惫不堪，而路程似乎还长着呢。当有人说"快到了"时，大家又振作起来，加快了脚步。

丙组最幸运。大家不仅知道所去的是哪个村子，它有多远，而且路边每公里有一块里程碑。人们一边走一边留心看里程碑，每看到一块里程碑，大家心里便有一阵小小的快乐，这个组的情绪一直很高。走了七八公里以后，大家确实都有些累了，但他们不但没有叫苦，反而开始大声唱歌、说笑，以消除疲劳。最后的两三公里，他们越走情绪越高，速度反而加快了。因为他们知道，那个要去的村子就在眼前了。

当人们的行动有着明确的目标，并且把自己的行动与目标不断地加以对照，清楚地知道自己进行的速度和不断缩小达到目标的距离时，人的行动动机就会得到维持和加强，就会自觉地克服一切困难。

二、人员（People）

团队是由人组成的，人是构成团队最核心的力量，3 个及以上的人就可以构成团队。在一个团队中需要有人出主意，有人制订计划，有人实施，有人协调不同的人一起工作，还要有人监督团队工作的进展，评价团队最终的贡献，不同的人通过分工来共同完成团队的目标。目标是通过人员具体实现的，确定团队目标、定位、职权和计划，都只是为团队取得成功奠定基础，最终能否获得成功取决于人，所以人员的选择是团队中非常重要的一个部分,要考虑人员的能力如何、技能是否互补、人员的经验如何。

选择成员要根据团队的目标和定位,在这方面企业的自主性很大。一旦明确了团队需要进行哪些工作,下一步要做的事情就是制订出团队人员职位的明确计划。无论谁负责成员选择,他都应该尽可能多地去了解候选者每个人都有哪些技能、学识、经验和才华,更重要的是候选者的资源在多大程度上符合团队的目标、定位、职权和计划的要求。

三、定位(Place)

这里的定位包含两层意思:一是团队的定位,包括团队在企业中处于什么位置,由谁选择和决定团队的成员,团队最终应对谁负责,团队采取什么方式激励下属;二是个体的定位,指个体作为成员在团队中扮演什么角色,是制订计划还是具体实施或评估。

明确团队的定位是非常重要的,因为不同类型的团队有着极大的差异,它们在工作周期、一体化程度、工作方式、授权大小、决策方式上都有很大的不同。如一个服务团队可能需要持久地工作,它的一体化程度是非常高的,它的成员中的差别化不是很严重,可是一个研发团队的工作周期可能很短,但是它的成员的差别化要求会很高。

在团队的定位明确以后,接下来就可以制定一些规范,规定团队任务,确定团队应如何融入组织结构中。同时,也可以借此传递公司的价值观和团队预期等重要信息,使团队成为一个更具有合作性的工作场所,让来自组织中的不同部门的人能够成为真正的团队伙伴。

四、权限(Power)

所谓权限,是指团队负有的职责和相应享有的权力大小,对团队权限进行界定,要回答以下几个问题:团队的工作范围是什么? 它能够处理可能影响整个组织的事务吗? 它的工作重心集中在某一特定领域吗? 不同团队的界限是什么? 你所组建的团队在多大程度上可以自主决策? 整个团队在组织中拥有什么样的决定权? 比方说财务决定权、人事决定权、信息决定权。

这实际上是团队目标和团队定位的延伸。团队的权限范围必须和其定位、工作能力及所被赋予的资源相一致。权、责、利的合理配置才能调动团队的积极性。同时，团队当中领导人的权力大小跟团队的发展阶段相关，一般来说，团队越成熟，领导者所拥有的权力相应越小，而在团队发展的初期领导权是相对比较集中的。

解决了这些问题，也就初步解决了团队的权限问题。当然，你要解决的问题会因团队的类型、目标和定位不同而有很大的差异，这也取决于组织的基本特征，如规模、结构和业务类型等。对于复杂多变的情况，没有通用的解决方案，但是在解决权限问题时必须坚持这样一个原则：分清轻重缓急。

五、计划（Plan）

目标最终的实现，需要一系列具体的行动方案。团队应如何分配和行使组织赋予的职责和权限？团队应该如何高效地解决面临的各种各样的问题？换句话说，就是团队成员应该分别做哪些工作？如何做？具体讲这就是计划工作。计划是为实现目标而设置的具体工作程序，提前按计划工作可以保证团队事业的顺利进展。

一份好的团队工作计划能解决的问题有：每个团队有多少成员才合适？团队需要什么样的领导？团队领导职位是常设的还是由成员轮流担任？领导者的权限和职责分别是什么？应该赋予其他团队成员特定职责和权限吗？各个团队应定期开会吗？会议期间要完成哪些工作任务？预期每位团队成员把多少时间投入团队工作中？如何界定团队任务是否完成？如何评价和激励团队成员？

但是我们也不可能对以上某些问题给出具体的解答。其具体的答案应根据组织本身特点和实际需要进行合理选择。需要强调的一点是：有些规模或结构相对简单的组织应当优先考虑人员问题而不是职权和计划问题。这样可以避免在决定团队如何发挥作用之前选定团队成员而导致一系列问题的出现。

案例 6-3

一次人事考察，考察对象为两个工作业绩非常出色的青年干部。平心而论，两个人无论学力、工作能力、岗位贡献、口碑都不分上下，这可难坏了考察组的同志。但是组织要求很明确，只能在两者中间选一人。对此，考察组通过小组会议一致研究决定，通过个别谈话、小组讨论、集体研究的方式确定最终人选。

人事组分别找了一些人谈话,就考察对象的德、能、勤、绩请他们如实谈谈自己的看法。对于两人的表现,众口一辞,都说他们工作能力强,业务水平高,这几年为单位的发展都作出了不少的贡献,纪律方面更不用说。

然而,组织原则要求不但要了解他们的优点,更要清楚他们的缺点——偏听则暗,兼听则明。最后人事组找了单位的领导、中层干部、一般工作人员,组长向他们询问:"他们有什么缺点? 请本着实事求是的精神谈谈你们真实的看法。"

有人说:"我谈一点,不知道算不算他的缺点。"他接着说:"在年终的总结和评先荐优时,每当谈到部门取得的成绩和荣誉,他(第一位考察对象)总是以'我们'作主语,把集体的智慧和力量放在首位,总是很谦逊地把成绩和荣誉归功于集体,从不突出自己的成绩和力量。"说罢,他又指着第二位考察对象的名字说:"他无论何时总是以'我'作主语,尽管他能力和业绩确实很强,但处处突出个人,把自己放在显要位置。"

最终,经过组织研究决定,第一位被提拔为分公司负责人。

组长在总体评价一栏中写道:"尽管'我们'和'我'只有一字之差,但反映出了两种迥然不同的处世态度,一个把自我置于集体之下的人,拥有的不但是一种谦逊的胸怀,而且是一种庄重的责任。这种责任是人生的稀有矿藏,更常常让团队因此圆满,不断走向成功。"

第三节　团队的类型

斯蒂芬·P.罗宾斯根据团队存在的目的,以及拥有自主权的大小,将团队分为以下几种类型。

一、多功能型团队

多功能型团队由同一等级、不同部门的员工为完成一项特定的任务组成,常用于新产品开发中。其优点是不同领域员工之间交换信息,激发出新的观点,解决面临的问题,协调复杂的项目。其缺点是团队成员之间建立信任、合作需要时间。多功能型团队的兴盛时期是20世纪80年代末,当时所有主要的汽车制造公司,包括丰田、尼桑、本田、宝马、通用、福特、克莱斯勒都采用了多功能型团队来直接完成复杂项目。

多功能型团队并不是简单的人员组合,它的管理模式也不是简单的管理荟萃,其团队在建立初期需要花费大量的时间和精力来搭建组织内部、组织之间不同领域员工的信息交流平台,还要调和团队成员间因地域、部门、能力不同而造成的矛盾。但总的来说,多功能型团队是一种有效的方式,它与组织内(甚至组织之间)不同领域员工建立起相互信任并能真正合作的平台。

二、问题解决型团队

问题解决型团队是一种临时性团队,是为了解决组织面临的一些特殊问题而设立的。问题解决型团队的核心任务是提高生产质量、效率、改善企业工作环境等。在这样的团队中成员就如何改变工作程序和工作方法相互交流,提出一些建议(没有什么实际权力来根据建议采取行动)。团队的最初类型大都属于问题解决型,来自同一部门的若干名志同道合的人临时因为某一件事情聚集在一起,就如何扩大产品知名度、提高生产线产出率、改进工作流程、改善工作环境等问题展开讨论,相互交换意见,吸收彼此观点,形成集体决策,达成工作共识。但这些团队不具备执行力,其形成的意见和建议由具有执行力的部门专门负责贯彻。

20 世纪 80 年代,问题解决型团队的典型代表为"质量管理小组"或者"质量圈"。这种工作团队的组成结构为职责范围近似或重叠的部分员工、主管,一般人数为 5 ~ 12 人。他们会定期举行会议,在现场讨论质量问题或生产过程中将要面临的问题,调查原因,提出解决问题的建议,并监督相关部门采取有效的行动。

三、自我管理型团队

随着团队素质的不断提高,缺乏贯彻力、执行力和调动员工积极性、参与性的相关权限等问题使问题解决型团队渐感功能欠缺。为了弥补这种缺陷,团队被要求具有自主解决问题的能力,能够独立承担所有责任。具备这两种能力的团队被称为"自我管理型团队",这种团队是一类真正能够独立承担责任的团队,团队中的成员不仅注意问题的解决,而且看重解决问题后的执行能力。

通常来说,自我管理型团队的人数为 10～15 人,团队的成员构成呈现多样化的特征。团队的成员需要分担一些上级领导的职责,比如人员招聘、绩效评估、工作任务的分配、不同强度工作的分布,以及工作时间的安排。

组建自我管理型团队并不是培养团队制胜能力的万能的技巧和方法,在设计这样的团队以及期望它们拥有极高的工作效率之前,组织应开展一项环境分析,以确定自我管理型团队是否与一些组织因素保持一致:组织对团队是否有明确和具体的要求,并赋予相应的权力和责任;团队的价值观和目标与组织是否有一致性,组织文化和领导的支持能否为团队的运行提供环境支持;组织的资源、政策和训练能否保证团队具有竞争力。

四、虚拟团队

虚拟团队是不同地域的人通过信息技术进行合作的共同体,虚拟团队成员跨地区甚至跨组织地协同工作。目标对虚拟团队尤为重要,人在虚拟团队处于核心地位,一个虚拟团队最显著的特征是联系成员和实施任务以一系列技术为手段和基础纽带。

国际互联网的日益普及,不仅拓宽了人们的信息渠道,同时也拓展了人们的工作空间,移动办公和异地办公日渐增多。随着网络应用水平的不断提高,基于网络进行工作、沟通和管理的虚拟团队也日渐流行俱乐部式的虚拟团队以灵活多变为特点,以共同的工作项目为基础,而效率则建立在相互的信任和配合上。

虚拟团队的出现,必然对传统的组织形式和管理方法提出新的要求。面对虚拟的成员,传统的命令和控制方式已不再有力。要想真正管理好虚拟团队,就必须调整虚拟成员的定位,并在虚拟团队中树立起良好的信任氛围。这种信任不是一成不变的,而是随环境和成员的变化而改变的。对这种无形的团队,只有靠有形的管理,才能做到"形散而神聚"。

拓展阅读

贝尔宾团队角色模型

贝尔宾团队角色理论由英国剑桥大学的R.梅雷迪恩·贝尔宾博士于《管理团队:成败启示录》中提出。贝尔宾团队角色模型用以描述各具特征的团队成员角色,借此对团队成员的行为产生更为深刻的认识。贝尔宾团队角色模型通过对团队成员所表现出来的角色特征(个体在群体内的行为、贡献以及人际互动的倾向性)进行分判,从而辨识出每一个成功团队都必须具有的9个角色(如表6-1所示)。

贝尔宾团队角色理论认为高效的团队工作有赖于默契协作,团队成员必须清楚其他人所扮演的角色,了解如何相互弥补不足,发挥优势。成功的团队协作可以提高生产力,鼓舞士气,激励创新。利用个人的行为优势创造一个和谐的团队,可以极大地提升团队和个人绩效。没有完美的个人,但有完美的团队。

表6-1 贝尔宾团队角色9种类型

角 色	典型特征	积极特性	弱 点	在团队中的作用
智多星·PL(Planter)	有个性;思想深刻;不拘一格	才华横溢;富有想象力;智慧;知识面广	高高在上;不重细节;不拘礼仪	提供建议;提出批评并有助于引出相反意见
外交家·RI(Resource Investigator)	性格外向;开朗;热情;好奇心强;联系广泛;消息灵通,是信息的敏感者	有广泛联系人的能力;不断探索新的事物;勇于迎接新的挑战	见异思迁,兴趣转移快	提出建议,并引入外部信息;接触持有其他观点的个体或群体;参加磋商性质的活动

续表

角色	典型特征	积极特性	弱点	在团队中的作用
协调员·CO（Coordinator）	沉着；自信；有控制局面的能力	对各种有价值的意见不带偏见地兼容并蓄；看问题比较客观	在智能以及创造力方面并非超常	时刻想着团队的大目标,明确团队的目标和方向；选择需要决策的问题,明确它们的先后顺序；帮助确定团队中的角色分工、责任和工作界限；总结团队的感受和成就；综合团队的建议
推进者·SH（Shaper）	思维敏捷；坦荡；主动探索	积极,主动；有干劲,随时准备向传统、低效率、自满自足挑战；有紧迫感,追求高效率；视成功为目标	好激起争端,爱冲动,易急躁,容易给别人压力；说话太直接(虽然总是就事论事),经常伤人	寻找和发现团队讨论中可能的方案；使团队内的任务和目标成形,推动团队达成一致意见,并按决策行动
监督员·ME（Monitor Evaluator）	清醒；理智；谨慎	判断力强；分辨力强；讲求实际	缺乏鼓动和激发他人的能力；自己也不容易被别人鼓动和激发；缺乏想象力,缺乏热情	分析问题和情景；对繁杂的材料予以简化,并澄清模糊不清的问题；对他人的判断和作用作出评价

续表

角 色	典型特征	积极特性	弱 点	在团队中的作用
凝聚者·TW (Team Worker)	擅长人际交往;温和;敏感,是人际关系的敏感者	有适应周围环境以及人的能力;能促进团队的合作;倾听能力最强	在危急时刻往往优柔寡断;一般很中庸	给予他人支持,并帮助别人;打破讨论中的沉默;采取行动扭转或克服团队中的分歧
实干家·CW (Company Worker)	保守;顺从;务实可靠	有组织能力、实践经验;工作勤奋;有自我约束力	缺乏灵活性,应变能力弱;对没有把握的主意不感兴趣	把谈话与建议转换为实际步骤;整理建议,使之与已经取得一致意见的计划和已有的系统相配合
完美主义者·CF(Completer Finisher)	勤奋有序;认真;有紧迫感	理想主义者;追求完美;持之以恒	常常拘泥于细节;有焦虑感(SH为紧迫感);不洒脱	强调任务的目标要求和活动日程表;在方案中寻找并指出错误、遗漏和被忽视的内容;刺激其他人参加活动,并促使团队成员产生时间紧迫的感觉
专家·SP (Specialist,1988年新加的一种类型)	专心致志,主动自觉,全情投入	诚实;从自我做起;专注	专业领域比较狭窄,只懂自己擅长的特殊专业领域;对其他事情兴趣不大	能够提供不易掌握的专门知识和技能

第四节　与上级沟通的艺术

在职场中,不管是什么单位,肯定是有上下之分的。职场不同的职级、职位所享有的权利、承担的义务和权限是不同的。下级(被领导者)与上级(领导者)之间是一种基于工作内容和业务而产生的被领导与领导的关系,上级对下级开展的工作进行监督与指导。一个人只有得到了领导的认可与支持,才能实现自己的职业目标。

一、对领导的尊重与服从

1. 尊重领导

人都有得到他人尊重的潜意识需求,身处高位的领导更是如此。对于领导的尊重要把握好度,既不卑躬屈膝、毫无气节,又不生硬冷漠,表现出适当的热情、有礼貌即可。如见面问好,请示汇报语气柔和,上下电梯礼让领导先行等。反之,不但会使领导生厌,其他人也会反感和鄙弃你。

2. 服从领导

服从领导命令是下属的天职。虽然在人格上,上下级是平等的;但在组织上,懂得服从领导的命令是下属最基本的职业素养。这也是一个单位行动力和战斗力的必要保障:任何单位,任何工作、任务的完成都是上下级通力合作的结果。上级领导站在全局角度,思考问题,作出决策,安排任务,再将任务一层一层分派下去,最终落实到具体人。如果其中有一个人不服从管理,任务就难以完成,最终影响到全局。

基于此,下级必须牢固树立起尊重领导、服从领导的意识,即便领导思考问题未必全面、妥当,或者并不如自己,也必须给予相应的尊重。尊重领导,服从领导的安排,执行领导指示,维护全局利益,实际上也是在维护自己的局部利益。

二、学会汇报工作和提出建议

1.要有汇报意识和汇报技巧

从根本上说,任何一个上司看重的都只有两样东西:一是他的上司是否还对他信任;二是他的下级是否还尊重他。下级的尊重对领导尤为重要,它是领导权威和被下级认可的一个直接反映。领导判断下属是否尊重和认可自己的一个重要因素就是下级是否来汇报工作。心胸宽广者对下属很少来汇报工作不太计较,会认为是没时间或者没必要回报,或者是惧怕自己而不敢来,等等。反之,心胸狭隘者则会猜测下级看不起自己或者联合起来架空他等等。一旦有了这些猜测就会利用手中的权力来捍卫自己的尊严,做出对下属不利的举动来。

聪明的下级应当懂得:在工作任务完成后,及时向领导汇报并加以总结,不让领导记挂,是必不可少的工作程序;工作进行到一定阶段时,向领导汇报,使得领导了解工作的进展情况;重要工作安排下来,有了思路之后,及时向领导汇报,使领导知道你的执行方法,并根据实际对你进行点拨,在更深入地了解了领导意图后,你可以及时调整计划;预料工作会延期完成时,及时向领导汇报,使领导心中有数,理解下属的难处并对上级领导或客户有个说法。

当然,向上级汇报工作既是职责,也是考验。无论是书面形式还是口头形式的汇报都需掌握以下几个方面的技巧。

(1)理清思路

在向领导汇报之前,先冷静地对工作全过程进行梳理。先说什么,后说什么,哪些内容重点说,哪些内容简单说,都必须理出一个清晰的思路来。理清思路最有效的办法莫过于在汇报之前拟写汇报提纲。

(2)突出重点

任何一项工作都有重点,都分得出轻重缓急。汇报时首先要考虑清楚此项工作的中心或者重点是什么,围绕这个重点你是怎么实现的,遇到了什么问题,怎么解决的,效果如何,有没有什么值得以后借鉴的经验和建议或教训。重点问题是工作的要害,它关系着单位或者企业的利益。领导听你汇报,关心的就是对重大问题的把握和处理结果。向领导汇报时,只强调一个问题,突出一个重点即可,否则领导未必记得住你的汇报的全部内容,从而产生焦虑。甚至他会觉得你做事抓不住重点,对你的工作能力和工作效率产生怀疑。

(3)请领导点评

汇报完工作之后并不可以马上离去,而是要请领导对汇报结果予以点评。下属汇报完工作,领导会根据是否完成了预期目标、是否存在什么瑕疵等等有一个内心的评断。这时请领导点评,实际上就是请领导将这些讲出来,以便后续工作更加高效地开展,同时增加上下级之间的了解与互信,在更高程度上达成默契。

(4)不触犯相关禁忌

一是考虑不周、不成熟时不要急着汇报;二是团队内部对有些关键问题争议、分歧较大时不要急着汇报;三是不要越级汇报,如越过团队副职向正职,或者员工越过部门主任的顶头上司汇报;四是不要事无巨细地频繁找领导汇报;五是不要把握不好度,汇报时要注意用词、说话方式甚至身份;六是不要不分时机找领导汇报。

案例 6-4

杜拉拉是 DB 广州公司的行政主管,她的上级是上海公司的行政经理,叫玫瑰。李斯特是玫瑰的上级。现在上海的办公室要彻底装修,由玫瑰负责。她算好了预算,报给李斯特——450 万元人民币。李斯特大概问了问,就照此申请了上去。过了一段时间有点不放心,趁着到广州开会,顺便问问杜拉拉。

李斯特问杜拉拉:"要是由你来做上海办公室这个装修项目,你会申请多少预算?"拉拉沉思了一下,用肯定的语气说:"750 万元。"李斯特大吃一惊,忙问:"根据呢?"杜拉拉有板有眼地分析道:"上海办公室目前的装修是 5 年前的设计风格,这次装修新的设计估计风格会变化不小,大部分间隔得重做,因此布线和天花板上的机电消防什么的都得重新做;上海办公室的家具大都已经使用 8 年,早过了折旧年限,而交换机系统已经使用 10 年,更是大大超过了供应商建议的使用年限,不动它还好,一动,系统就很可能出问题,这样家具和交换机都需要更新;现在的面积是 4 500 平方米,再签租约,一般是 2~3 年的租期,根据我的理解,DB 在中国的业务呈明显上升趋势,考虑到未来 2~3 年的走势,比较可能的做法是在现有面积上,多加 10% 的面积,就是总面积会达到 5 000 平方米左右。综合上面几条,每平方米的理论价格会达到 1 500 元左右,总预算应在 750 万元左右。"李斯特听杜拉拉这么一分析细节,就冒了一身冷汗,心里暗自叫苦。他稳了稳心神又追问:"那你觉得完成这个项目需要多长时间?"杜拉拉内行地说:"按我们总公司的操作流程,美国总部的地产部对此类项目会参与得很深,像上海办公室这么大的工程,单是获得亚太区的批准还无法立项,项目最后需要报到美国总部的地产部去审批的,加上中间还牵涉到很多部门的参与,如法律事务部、采购部、IT 部、财务部,使得用于协调的时间会非常长。正常情况下,美国总部的建议是用 9 个月完成整个装修项目,其中用于工程本身的时间应该是 3 个月左右,用于项目前期的分析和协调的时间大约是6 个月。"李斯特一面夸杜拉拉进步神速,一面决定一回上海就找玫瑰谈话。他知道杜拉拉的话十有八九是对的,不单是因为她一头诚实的老黄牛一般的表情,而且,她的话明确、朴素、在理,有专业的力量。

案例 6-5

汤姆走进经理办公室,开始了和经理的对话。

"经理,咱们今年圣诞节放假吗?"

"当然,节日应该和家人在一起。"

"经理,今年公司会多放一天假,还是只放一天?"

"圣诞节前一天晚上是平安夜,我看就放一天半吧,让大家好好过一个平安夜。你有什么问题吗?"

汤姆没有直接回答经理的问题,继续问:"我想知道,最近公司的订单很多吗?"

经理有些摸不着头脑了,平淡地说:"还可以吧。你到底想知道什么?"

"如果不是特别忙,那么在圣诞节之后多休息一天,您应该会批准吧?"

"哦,原来你要请假……"

"不是请假。您知道,请假是要扣工资的!我希望将自己那天的工作移到周末做,不知可不可以……"

当今社会是一个讲求效率的社会,而职场则更是一个要求高效的地方。因此,很多公司都在招聘要求中加入了"有时间观念、做事高效"等条件。而对于已经身处职场之中的员工,上司也希望他们有珍惜时间的观念,无论说话、做事都要追求快捷、高效。在这种基本原则之下,员工与上司的沟通也就无形中多了简洁、有用的要求。

上司需要处理的事情很多,其时间比一般人更为宝贵,如果下属在汇报工作或者与上司探讨问题的时候词不达意、拖沓冗长,相信上司一定缺乏听下去的耐心。因此,在与上司说话之前,最好先想好如何将自己的意图在最短的时间之内表达清楚,而不要云山雾罩、绕来绕去。否则,结果只能是还没达到沟通的目的,上司已经心生不耐烦了。

2. 如何向上司提建议/意见

(1)充分查证

很多人在提建议时,往往头脑一热,认为所有的事情自己都是对的,继而反驳对方。但是,你对自己要说的话是否应慎重一些? 对于你要建议的事情,要不要充分调查取证?

也许你看到的事实都是事实,但未必是全部的事实,就像盲人摸象一样,每个摸象人说的都是事实,但他未必就是对的。而领导站的位置更高,或许他看得会更全面一些。再或者,大家站的位置不同,看问题的角度不同,判断的标准不同,即使同样的事实,也可能得出完全相反的结论。所以,你也未必是正确的。

因此在纠正领导之前,你必须事先准备好该用到的依据文件或者数据材料,提供给领导参考,委婉地印证其错,这样你的说服力才能体现出来,领导也会因此而提升你工作认真的印象。

(2)态度谦卑

面对领导的错误,一定要先注重你的态度。时刻保持谦虚和学习的态度,向领导请教——没有人喜欢愤青。如果你还没有秉持谦逊、严谨的态度把事实弄清楚,就想跟领导较劲,除了让别人感觉你幼稚之外,很难达到建议的目的。

(3)对事不对人,阐发自己的观点

向领导提建议,并不是说指出领导的问题,或者反驳和否定领导的意见。其实这个时候领导更想听的是你的合理化的、可行的解决问题的办法。对事不对人,指出疏漏之处,提出可行性意见即可,不可因此对领导顶撞、质疑、讽刺和挖苦。必要的时候甚至还要采取迂回的方式来避免与上司发生正面冲突。

另外,千万不要为了说服领导而去夸大事实。领导往往阅人无数,一旦让他察觉到蛛丝马迹,你所有的话瞬间会变得非常苍白。在沟通的方式

上可以有技巧,但是在论据上,千万不要有水分。

(4)维护上级尊严

向上司提出建议或者不同意见时,最好是在非正式场合甚至私人场合与领导私下沟通,避免公开对领导提意见。"那既伤害了领导的权威,也会让很多人认为你不够职业化。私下提建议是补台,公开提建议是拆台。"不要把所有的问题都等到开会了才跟领导去讲,更不要在会上跟领导争执,这样就不会出现领导下不来台等情况,维护了领导的形象。再者,如果你的建议或者意见有错误,也不会使得你自己在公开场合丢面子。

(5)提出多种解决问题的方案请领导选择

最佳的方式是向领导提出多种解决问题的方案,将自己认为最合理、最有效的办法也作为其中一个选项供领导选择,而不是生硬地告知领导应当怎么去做某事。这样既展现了自己的思考,也给了领导做选择的余地,岂不更好?

三、在领导眼中脱颖而出,与众不同

职场竞争激烈,要想在职场中生存,获得领导的认可与提拔,你需要在单位脱颖而出,表现你的才干。

1. 具有强烈的责任心与工作激情

但凡是当领导的人,都具有很强的责任心与工作激情,也都喜欢有很强责任心的下属,因此你必须将强烈的责任心与工作激情拿出来,让领导看到并认可。

2. 敢于接受各种挑战

一家公司、一个单位随着它的发展壮大,总会遇到各种各样的新问题,面临各种无法预料的难题和挑战。如果永远只是处理熟悉的业务,只能说这个单位缺乏活力,没有进步。所以领导喜欢用敢于接受挑战,并会积极想办法解决问题的人。

案例 6-6

有一天,公司召开绩效考评工作通报大会,请了各部门负责人和负责绩效的干部一同参加。

会上,分管绩效的领导对各部门绩效工作进行了通报,可能因为信息有误,小李所在的部门被通报了:有一项绩效工作还没有开始。

这个时候,心急的小李插了一句嘴:"我们部门今年的任务几乎都完成了,各项指标没有超时的!怎么会垫底呢?是不是绩效考核统计不对啊?"

分管领导看了看绩效统计数据说:"这是我刚拿到的数据,前几天才统计出来的,难道我们统计漏了你们部门的?那你说说你们部门完成了哪些工作。"会场上一片静寂,大家都严肃起来。

①小李对于领导通报的质疑没有充分的证据,没能及时提供依据就立即纠正。

②对于领导可能的错误,小李不分场合和时机就脱口而出,没有考虑领导的感受,让领导难堪。

③小李纠正的态度不够谦逊,一直是责备和质疑的语气。

小李没想到他这么一说带来的不仅是分管绩效的领导不满意,还让整个公司认为这个部门的人不成熟。

案例 6-7

前段时间,经理让小张写一份为部门申请招聘人员的请示。不久小张请示写完了,主管也通过了。

某天,经理向小张了解请示写得如何了。小张赶忙将请示送到领导办公室,经理看只申请招聘两个人,就说:"我们部门这么多工作,两个人怎么够用呢?"说罢就很不高兴了,有点怪小张自作主张的意思。

小张连忙仔细地向经理解释"申请两个人是由于我们部门目前编制5人,现在已经有3人,申请两个人比较符合公司规定。之前没有事先跟您沟通是我的疏忽了,抱歉经理,下次注意。"

经理眉头松了一下,笑着说:"我没注意到这点,那就按照这个先报过去吧。"

小张首先在解释的态度上比较诚恳,没有直击领导的错误;其次解释的时候比较注意条理,能够将事由讲明白;再次小张给领导纠错的时候文件依据提供得比较充分,给予的是建议,而不是一直在反驳领导。

3. 适当显示自己能力与成绩

长时间不显示出自己的非凡工作能力和工作成绩,会让领导和大家觉得你是一个可有可无的人,从而不利于你的发展。因此适当的时候需要大胆地展示自己。

4. 精力旺盛,身体健康

不要觉得自己红着眼睛、一脸疲倦地进办公室上班或者很晚下班被领导看到就能证明自己责任心强,对工作兢兢业业,或许领导会想"为什么别人能在上班时间完成工作,他却总是要加班? 他的工作效率到底有多低?"或者"身体那么糟糕,还能给他压担子吗?"并对你的工作效率和身体健康状况产生怀疑。因此必须要将自己一贯精力充沛的一面展示给领导。

5. 较强的执行力

接受领导安排的工作或者任务后要马上动手,迅速、准确地完成,不要拖沓。

6. 功劳簿上领导在先

让领导在他的上级和下属以及同事面前有"能干,善于管理"的口碑。让领导在人前人后保持光鲜形象。

7. 谨言

对工作机密守口如瓶,不私下传播、议论。另外,也不要传播是非,特别是关于领导和同事的是非。

8. 要有决断力

遇事犹豫不决或过度听从他人意见者不会有太高的存在感,也不会有远大前途。

四、学会向领导说"不"

尊重、服从领导是为了使自己能快速融入团队,并在团队中成长,便于工作的开展,并不是对领导盲目服从而不加思考。

领导所说的话有违道理,可以断然拒绝,这是保护自己的独立人格。若自己能力有限,无论如何努力都无法胜任的事情也应断然拒绝,免得耽误大事。

五、虚心对待领导的批评

对待领导的批评应当把握以下几点。

1. 不要急于争辩和解释

在被领导批评时,有些人总是急于解释和争辩,事实上这样只能火上浇油,让领导觉得你压根没有认识到自己的错误、疏忽给大局带来的危害和影响。你应先承认自己的错误和疏忽,待领导稍微消气了之后,再在承认错误的基础上提出自己的补救办法,最后再采取合适的方式告知领导自己之前这么做的想法,并承认自己考虑不周。

2. 认真分析批评

在被领导批评之后,要克制自己的情绪,认真思考一下自己的工作是不是没做好,有没有不妥之处,认真反思、改进。不要不拿领导的批评当回事,我行我素,这样比当面顶撞领导更糟。

3. 知错就改

承认错误,知错就改,有利于自己的进步,也有利于维持好与领导的关系。知错就改的人会让领导觉得"听得进去话",毕竟领导也知道"人非圣贤,孰能无过"。工作中犯错误是难免的,可不认错,不改正错误则很恶劣。

六、防止和克服"越位"

足球比赛规则中有一个术语叫"越位",一方队员比对方除守门员外的队员离对方球门线更近且干扰对方是被视为犯规的。每个人都有自己的位置,足球场上如此,职场亦是如此。在不属于自己的位置上做事情就是越位,职场上,正确认识自己的角色和地位,知道自己的权力边界在哪里,在自己权限内做事,才能不越位。下级在处理与上级关系的过程中常发生的越位行为主要有如下表现:

1. 决策越位

决策权是领导所拥有的特权,下属员工是没有这种权力的。只有领导才能根据自己的权限对自己负责的业务作出决策。本该由领导做的却被下属做了,下属行使了自己不具有的决策权,这就是决策越位。

2. 表态越位

表态是个人或者组织对于某件事情或者某种行为的基本态度,一般与一定身份相联系。超越身份乱表态是不负责任的,也是无效的。单位间就某事表态,应当由上级授权才可以进行。在上级没有授权的情况下抢先表明态度,会喧宾夺主,给单位和领导带来被动与麻烦。

3. 干工作越位

不同层级和身份的人职权不同,所做的事不同,如果下级做了上级或者上级部门才有权做的事情,就属于干工作越位。

4. 答复问题越位

有些问题,需要权威人士、具有一定公信力的人或者领导才能答复。

有的人缺乏这种权威或者公信力却擅自答复,这属于答复问题越位。

5.特定场合越位

特定场合,如宴会、重大活动等应适当突出领导。下属不懂这些场合礼仪,张罗过欢,突出自己过多就会造成特定场合越位。

拓展阅读

小张的直属领导王主管下午要临时外出,走之前交代有什么事就打他的手机。恰好下午发生了一件大事,要请王主管作决定,但王主管的手机却无法接通。可如果这个问题不及时解决,就会导致公司的业务无法正常运转,整个部门都承担不起这个责任。情况紧急,他决定向总经理汇报此事。

总经理问他:"以前怎么没听你的上司说过这件事? 你现在想怎么解决?"小张马上说出了解决方案,总经理也同意了。第二天,他向王主管解释了这件事,王主管冷冷地问他:"有这么大的问题,你为什么不找我?"小张说:"先是给你打电话,但你的电话打不通,后来情况紧急,整个下午我都在忙着解决问题,所以……"王主管打断说:"算了,事情都解决了,还谈这些干什么,以后注意点!"小张感觉到王主管很不高兴,但却不太明白自己这样做也是为了公司的利益,也在积极想办法解决问题,这样做难道有什么问题吗?

在职场中,越级汇报虽为不可涉足的禁区,但是我们却仍旧能够看到类似情况的发生。汇报者或者出于晋升、加薪的考虑,想略过老板向高一层的管理者展示个人能力,并期望获得赏识以达到自己的"预谋",或者仅出于解决问题的需要,在特殊情况下寻求一位管理者作出决策以更好地处理突发情况。如果说前者是"情理难容",那后者应该是"情有可原",然而实际情况往往是无论汇报者出于何种目的,越级汇报的行为似乎都不获饶恕。

我们要解释越级汇报的问题，就不得不提企业的层级管理原则。在金字塔形的组织结构中，企业一般具有严格、分明的层级，组织中的每一个人必须明确自己在组织系统中所处的位置，以及上级是谁，下级是谁，自己对谁负责。

同时，按照"统一指挥"原则，一个下级只能接受一个上级的指挥，即上级不能越级指挥下级，下级自然也不能越级请示汇报，否则就会出现混乱的局面。显然，小张越级汇报的行为打破了企业层级管理的基本原则，故不为直属领导所喜。

另外，如果高层管理者采纳越级汇报者的工作建议，并没有对汇报者进行批评或警告，这很可能会让团队内的其他成员误认为高层管理者默许越级汇报的行为，久而久之就会在团队内部形成越级怪圈，接下来也许会有更多的下级期望通过越级报告来表现自己，以期获得升职加薪的机会，那么公司已经形成的工作秩序和协作氛围会因此而被破坏。

小张在越级汇报时，其解决方案得到认可，这可能只是因为事态严重，大老板出于"救火"的考虑认同他解决问题的方法，但这并不代表大老板支持他越级汇报的行为。

如果小张不能及时联系到王主管，那么发短消息、写邮件汇报都应该同步进行，以在主管那里留下记录。这一方面是下属对上级的充分尊重，使其知道自己管理的部门所面临的最新问题。毕竟，上级要对整个部门负责，不管下属的方案是否能成功救急，责任最终都会落在他的肩上。另一方面，这也是为了保护自己，万一主管追问越级上报的问题，短信、邮件都是保护自己的证据。

小张遇到问题不及时以更多的方式向主管汇报，也没有留下任何证据，只是在问题解决后才通知王主管。总经理都知道部门的问题，作为部门的负责人，王主管却是事后才知道，当然会对他的行为感到不满。

第五节　与下级沟通的艺术

作为领导,与下属搞好关系,赢得下属的真心拥戴,才能调动下属的积极性,使他们尽职尽责工作,完成自己的任务,这一切也要在良好的沟通中实现。

一、建立威信基础

威信是领导在下属中的号召力、吸引力、影响力和集体向心力。领导的威信来自自己的职位,但它能发挥多大效果则是基于下属对于领导为人处世的评判,以及由此而影响的下属的行动。领导者要树立自己的威信,有以下途径。

1. 以诚立威

诚信是人与人交往的一个基本准则。领导者想要做事,必须先给下属树立一个"言必行,行必果"的印象。历史上,商鞅徙木立信,许诺将大柱子从咸阳城南移到城北即给五十金,并向徙木人兑现自己的承诺,从而取得秦人信任,最终变法成功。孙子投奔吴王,吴王为测试他的能力让他训练宫女,他在宫女面前讲明军纪,在吴王爱妾违反军纪时杀之以正,取得吴王信任,最终将吴国军纪散漫的军队训练成严守纪律的劲旅,展现了自己的领导力。

2. 以才立威

一般而言,领导都是所分管领域的业务专家或管理专家。如果不是,也要努力成为——能够指点下属顺利完成工作,他才会被大家所认可和接受。

3. 以情取威

情,实际上就是领导与下属间的友好感情。这是在长期的共事中逐渐建立起来的,基于上下级间的相互了解,相互信任,相互体谅。领导长期对下属栽培与关怀,将下属当作一个人来爱,为下属考虑,当然也会收获下属对自己的尊敬、拥护与爱戴。

4. 以权立威

以权立威不是说要玩弄权术,以权谋私,而是用好权力,利用职位赋予自己的权力,赏罚分明,秉公执政,积极行政,大胆地对下属的工作监督、指导,必要时甚至进行处罚等,从而保证自身职权能够顺利履行。

二、显示尊重、柔和与包容

1.让下属感受到你对他们的关心

按照马斯洛的需要层次理论,任何一个人都有爱与被爱的需要,同样每个人都渴望被人重视。因此,聪明的领导对下属的关心,特别是对下属私事的关怀与照顾,更能使他们的这种愿望得到满足,从而使得他们觉得自己是重要的,觉得领导不只是在需要的时候才会想起他——当然,在介入下属私事前应取得对方同意。

2.宽容大度,原谅下属的错漏

"人非圣贤,孰能无过。"面对下属的错误与疏漏,对其批评教育,引起其警醒,避免因犯同样的错误而再次造成损失是必要的。但同时对于无关大局之事,也可选择原谅对方的过错,不要太锱铢必较了。否则,只会在团队中制造离心力,不利于团队的团结。

3.多激励,少命令

在工作中,对于下属,多一些激励,少一些命令。这会更好地调动下属的积极性,激发他们的创造力。同时也有利于团队的健康和谐成长。

三、学会调解下属间的矛盾

关于下属间矛盾的调解,应注意以下几点。

1.立场客观公正,不偏不倚

下属间有了矛盾来找领导解决,是基于对领导的信任,认为领导会公平、公正地处理。因此,处理此类事情立场绝对要公开、公正,否则一旦下属觉得领导处事不公,就会降低或者失去对领导的信任,最终会影响到自身威信。不偏向任何一方是领导在处理下属矛盾时应先酝酿好的心态。

2.听完双方陈述后,找人核实或者调查事实

任何一方的陈述都会带有有利于自己的主观性内容,因此听完双方陈述和利益诉求,要进行调查核实。弄清楚矛盾的前因后果、利益诉求等之后才可以进行调解。

3. 以事实为基础调解或者折中调和

在处理下属间矛盾时领导往往会发现,双方似乎都有理,但实际上却很难明断是非。这时,折中调和、息事宁人是最好的处理办法。

案例 6-8

业务员小刘刚办完一个业务回到公司,就被主管马林叫到了他的办公室。

"小刘哇,今天业务办得顺利吗?"

"非常顺利,马主管,"小刘兴奋地说,"我花了很多时间向客户解释我们公司产品的性能,让他们了解到我们的产品是最适合他们使用的,并且在别家再拿不到这么合理的价钱了,因此很顺利地就把公司的机器推销出去 100 台。"

"不错,"马林赞许地说,"但是,你完全了解了客户的情况了吗? 会不会出现反悔的情况呢? 你知道我们部门的业绩是和推销出去的产品数量密切相关的。如果他们再把货退回来,对我们的士气打击会很大。你对那家公司的情况真的完全调查清楚了吗?"

"调查清楚了呀,"小刘兴奋的表情消失了,取而代之的是惊疑,"我是先在网上了解到他们需要供货的消息,又向朋友了解了他们公司的情况,然后才打电话到他们公司去联系的,而且我是通过你批准才出去的呀!"

"别激动嘛,小刘,"马林讪讪地说,"我只是出于对你的关心才多问几句的。"

"关心?"小刘心里不满道,"你是对我不放心才对吧!"

第六节　与同级同事沟通的艺术

一、新人如何快速融入团队

对单位新人而言,所有的团队成员在之前长期的共事过程中建立起了默契,而自己由于不了解团队的日常运转、团队文化,与大家不熟悉,所以很不习惯。因此新人要想办法尽快融入团队,获得大家的接纳与认可。

1. 树立良好的第一印象

新人加入团队,团队内部的所有成员都在盯着新人观察,新人的一举一动、一言一行都会给大家留下深刻印象,同时领导也在观察着新人。因此,新人必须谨言慎行,谨慎处理业务的细枝末节和人际关系中的点点滴滴。良好的第一印象从注意自己的仪容仪表、礼貌待人,以及遵守纪律按时上下班形成。这样会让大家觉得你是一个懂礼貌、守规矩的人。

2. 恰当地称呼上司和同事

进入新环境,如何称呼自己的上司和同事也是一个难题,称呼好的话没问题,称呼不好反而会给对方留下不好的印象。一句简单的问候,首先是人际交往中的礼仪问题,其次则是个人修养和工作态度的问题。

一般而言,比较严肃的政府部门、事业单位,称呼领导的时候往往是以职务来称呼,且"就高不就低"。如县委副书记姓刘,本来应该喊"刘副书记",但一般喊"刘书记"。如县委副书记姓刘,某个镇的党委书记也姓刘,这时候为了区别则会喊"县委刘书记""××镇刘书记"。如果正副职都是同姓的话则是在职务"就高"的同时前面加上全名。必要的时候,如在向领导介绍的时候还要加上他们分管的业务。而在军队里面则必须以实际职务来喊,不能"就高"称呼。如刘副参谋长就是"刘副参谋长",不能喊成"刘参谋长"。

在国资、日资、韩资企业里面称呼对方要"循规蹈矩"一些,而在其他企业则要依据情况来灵活处理,这些主要是和单位的文化背景相关,如西方背景的企业里可以称呼对方的昵称等。

在职场中,恰当得体的礼貌语言的使用,也会促使职场和谐工作关系的形成。美国管理学家雷鲍夫说,当您着手建立合作和信任时,要牢记我们语言中的重要字眼:

最重要的 8 个字是"我承认我犯过错误";

最重要的 7 个字是"你干了一件好事";

最重要的 6 个字是"你的看法如何";

最重要的 5 个字是"咱们一起干";

最重要的 4 个字是"不妨试试";

最重要的 3 个字是"谢谢您";

最重要的 2 个字是"咱们";

最重要的 1 个字是"您"。

3. 尽快了解单位文化

任何一家单位都有其独特的单位文化,这些文化是成文或者不成文的,都被单位内部所有人所认同和共同遵守。新人进入单位之后,必须尽快翻阅一些单位的资料,以及细心观察老员工做事时的一些方法,甚至可以听老员工讲述一些单位发展过程中遇到的大事以及由此给单位带来的影响,通过这些方法来了解单位的文化,并注意遵守其中的规矩。

4. 尊重老员工,虚心请教

老员工不是说年龄比你长多少,只要是比你加入单位或者这个团队早的人都可以称为老员工。

相较于新人,老员工在单位或者团队内部工作时间较长,熟悉单位或者团队的文化以及办事流程,业务精通,经验丰富,人脉资源丰富,对单位也很忠诚,可以说是一个单位或者团队的脊梁骨。因此新人必须放低身段,虚心向老员工请教,使自己能够尽快融入团队,熟悉业务。

正确与老员工相处基本原则就是以礼相待,以情动人。以礼相待必须表现出由内而外的对老员工作为前辈的尊重,以情动人则是讲与老员工处理好关系,甚至可以适当地发展与他们的友情。

5. 不要介入派系之争

有句话说得很好,"有人的地方就有江湖",单位、办公室往往也不可避免地会有派系、利益团体。对于新人而言,进入单位、加入团队之后一定要避免加入派系。过早地站队参与派系之争,对于新人来说风险过大。因为新人刚加入团队,所有的人包括领导都在有意无意关注你,你加入某一派系,对立一方就会给你使绊子,而你是扛不住老员工的攻击的。

案例 6-9

孙丽刚从大学毕业,应聘到一家大型民营企业。正式到单位报到前,父母对她谆谆告诫:一定要尊重同事,遇到年纪大的就叫老师,年纪轻的就叫哥、姐。孙丽如法炮制,到了办公室之后就"李老师""张哥""王姐"地叫上了。可效果远没那么理想,同事非但不领情还觉得她太幼稚。部门主管也认为她孩子气,不成熟。这让孙丽大为沮丧。同事善意地提醒她:我们是高新技术的民营企业,时代感很强,同事关系平等,气氛也比较活跃,大家都是互相称呼名字,"哥""姐"之类的叫法比较别扭。

6. 从身边琐事做起

任何一个单位的新人来了之后，领导不了解你的学识与工作能力，所以不敢对你委以重任，先给你安排一些小事、琐事，根据你处理这些琐事的表现来判断你的能力与学识，并逐渐给你加担子。因此新人不妨做个有心人，认真完成分派给你的每一件事情。在完成之后，协助同事做一些辅助性工作，如打扫卫生、接打电话，让大家觉得你是一个勤快肯干的人，树立自己的形象，快速融入圈子，并为接下来接受重任打下基础。

二、和谐处理同事关系的原则与技巧

1. 公私分明

无论与同事私交如何，涉及公事，也必须公事公办，不可将私事与公事混为一谈，否则会给自己带来麻烦。

案例 6-10

小刘是某校的应届本科生，她在校期间表现非常优秀。在她毕业这一年，学校出于进一步发展的考虑，从他们这一届的毕业生中选了一部分同学准备留校工作。小刘被辅导员老师推荐后，经过层层面试也留校了。她很高兴，家人也都很高兴，毕竟在高校工作的机会很难得。签订劳动协议后，小刘被分到了学校的就业部门，主要负责审核毕业生的就业协议并进行登记。小刘工作很负责任，深受部门领导和同事的喜爱。

和小刘一起留校的还有来自其他系的9名同学，由于相似的经历，他们关系很好，很快成了好朋友。转眼到了4月份，在另一个系工作的小罗率先对工作不满意了，因为男朋友去深圳，她也想跟着去深圳，就想辞职，可是当时就业协议上面规定得很清楚，"必须服务满三年"。她去找领导谈，领导也没有同意。她将自己的烦恼告知了小刘，小刘说："没事呀，我帮你，我就负责这个的。"她私下归还了小罗交到就业部的就业协议，小罗拿到协议之后以为没了后顾之忧，很快在深圳那边签了约。学校领导得知此事后非常生气，对小罗追责的同时也对小刘违反单位纪律、利用职权徇私的行为狠狠地进行了批评，最后也解除了与小刘的劳动合同。

小刘最终失去了留校工作的机会，不得不再去参加招聘会求职。

2. 莫谈是非

人多的地方是非也多，作为新人一定要做到守口如瓶，不谈是非，不在背后议论人,必要时甚至要远离传播是非的人。

3. 注意对方的文化习惯

现代社会人员流动性增强,同事可能来自不同的地方,有不同的宗教信仰和不同的文化、生活习惯以及语言差异,和同事交流时必须要注意到这些背景,防止无意间冒犯到对方。

拓展阅读

推开"乔哈里窗",走出职场人际沟通困境

赵晓璃

在职场中,或许你会感到莫名的无力与疲惫——

为什么我和人沟通总是不畅?

为什么我总是在重复自己不喜欢的人际模式?

为什么我觉得自己很好相处,但别人总是对我退避三舍?

……

想要解开这些困惑,我们就要打开一扇窗,这扇窗,叫"乔哈里窗"。

1. 什么是"乔哈里窗"?

"乔哈里窗"是一种关于沟通的技巧与理论,也被称为"自我意识的发现—反馈模型",中国管理学实务中常将之称为"沟通视窗"。

这一理论最初是由乔瑟夫·勒夫和哈里·英格拉姆在 20 世纪 50 年代提出的,他们从自我概念的角度对人际沟通进行了深入的研究,并根据"自己知道—自己未知"和"他人已知—他人未知"这两个维度,将人际沟通分为开放区、盲区、隐藏区、未知区 4 个区域:

开放区是自己和他人都知道的部分(比如姓名、性别、部分经历、爱好等);

盲区是自己不知道但他人知道的关于自我的那部分(比如性格中的弱点或者坏的习惯,你的某些处事方式引发的他人感受等);

隐藏区是自己知道、别人却可能不知道的秘密(比如你的某些经历、阴谋、心愿、希望以及好恶等);

未知区是自己和他人都不知道的关于自我的部分（比如你身上隐藏的疾病等）。

乔哈里模型后来成为广泛应用的管理模型，用来分析及训练个人发展的自我意识，增强信息沟通，构建人际关系，促进团队发展，提供组织动力，以及维护组织间的关系。

2. 窗扉初启——小 A 的故事

很多人在职场人际关系中受挫之后，往往产生的第一个念头就是，如果我换一个地方，这个问题或困扰是不是就会一下子消失了？

很不幸的是，当你换了一家又一家单位，赫然发现：你今天讨厌强势的领导，明天你会遇到一个更加强势的领导；你今天感觉周围同事并不友善，明天没准会发现身边的同事一个个心怀鬼胎；你今天觉得人际关系好麻烦，打算绕道而行，明天就发现，这个麻烦最终会演变成一个大麻烦，并且诡异的是，你遇到的人际障碍有增无减，并且越来越复杂。

其实，很多人在人际关系中遇到的困扰，绝大多数和自我认知存在偏差相关：正确认知自我，才是谋求良好人际沟通的根本。

"乔哈里窗"这个模型，为我们认知自我打开了另一扇窗。4 个窗口中，涉及"自己未知"的盲区及未知区，是需要我们下功夫的两个领域。

小 A 是我的一名咨询者，他力排父母让他考公务员的建议，选择了自己无比看好的互联网行业，然而没几个月，他就感到了深深的挫败感。

按照他的说法，他是希望自己在工作中有所创新，但工作却不能满足他的期待。具体说来就是，他所做的每次尝试都会被项目经理批评，说他的进度太慢，不能满足团队的需求。

刚开始他感觉委屈，到后来变成煎熬，他感觉自己受不了了，分分钟想要辞职。

经过进一步了解才发现，在小 A 的脑海中，存在着一个拧巴的逻辑：渴望被认可、尊重，甚至仰视—领导予以重任—退缩不前，怕做不好丢人—用不一样的方式去做—被领导否定。

你认为的你自己是真的你自己吗？归纳出这个逻辑后，小 A 曾经的自我认知有所动摇——心理学有个著名的观点：在关系中，人才能发现并认知自我。

人都有天生的护短本能，尤其面对逆耳忠言的时候，总是习惯性地予以排斥，甚至会引发逆反情绪，这一点在青春期表现得尤为明显。然而到了职场中，也有不少新人沿用这样的应对方式。小A就是这样，干得比别人辛苦，效果比别人差，总挨领导批评。

经过分析，小A渐渐认识到，这一切的来源是两个字：自卑。

自卑导致胆怯，胆怯导致推脱责任，推脱责任的同时奢望用其他小聪明谋求认可，越是如此，反而越得不到尊重。

小A在职场人际中觉得拧巴，是因为他总在用一种看上去很简单、实则成本更高的拧巴逻辑争取自己追寻的价值。

同时，职场人际关系拧巴的程度，和盲区与未知区的面积大小成正比——一个人自我认知的盲区与未知区越大，他在人际关系中就会越拧巴。

3.用"乔哈里窗"检视未知的自己

(1)盲区

如何才能知道别人知道的自己呢？那就是借助他人看清真实的自己：

你可以通过他人的态度反观自己，这是被动式；

你也可以积极寻求他人对你的反馈，这是主动式。

"在你眼里，我是一个怎样的人？"

"与我交往，你感受到压力了吗？"

"如果我这样表达，你会是什么感受？"

这些语句都蕴含寻求反馈的话术，如果你担心被拒绝，可以找三五个关系不错的朋友询问。

(2)未知区

在这个区域，你不知道，他人也不知道，如何缩小未知区呢？

这时候，不妨寻找专业人士帮你排查，这就好像你想了解自己身体潜藏哪些病，必须借助医生和专业的检测设备才行一样，心理咨询、职业咨询等都能帮你深入自我的未知区域。

4. 开窗与脱困："我找领导谈话了"

乔哈里窗理论认为，真正有效的沟通，只能在开放区进行。在这一区域内，双方彼此了解，沟通的信息可以共享，沟通的效果才能让人满意。

因此，在人际沟通中，要尽可能扩大开放区，缩小盲区、未知区及隐藏区。

缩小盲区最好的方法就是"问"，缩小隐藏区最好的方法就是"说"，并进行适当的自我暴露。

我用乔哈里窗对小 A 进行了剖析之后，和他达成了以下方案：

主动破除隔膜，找领导积极沟通，袒露内心的焦虑，适当地进行自我暴露——缩小隐藏区；

和领导分析工作情况，并制订出自己的业务能力提升计划，给自己一个期限，让领导看到自己的努力——缩小盲区。

小 A 终于明白，原来之前的问题，就在于自己把自己从领导处独立出来，在领导交付自己任务的时候，并没有仔细询问领导的要求与期望，而是一味地揣测，采用逃避的策略，最终将事情引向糟糕的局面。

反过来说，小 A 内心的焦虑是他自己的隐藏区，却是领导的认知盲区，如果小 A 不主动沟通，领导是很难意识到小 A 面对怎样的困境，即便有帮助的心，也不知该如何下手。与此同时，领导对业务的全局把握与驾驭统筹能力，恰恰是小 A 的认知盲区。

这样一来，小 A 明白，原来沟通不是单向行为，它是一个互动过程，正是这种互动，才能暴露我们自身的短板。正视这种人际关系，适当地在他人面前展露真实的自我，方能打破职场沟通之墙。

3 个月之后，小 A 鼓起勇气找领导谈了一次话，赫然发现，原来领导对他抱有很高的期望，同时领导很高兴他能主动找自己沟通。针对小 A 的业务短板，领导已经向公司总部申请，让小 A 接受专业培训。

小 A 说，这场谈话改变了他的职场命运。

通过寻求反馈缩小盲区，通过自我暴露缩小隐藏区，通过自我探索缩小未知区，从而达到开放区的最大化，最终达成高效有利的职场沟通局面，这就是乔哈里窗模型为我们展现的获得良好的人际关系的路径。

课后练习

1. 如何快速完成学生到职场人的心态转变？

2. 职场沟通应当注意哪些方面？

3. 同事对你有看法，你要如何处理？你认为同事可以成为朋友吗？

4. 说说以下案例对你的启示：

小王在一家公司里工作了几年，他喜欢跟别人沟通，你给他一份真诚，他还你十分。一碰到跟他掏心窝子的人，他会把自己内心的边边角角翻出来全晒个痛快。可前段时间他很是烦恼：一个新员工和他坐在一起，直述自己的悲惨遭遇，小王一下子没了距离感，将公司上上下下的关系和他说了个遍。

和知己聊天，会掺进自己的主观感受。过了段时间，有同事开始用异样的眼光看自己，尤其是那些平时和小王相处不太融洽的人。接着他看到和他形影不离的新员工开始和他有了距离，常常跟和他相处不太和谐的人在一起嘻嘻哈哈。

渐渐地他意识到先前和那位新员工说过的话在公司里开始流传，因为有人还和他对质。一种不友好的氛围让小王心灰意冷。

5. 下面是小李和领导之间的对话，你认为有何不妥之处？假如你是小李，会如何与副科长沟通？

副科长："小李啊，今天都周三了，交给你的材料整理完了吗？"

小李："还没弄完呢。"

副科长："那明天能按时交给我吗？"

小李："估计明天也弄不完，还有几个县的数据没交过来。"

副科长："那你去催催他们啊！"

小李："催过了，他们不交，我有什么办法呀！"

副科长："不管怎么样，我只看结果，不看过程——明天就把资料交给我。"

小李："科长，不是周五才要吗！"

第七章　团队建设与管理

导学案例

　　有3只老鼠一同去偷油吃，到了油缸边一看，油缸里的油只剩一点点在缸底了，并且缸身太高，谁也喝不到。于是它们想出办法：一个咬着另一个的尾巴，吊下去喝，第一只喝饱了，上来，再吊第二只下去喝……第一只老鼠最先吊下去喝，它在下面想："油只有这么一点点，今天算我幸运，可以喝个饱。"第二只老鼠在中间想："下面的油是有限的，假如让它喝完了，我还有什么可喝的呢？还是放了它，自己跳下去喝吧！"第三只老鼠在上面想："油很少，等它俩喝饱，还有我的份儿吗？不如松开它们，自己跳下去喝吧！"于是，后两只老鼠都争先恐后跳下去。结果，三只老鼠都落在油缸里，永远也逃不出。

　　团队是一个整体，一项工作能否顺利开展，在于团队的成员是否能够通力合作。如果团队中的每个人都各自打着各自的小算盘，就像故事中的小老鼠一样，只想着"要是别的老鼠把油喝完了，自己就没有油喝了"，那么，到最后只能是谁都没有油可喝。只有在整个团队的利益都实现的前提下，个人的利益才可能实现。

学前问题

1. 如何做好团队建设？
2. 在团队建设中有哪些常见的阻力和误区？

第一节　团队构建的目的和原则

　　我们已经知道，团队就是为了实现一个共同的目标而集合在一起工作的一群人。虽然一个团队有许多不同的任务要完成，但它一般只有一个共同的目标，也就是说，建立一个团队首先就要确保此团队的所有成员拥有共同的目标，同时还要使他们能为实现这一目标进行良好的协作。

共同的目标并不是自然形成的，我们不能把团队具有共同目标看成理所当然的事。比如，团队中的某些成员可能把他们的目标设定为维持团队的有效运行，而其他人也许会认为他们的目标是保持和增加产品的市场份额，另外还有些人会认为他们的目标是维护团队在组织及外界的形象。虽然这几种目标在理想状态下能够自动地融合在一起，然而在实际处理中，如此大的差异性必然会使团队的理念和工作实践大不相同。因此，在构建团队之前必须将团队中存在的这些不同目标整理清楚。

一、团队构建的目的

团队产生于传统组织内部，它是传统组织为了进一步提高效率，以求在不断变化的环境中生存下去的结果。企业核心化为团队，可以说是当今市场环境的间接要求。因此，构建团队的目的就是要克服传统组织的弊端，塑造出一种能够适应当前网络信息时代的新型组织。

从总体上来说，建设团队的目的有两个。首先，打造出以团队为基础的新型组织，优化组织结构，整合并放大组织的能力。其次，创造人性化的环境。由于社会的进步和人受教育程度的不断提升，企业员工的素质较以前有了很大的提升，现在企业中知识型员工的比重越来越大。员工不再是单纯地为了生存而工作，他们更渴望能充分发挥自己的能力与特长，希望能为组织的发展作出贡献，渴望取得成就来满足心理上的需要。所以，团队的建设也是为了能根据各人的能力、特长、兴趣和心理状况等综合情况来科学安排最合适的工作，并在此过程中充分考虑成员的个性化发展，通过全面的人力资源开发计划和企业文化建设，使员工在工作中能够充分发挥出积极性、主动性和创造性，从而提高工作效率、增加工作业绩，为达成组织的目标作出最大的贡献。

二、团队构建的原则

团队建设的首要任务就是建立起所有成员强烈而积极的归属感。如果团队成员之间不能相互认同，不认为其他成员的存在与自己休戚相关，不能将团队看作是"我们",其不仅仅是众多个体的简单集合,那么这样的团队是不可能有效工作的,也是不可能在组织中长期存在下去的。

团队要想有效地工作绝对离不开其所在组织的支持,如将非常重要的团队运作背景忽略掉,也往往会为团队的建设带来很大的障碍。

在进行团队构建时,一般遵循以下原则:

1. 系统性原则

团队建设的成功与否和内部外部方方面面的因素有关。因此,在决定是否进行团队建设时和团队建设的过程中,我们要遵循系统性原则,从整体的角度去考虑和把握,做好各个方面的工作。

2. 实事求是原则

在构建团队时,我们应实事求是,具体问题具体分析。对于在其他组织中得到成功运用的做法,不能够生搬硬套或全盘接受,而应首先对自己要构建的组织作一个全面完整的分析,以把握住自己所拥有的特点,然后再根据实际情况进行适当的调整,以适应所处的外境,形成属于自己的独特形式。

3. 循序渐进原则

构建一个团队不是一朝一夕的事情,不能一蹴而就。因为不仅团队自身的运作需要艰苦卓绝的努力,要想有效地发挥向外的作用,还需要组织内外环境的配合协调。

同时,构建团队需要组织在许多方面都摆脱传统的做法,进行大的转变。然而,在变革的进程中必然会碰到障碍和阻力。因此,可遵循循序渐进的原则,采用试点、逐步总结推广的方式来开展团队建设。许多实践表明,采用这些方式能明显地减小阻力,减少团队建设的实施成本。

4. 做好榜样原则

"其身正,不令而行;其身不正,虽令不从。"如果团队领导者要求员工遵循某项规则,自己一定要先做到才行。这可以说是团队构建中一条最直观、最能出实效的途径:领导者只要率先做好榜样,团队成员就会对规则心服口服。

团队领导者的职责也不仅仅是与其成员交谈几句而已,他们还得不断地鼓励其下属,那些告诉员工"按我说的做,而非像我那样做"的领导者是不可能赢得下属的尊重的。

5. 允许员工犯错原则

在团队工作中,如果员工犯了错误,不应该苛责他们,要及时给予他们帮助——领导者要特别注意的是提醒员工不能犯相同的错误。第一次错误是可以原谅的,但相同错误不断重复的话,就有可能会拖垮整个团队,所以应让团队成员在错误中学习,不断提高自身的能力。

6. 优劣互补原则

每个人都有缺点和弱点,因而要想取得成功就必然离不开别人的配合,单打独斗的时代已经一去不复返了。在团队的构建中要善于找出成员的弱点,通过和其他成员合作以弥补不足,从而为成功建立奠定基础。一个优秀的团队应该是一个优势互补、精诚合作的团队。

7. 和谐沟通原则

良好的沟通对团队的建设来说是非常重要的,在团队构建初期,必然存在许许多多的问题,这时团队应该成为成员们交流的平台。作为团队创建者要鼓励成员说出自己的看法,消除团队成员之间的误解,从而达到理解一致、行动一致,进而使成员友好相处,不用担心明争暗斗的事情发生。

8. 以人为本原则

以人为本是现代企业管理的基本出发点,尊重人性、人人平等、问题公开化等也是团队建设的要点,团队领导者要让员工明确自己的能力和价值,并做到利益和资讯的共享。

案例 7-1

士气有盛有衰,如同月有阴晴。如果员工有怨气得不到发泄,也会导致团队气氛紧张、低落,沃尔玛为此专门设置有允许越级沟通的渠道,其"门户开放"政策大致的意思是,员工如果觉得不满意可以向直接上级的任一上级沟通。另外沃尔玛还有如"草根会议"和"人事面谈"等由人力资源部门组织的管理层不在现场的保密沟通方式,以此了解员工对企业、管理层的看法。当然越级沟通后并不能得到跨级领导的直接指示,但他一定会给到一些中立的、不带偏见的意见让员工和其直接领导亲自解决,当然员工会得到跨级领导"持续保持关注"的承诺,直到员工满意为止。

案例 7-2

沃尔玛公司总部设在美国阿肯色州本顿维尔市,公司的行政管理人员每周花费大部分时间飞往各地的商店,通报公司所有业务情况,让所有员工共同掌握沃尔玛公司的业务指标。任何一个沃尔玛商店都定时公布该店的利润、进货、销售和减价的情况,并且不只是向经理及其助理们,也向每个员工、计时工和兼职雇员公布各种信息,鼓励他们争取更好的成绩。

第二节　团队创建的过程

一、形成期

团队成员由有不同动机、需求与特性的人组成,在此阶段缺乏共同的目标,彼此之间的关系也尚未建立起来,人与人的了解与信任不足,彼此充满着谨慎和礼貌。整个团队还没有建立起规范,或者对规范还没有形成共同的看法,这时的矛盾很多,内耗很多,一致性很少,可能努力建设也产生不了相应的效果。

本期,管理人员的主要任务是以下两个方面。

1. 初步构成团队的内部框架

在团队成立伊始,组织管理者应该对团队的各个要素十分明确,包括团队的目标、定位、职权、人员和计划。其团队内成员的角色应如何分配,工作人员如何取得资源和支持,都应在团队的形成期设定。

2. 建立团队内部与外界的初步联系

主要包括:

建立起团队与组织其他工作集体及职能部门的信息联系及相互关系;

确立团队的权限,如自由处置的权限、须向上级报告请示的事项、资源使用权、信息接触的权限等;

建立对团队的绩效进行激励与约束的制度体系;

争取对团队的技术(如信息系统)支持,高层领导的支持,专家指导及物资、经费、精神方面的支持;

建立团队与组织外部的联系与协调的关系,如建立与企业顾客、企业协作者的联系,努力与社会制度和文化取得协调等。

同时,管理人员必须立即掌握团队,快速让成员进入状态,降低不稳定的风险,确保事务的进行。此阶段团队的关系方面要强调互相支持,互相帮助,此时期人与人之间关系尚未稳定,不能太过坦诚,因为对方可能无法一致接受。

此阶段的领导风格要采取控制型,不能放任。团队的大致目标由领导者自己确立(但是要合理和经过大多数成员的认同),并清晰、直接地告知成员,不能让成员自己想象和猜测,否则容易走样。此时也要尽快建立必要的规范——不需要完美,但是需要能尽快让团队步入正轨。

二、激荡期

团队经过组建阶段以后,隐藏的问题逐渐暴露,就会进入激荡期:成员们争权夺利,为获得具有控制权的职位而勾心斗角,对于小组适当的发展方向纷纷争论不休,外面的压力也渗透到小组内部。各人在争夺自己的权利的同时,增加了组织内部的紧张气氛。

激荡期包括成员与成员之间、成员和环境之间、新旧观念与行为之间三方面的激荡。

1. 成员和成员之间的激荡

团队进入激荡期后,会产生成员之间的激荡。这时,有关工作行为、任务目标、工作指导等方面的问题都暂时被搁置在一边,成员之间由于立场、观念、方法、行为等方面的差异而产生各种冲突,人际关系陷入紧张局面,甚至出现敌视的强烈情绪及向领导者挑战的情况,一些人可能暂时回避这种紧张的气氛,另一些人甚至准备退出这一新生团队。

面对如此情势,领导者和成员一方面要认识到激荡期是团队成长所必须经历的阶段,产生冲突并不一定是坏事;相反,它促成了潜在问题的暴露,为团队成长进入规范期创造了条件,而且冲突和激荡能促进成员之间互相竞争以自我提升,也是团队有效决策和绩效提高的重要手段。另一方面,领导和成员都应积极促成冲突的解决,并且要清楚地认识到协调个人的差异和安定大家的情绪是需要时间的,绝不能采取压制的手段,而应稳妥地引导大家冷静地对待这一局面,讲明"冲突不如合作"的道理,在冲突与合作中寻求理想的平衡。在这里,许多有关解决冲突、促进沟通、改善人际关系的方法和技巧都可得到广泛深入的运用。

2. 成员与环境之间的激荡

成员与环境之间的激荡主要包括:

（1）成员与组织制度系统之间的激荡

一方面，在团队建设中，组织会在其内部建立起尽量与团队运作相适应的制度系统，包含人事制度、考评制度、奖惩制度等。这些制度既可能是不完善的，也极有可能不为已经习惯于传统体制的人员所适应。这时要做的工作，一是使成员尽快适应新的体制，二是不断完善和推广新的体制，使之适应成员的实际情况、环境的客观变化及团队建设计划的执行步伐。另一方面，制度系统通常是与传统体制并存的，新旧体制会有矛盾，处于新旧体制之下的制度系统也常有抵触。这时需要做的工作，一是尽量弥合新旧体制之间的鸿沟，二是表示推行新体制、整合各制度的决心，消除团队成员狐疑观望、首鼠两端的态度，使之尽快全身心投入团队建设之中。

（2）成员与组织技术系统之间的激荡

例如，团队成员可能对团队采用的信息技术系统或新的制作技术不熟悉，经常出差错。这时最紧迫的是进行技能培训，使成员迅速掌握团队采用的新技术。

（3）团队成员和组织其他部门之间的关系磨合

团队在成长过程中，与组织其他部门要发生各种各样的关系，也会产生各种各样的矛盾冲突，需要进行很好的协调。

3. 新旧观念、行为之间的激荡

新观念与旧观念、新行为与旧行为之间的激荡本质上是传统组织和新式团队之间的矛盾。传统组织通常假设人是"经济人"，认为人天性懒惰，工作漫不经心，不愿负责，阳奉阴违，易受诱惑，不诚实，只关心自己的事。团队则假设人是复杂的人，而且更注重努力工作，积极参与，愿意负责，有慷慨宽容、诚实可信的方面。这样，团队在激荡期就面临着人性的假设、管理哲学、价值观等方面的激荡与改变。

传统组织在决策方面往往以个人决策为主，专断的情况很多；在组织方面强调严格的分工、等级制度与硬性的规章；在领导方面强调命令和服从，很少有民主；在控制方面重监督、惩罚与强制；在文化方面重视各安其位，严格执行，绝对服从等。团队在决策方面则是团队集体决策及成员参与决策；在职责划分时非常灵活，成员彼此平等，行为准则很有弹性；在领导方面则强调民主和自我管理;在控制方面则强调共同愿景目标下的自我监督;在文化方面重视互相帮助,互相协作,活力热忱等。

在传统组织中进行团队建设将面临着一系列行为方式的激荡与改变,可能会碰到很多的阻力。在新旧激荡中,成员可能会因为害怕承担责任,害怕未知,害怕改变等而拒绝新的团队行为方式;领导会因为可能的权力变小而拒绝放弃严厉的控制。这时需要运用一系列手段来促进团队的成长,如对新的行为方式进行培训,做舆论宣传,以纪律强制学习,并辅以一定的奖励措施等。在这一阶段,成员将经历一系列的压力、挫折、学习、强化、行为校正等过程。

三、凝聚期

经过一段时间的激荡,团队将逐渐走向规范。组织成员开始以一种合作的方式组合在一起,各派竞争力量之间也形成了一种试探性的平衡。经过努力,团队成员逐渐了解了领导者的想法与组织的目标,建立了共同的愿景,也互相产生了默契,对于组织的规范有了了解,违规的事情减少。这时日常工作能够顺利进行,但团队对领导者的依赖很强,还不能形成团队自治。

在这一阶段,最重要的是形成有力的团队文化。如何形成有力的团队文化,促成共同价值观的形成,调动个人的活力和热忱,增强团队的凝聚力,培养成员对团队的认同感、归属感,营造成员间互相合作、互相帮助、互敬互爱、关心集体、努力奉献的氛围,将成为团队建设的重要内容。

此时,还应该有更广泛的授权与更清晰的权责划分。在成员能接受的范围内,领导者可提出善意的建议。如果有新进的人员,必须让其尽快融入团队之中,部分老成员可以参与决策。在授权的同时,要维持控制,不能一下子给得太多,否则回收时会导致士气受挫,配合培训是此时很重要的事情。

四、收获期

养兵千日,用在一朝。团队从开始形成到经受激荡和规范,终于变得成熟,懂得应付复杂的挑战,各角色能执行其功能,并且可以根据需要自由切换,任务得以高效地完成。此时期,团队成员成为一体,愿意为团队奉献,智慧与创意源源不断,管理者应该考虑的是如何运用团队的问题了。

在收获期,团队成员的注意力已经集中到了如何提高团队效率和效益上来,他们把全副精力用来对付各种挑战,这是一个出成果的阶段。此时,团队成员的角色都很明确,并深刻领悟到完成团队的工作需要大家的配合和支持,同时学会以建设性的方式提出异议,大家高度互信,彼此尊重,也呈现出接受群体外部新方法的输入和自我创新的学习型状态。整个团队已熟练掌握如何处理内部冲突的技巧,也学会了团队决策和团队会议的各种方法,并能通过团队会议来集中大家的智慧高效决策,以及通过大家的共同努力去追求团队的成功。在执行任务过程中,团队成员加深了了解,增进了友谊,同时整个团队在摸爬滚打中更加成熟,工作也更富有成效。

五、修整期

对于经过以上各阶段的努力仍未能建成真正的高效团队的,在执行期表现得不尽如人意的团队,将进入休整期,可能会被勒令整顿,即通过努力消除一些"弊病"的特质,经过"回炉处理",希望锤炼成真正的团队,进行新一轮的团队建设。

对团队实行整顿的一个重要内容是优化团队规范,这时可用到皮尔尼克提出的"规范分析法"。首先,明确团队已经形成的规范,尤其是那些起消极作用的规范,如强人领导而非共同领导,分别负责任而非联合责任,彼此攻击而非互相支持等"假团队"的特质。其次,制定规范剖面图,得到规范差距曲线。再次,听取各方面的对这些规范进行改革的意见,经过充分的民主讨论,制定系统的改革方案,包括责任承担、信息交流反馈、奖励和招收员工等。最后,对改革措施实施跟踪评价,并做出必要的调整。

此时管理者更需要运用系统的思考通观全局,并保持危机意识,持续学习,持续成长。

案例 7-3

微软是以创造团队文化闻名的公司。以项目小组的形式来开发电脑软件就是由微软首创的。微软的产品是电脑软件,专业性很强,需要知识积累和不断创新,并要求不能出错。在这种情况下,公司需要的团队文化并非一团和气的温暖,而是平等又充满争论的。在思想的交锋中产生创新的火花,在不同视角的争辩中创造最独特完美的产品,这是合作精神在微软产品项目小组中的体现——团队合作的内容和意义在不同的组织环境中各不相同,并非千篇一律。

那么微软的这种独特的团队合作文化又是如何创建的呢?这里强调一下公司创立者在建立企业文化中的重要作用。大家都知道比尔·盖茨从小就是个电脑迷,而且很小就有用电脑知识赚钱的意识。上中学时,他就整天待在电脑前,而且还为学校的一个项目编程赚钱。他对电脑的狂热和痴迷使他只追求知识和真理,而对权威毫无敬畏之心。他在从哈佛辍学去新墨西哥州的一家电脑公司工作的时候,公司里没有一个人敢与公司的技术老板顶嘴,除了最年轻的比尔。他与保罗·艾伦创办微软之后,展开思想的论争,敢于向他人的思想挑战的风气就被鼓励并发扬光大,他甚至要求向他汇报工作的人以及所有项目小组都遵循"敢提不同意见"的原则。项目小组有名的"三足鼎立"结构也就这样建立起来:软件设计员、编程员、测试员互相挑刺,刺挑得越多,最后的产品就可能越完善。而项目小组的成员都平等,组长并没有特别的权力,主要担任沟通协调的角色,解决任务冲突、人员冲突、时间冲突,使大家愉快配合,按时将产品完成。

这样独特的团队合作能够实现,首先是公司的文化,其次是对人员招聘的把关。微软招人的时候用的测试题全是智力和创意测试,已经成为IT行业招聘的经典。也就是说,微软招的人身上都有些许比尔·盖茨自己的影子:对电脑技术的沉迷热情,懂得思维的乐趣,同时又率真而无视权威。再者则是分工的极其明确和流程设计的周密。每一个团队成员都十分清楚自己的职责、自己的工作在整体中的位置和顺序以及时间进度。由于分工明确,每个人都无法被他人替代,因此互相尊重,同时敢于提出自己的不同见解。最后则是大家都有明确的共同目标:让产品按时并高质量地完成。

第三节　团队建设中普遍存在的阻力和误区

一、团队建设中存在的阻力

1.传统的看法和态度

传统组织的工作方式大都是自上而下地传达命令,员工不用考虑自己的工作内容,因为他们的上级会明确地告诉他们在何时何地去做何事。而一旦不再有上司,许多人便深感难以适应,因为他们已经对上司产生了依赖性,甚至反而要求有个上级告诉他要做什么。

2.部门间的各自为政

传统的组织结构中有生产部门、销售部门、研发部门和客户服务部门等,每个部门都有自己的部门职责,他们各自为政,不太喜欢相互融洽交流的团队方式打乱他们原有的阵地。但由此带来了许多问题和麻烦。例如,公司的销售业绩上不去,销售部门说生产部门没有生产出合格的产品,次品率太高,卖不出去;生产部门说研发出来的产品没有考虑到生产的工艺和流程,所作的开发就生产部门目前的技术、设备和人员的技巧而言是做不到的;研发部门说只有按照我们所设计的产品来生产才具有竞争力:这导致了组织的堕落和衰退。

团队要整合这些力量:一个负责市场研发的团队过去是由研发部自己承担,但如果吸收了来自各个不同部门的成员——有生产部门的成员,他们来确定研发与生产工艺如何衔接,有销售部门的成员,他们了解顾客需要什么样的产品。这样的研发团队其实是一种跨部门的合作团队,只有这样,研发出来的产品最后在生产、销售和客户服务等环节上才易被大众接受。

3.死板而没有风险的企业文化

一般来说,企业都是越稳越好,但事实上成熟的企业都鼓励边缘化的探索,鼓励做一些虽带有风险却有益的尝试,这会为企业的生存和发展带来新的渠道。采用团队这一组织结构和工作方式对企业来说就是一种很好的尝试。

4. 管理阶层的抗拒

向来以强迫或具威胁性的方式来管理职员的经理人也许无法轻易接受团队的概念,因为团队的工作与管理方式在许多方面都与传统的强硬作风截然不同。此外,管理层还会担心一旦有了团队,那么自己就失去了应有的权力和地位,组织机构将不再需要他们,所以在构建团队时就可能不会为团队建设提供足够的培训和支持,团队的组建工作在此就遇到了较大的困难。

5. 个人的担心

组织中的部分成员可能会对团队产生一些疑惑,如既然强调团队的贡献,那么自己作出的贡献谁来承认?个人的成就感从哪儿来?如果在团队中必须保持一种合作的态势,那么个性还能不能发挥?个人优势还能不能得到认可?一些成员还会担心采用团队工作方式后,自己会做更多的事情,会承担更大的责任,会和他人出现新的冲突,因而会从行为上抵触团队的构建工作。

二、团队建设中存在的误区

1. 过分推崇和强调"团队利益高于一切"

团队首先是个集体,由"集体利益高于一切"这个被普遍认可的价值取向,自然而然地可以推导出"团队利益高于一切"这个论断。甚至很多企业认为,培育团队精神,就是要求团队的每个成员都要牺牲小我,换取大我,放弃个性,追求趋同,否则就有违团队精神,就是个人主义在作祟。但在团队里如果过分推崇和强调"团队利益高于一切",可能会导致两个方面的弊端。

一方面,极易滋生小团体主义。团队利益对其成员而言是整体利益,而对整个企业来说,又是局部利益。过分强调团队利益,处处从维护团队自身利益的角度出发,常常会打破企业内部固有的利益均衡,侵害其他团队乃至企业整体的利益,从而造成团队与团队、团队与企业之间的价值目标错位,最终影响到企业战略目标的实现。

另一方面,过分强调团队利益容易导致个体的应得利益被忽视和践踏。如果一味强调团队利益,就会出现"假维护团队利益之名,行损害个体利益之实"的情况。作为团队组成部分的个体,如果利益长期被漠视甚至侵害,那么他们的积极性和创造性无疑会遭受重创,从而影响整个团队的竞争力和战斗力的发挥,团队的总体利益也会因此受损。

2. 团队内部不引入竞争机制,变相保留"大锅饭"

如果一个团队内部没有竞争,在开始的时候,团队成员也许会凭着一股激情努力工作。但时间一长,他们会发现无论是干多干少、干好干坏,结果都一样,那么他的热情就会减退,在失望、消沉后最终也会选择以"做一天和尚撞一天钟"的方式来混日子。这其实是一种披上团队外衣的"大锅饭"。引入竞争机制,实行赏勤罚懒、赏优罚劣,打破这种看似平等实为压制的利益格局,团队成员的主动性、创造性才会得到充分发挥,团队才能长期保持活力。

3. 过于追求团队亲和力而使纪律不严明

不少企业在团队建设过程中,过于追求团队的亲和力,认为"团队内部皆兄弟",在这种模糊的"温情"下,严明的团队纪律反而成"有碍团结"的了。这直接导致了管理制度的不完善,或虽有制度但执行不力,形同虚设。纪律是胜利的保证,只有做到令行禁止,团队才会战无不胜。

拓展阅读

苹果的创业历程——团队力量的见证

这里充满着青春的活力,这些年轻人正是一种中坚力量,是他们研制了苹果计算机,并将公司发展成为与 IBM 具有同等竞争力的电脑公司。1976 年,史蒂夫·沃兹尼亚克和史蒂夫·乔布斯设计出个人用计算机,并于一年之后以"苹果Ⅱ型"的商标投放市场。1980 年,苹果电脑公司已迅速发展成为拥有 1.18 亿美元资产的企业。尽管第二年 IBM 也推出了自己制造的个人用计算机,但当年 28 岁的董事长史蒂夫·乔布斯并没有打算让路。

他和他的同事亲密无间,像一群海盗一样大胆。乔布斯在充当教练、一个班子的领导,他在栽培人的方面是一个完美的典型。他是一个既狂热又明察秋毫的天才,他的工作就是专门出各种新点子,做传统观念的活跃剂,他不会把什么事情丢在一边,也容不得无能与迁就的存在。

苹果公司的年轻人也纷纷对董事长表述了自己的看法,他们希望在从事的工作中做出伟大的成绩。他们说:"我们不是什么季节工,而是兢兢业业的技术人员。"他们要对技术有最新的理解,知道如何运用这些技术并用来造福于人。所以,最简便的办法就是网罗十分出色的人物组成一个核心团队,让他们自觉地监督自己。

苹果电脑公司招聘的办法是面谈。一个新来的人要和公司至少谈一次,也许要谈两三次,之后再来谈第二轮。当对录用做出最后决定时,公司就把个人电脑产品——麦金塔式拿给新人看,让他坐在机器跟前,如果他没有显出不耐烦,招聘者会说"这可是一部挺棒的计算机"来刺激一下。新人的眼睛一下子亮起来,真正激动起来,这就知道他和苹果电脑公司是志同道合的了。

公司里人人都愿意工作,并不是因为有工作非干不可,而是因为他们满怀信心,目标一致,认为苹果电脑公司将成为一个大企业。公司当时正在扩展事业的版图,四处奔走招聘专业经理人才。多数新人是外行,不懂具体技术,但是他们懂得什么是兴趣、什么是最好的管理。他们是最伟大的献身者,所以他们上任,肯定能够干出别人干不出的杰出成绩来——苹果电脑公司的决策者一直是这样认为的。

苹果电脑公司在1984年1月24日推出麦金塔式计算机,在最初的100天里卖掉了75 000部,销量随后还在持续上升。粗略计算,这种个人用的计算机占到公司当时全年15亿美元销售额的一半。在当时的苹果电脑公司中,一切都要看麦金塔式的经验,并且加以证明。员工可以得到许多这类概念来应用,在某些方面做些改进,然后形成模式。在所有的工厂中他们都在采用麦金塔式的市场模式,每个制造新产品的小组都是按照麦金塔式的模式干的。麦金塔式的例子表明,当一个创新团队组成以后,能够多么有效地完成任务——办法是分工负责,各尽其职,在团队成员意识到要为团队作出贡献时,一个项目能否成功就是一次考验。

在麦金塔式的机箱中不为顾客所见的是全团队成员的签名,苹果电脑公司的这一特殊做法的目的就是给每一个最新发明的创造者本人——而不是给公司——树碑立传。

本案例讲了非常重要的两个问题:团队精神和领导。

团队精神体现在企业内部的思想和行为高度一致,充满团结的氛围,员工遵循企业共同的经营理念和管理理念,为了共同的事业而合作,从而使企业产生一种合力。但是团队精神不仅要求员工,而且更要求管理层。从领导班子做起,从上到下地共同建设一个团结的团队,才能更好地形成一个公司的团队精神。所以团队的建设需要有一定的领导力。

苹果电脑公司的董事长史蒂夫·乔布斯是一位优秀的领导者。优秀的领导者的最主要特性就是,具有洞察市场的慧眼和难以抗拒的感召力,在他周围团结着与他志同道合的崇拜者。领导者是否具有感召力,关键是他和他的企业的价值观是否具有无穷的魅力。

所以团队精神不是孤立的,要建立精英团队,首先要确定企业的精神或是企业的信仰,确定企业的核心价值观;然后通过它来吸引志同道合的合作者(注意这里把员工作为事业的合作者来看待);最后,这种价值观,或是体现在企业的制度上,或是体现在领导者身上,国内有许多企业就是采取后一种方式。团队精神实质是企业文化的问题。

第四节　团队激励策略

一、团队激励的定义

所谓激励,就是使人的特性与环境的特性建立起适当的联系,使其能产生管理者所预期的行为。团队激励即通过满足团队成员生理、心理的某种需要,激发与鼓励成员的工作热情、行为动机,调动人的积极性,促使成员有效地达到团队目标。

二、团队激励的作用

1.吸引优秀人才

各种激励政策,如丰厚的待遇、明确快捷的晋升通道吸引团队需要的人才。

2. 留住优秀人才

健全的团队激励机制,激发优秀人才的创造性,起到了对优秀人才的保护作用,可以防止人才流失。

3. 营造良性的竞争环境

良性的竞争,使团队成员感到适当的压力,这种压力会转变为成员的动力和实力。

三、团队激励的理论

1. 需要层次理论

需求层次理论是由美国心理学家马斯洛提出的。他将人类需求像阶梯一样从低到高分为 5 层,分别是生理需要、安全需要、情感和归属需要、尊重需要和自我实现需要(图 7-1)。

图 7-1　马斯洛需要层次

(1)生理需要

在这个世界上,每个人要想生存,必须有基本的生理需要满足。生理需要在人的所有需要中是占绝对优势的,它是人类最基本的需要,是需要层次金字塔的基础。

(2)安全需要

安全需要具体包括安全,稳定,免受恐吓、焦躁与混乱的折磨,对体制、法律、秩序、界限的依赖等。在实际生活中,人们偏爱熟悉的事物,而非不熟悉的事物;偏爱已知的事物,而非未知的事物;偏爱已有的行动规律与秩序,而非无规则的变化。所有这些都是人类对安全需要的具体表现。

(3)情感和归属需要

人们对朋友、爱人的渴望,并且渴望在团体、家庭等正式或非正式组织中有自己的位置,这就是情感和归属需要。

(4)尊重需要

尊重需要包括外界对自我的尊重和自己对自我的尊重。相对来说,自己对自我的尊重(即自尊)更重要一些。自尊需要的满足是指由于实力、成就、疑误、优势等自身内在因素而形成的个人面对世界时的自信和独立。外界对自己的尊重需要的满足,则表现为地位、声望、荣誉、威信等外部较高评价的获得。尊重需要的满足可以获得一种自信的情感,使人们觉得自己在世界上有价值,是组织中必不可少的有用的人。

(5)自我实现需要

自我实现也就是一个人发挥自己的潜力,成为自己所能够成为的独特个体,完成自己的志愿。一个人在其他需要都得到满足以后,自我实现的需要开始突出。这时候他会很乐意去工作,对他而言,这时候的工作不是生活所迫,不是为了金钱,也不是为了获取荣誉,而是一种兴趣。这时候他确确实实是以工作为乐,而不是以工作为负担。自我实现需要是人类需要的最高层次。

2. 双因素理论

双因素理论又称激励—保健理论,是由美国心理学家赫茨伯格提出的一种工作动机理论。赫茨伯格将影响工作积极性的因素分为两类,一类是激励因素,另一类是保健因素(表7-1)。

表7-1 双因素

因素类型	定　义	举　例
激励因素	与工作内容紧密相关的因素,改变这些因素会使人获得工作满意感	成就感、认可、工作疑误、责任感、晋升和个人发展
保健因素	与工作环境相关的因素,这类因素得不到改善会引起对工作的不满	公司政策、监督、工作条件、薪金、工作安全感

赫茨伯格认为,工作满意和不满意不是同一个维度的两个极端,而是两类不同的因素。激励因素的满足虽然能导致工作满意,但缺乏激励因素也不会产生不满意;缺乏保健因素虽然会导致工作不满意,但保健因素的满足却不会增加职工对工作的满意。

很多人一提到激励就想到钱。按照赫茨伯格的理论,钱只是一个保健因素,而不完全是一个激励因素,因此要客观地看待金钱、福利等在员工激励中的作用。

3. 公平理论

公平理论又称社会比较理论,是由美国心理学家约翰·斯塔希·亚当斯于1965年提出的。它是一种研究人的动机和知觉关系的激励理论,认为员工的受激励程度取决于对自己参照对象的报酬及投入比例的比较感觉。公平理论指出:人的工作积极性不仅与个人实际报酬多少有关,而且与人们对报酬的分配是否感到公平更为密切。人们总会自觉或不自觉地将自己付出的劳动代价(包括自己受教育的程度、经验,用于工作的时间、精力和其他消耗等)及所得到的报酬(包括物质上的金钱、福利和精神上的受重视程度、表彰奖励等)与他人进行比较,并对公平与否作出判断。

公平感直接影响职工的工作动机和行为。因此,从某种意义上来讲,动机的激发过程实际上是人与人进行比较,作出公平与否的判断,并据以指导行为的过程。公平理论研究的主要内容是职工报酬分配的合理性、公平性及其对职工产生的积极性影响。

四、有效激励的基本原则

1. 差异化激励原则

人过一百,形形色色。因此,员工激励必须实现差别化,要像打破分配制度的"大锅饭"一样来打破激励制度的"大锅饭"。团队激励要根据团队具体情况制定不同的激励制度。

2. 动态持续激励原则

人在一种需要基本或部分满足以后,会立即产生其他的需要;而且,随着时空条件的不断变化,这种需要的满足条件也会不断提升,甚至变得难以达到。这就要求企业对员工的激励必须是动态的和持续的,不能"一次激励定乾坤"。实现动态持续激励要按"了解需要—制订计划—实施激励—激励效果评估"路径循环,循环次数因情况而定。

案例7-4

英国有一家著名的长寿公司俱乐部,申请加入该俱乐部的企业存续时间必须要超过300年。而成员企业的唯一共同点,就是都能打造出符合时代要求的激励机制,从而使企业具有高度的敏感性。这种敏感性包括对外部市场变化的高度敏感、对企业内部管理的高度敏感、对企业发展技术的高度敏感、对企业内部控制的高度敏感和对人才吸引的高度敏感。正是企业的高度敏感性确保了企业的数百年不倒。

激励制度能带给企业活力，那么一家企业如何采用全新的激励机制，雇用优秀的员工，发挥他们的优势呢？世界著名的经理人韦尔奇给出的答案是：要搞好一家企业，关键是要给 20% 表现优秀的员工不断地加薪，而不断地淘汰企业里表现较差的 10% 的员工。只要企业的最高决策层能做到这一点，企业肯定就能办好。

3. 物质激励与精神激励相结合原则

一般而言，生理需要和安全需要属于物质激励，而情感和归属需要、尊重的需要以及自我实现需要则属于精神激励。随着社会进步和人类生活水平的不断提高，人们对精神方面的需要越来越迫切，也越来越高，企业应因势利导，与时俱进，不断调整激励策略和方法，使物质激励与精神激励并重。

案例 7-5

在沃尔玛，物质奖励较少，促销比赛第一名，也只奖励了一个 10 元左右的笔记本，实在无足轻重。可是总经理却用 10 分钟时间狠狠地表扬了他的工作精神和方法，并发了一个奖状，然后又合影，最后还让给大伙讲几句——这种"招待"让人很受用。沃尔玛认为"物质激励"很容易把员工引导至"唯利是图"的不轨之路，结果可能破坏了团队的正气，而精神奖励却会使团队积极向上。一轻一重，沃尔玛就是这样不断提升员工对企业的满意度。

4. 短期激励与长期激励相交叉原则

短期激励指即时的或一次性的激励，长期激励则指规范性的、期限较长的激励。短期激励具有灵活性和时效性，长期激励则具有稳定性和持久性。因此短期激励与长期激励的交叉配合，会使激励效果最佳。短期激励的方法有增加基本工资、津贴、补贴、奖金、带薪假期、培训与旅游机会等，长期激励的方法有向经理人分配股票期权、员工持股等。

5. 公平、公正、公开原则

激励措施的公正性是有效激励的根本保证。贯彻公平、公正、公开激励原则的主要要求有：

消除激励歧视,激励面前人人平等;

员工参与激励计划的制订,并能有效进行过程的监督;

公开激励计划的内容和实施的结果。

6. 正激励与负激励相结合原则

所谓正激励,就是对成员符合组织目标的期望行为进行奖励,负激励就是对违背组织目标的行为进行惩罚,激励要二者兼顾。

7. 时机性原则

要把握激励的时机,雪中送炭的及时激励有利于更好地激发团队成员的工作热情。

五、激励的具体方法

1. 目标激励

组织的目标与个人的需求如果能完美结合起来,可以产生巨大的动力。目标有长远的愿景目标、中期目标、近期目标,有规模上的大、中、小目标,应从员工的能力、任务上寻找结合的点。

2. 奖惩激励

奖励是正强化,是直接激励。惩罚是负强化,是间接激励。两者不可偏废。

3. 数据激励

运用数据显示成绩,能有可比性和说服力地激励员工的进取心。

4. 团队领导行为激励

以团队领导的行为通过榜样作用、暗示作用、模仿作用等心理机制激发下属的动机,调动下属工作、学习的积极性,这种激励称为团队领导行为激励。

5. 典型激励

宣扬团队中的典型人物和事例,经常表彰各方面的好人好事,营造典型示范效应。

6. 良好的沟通渠道

创造良好的沟通渠道,架起沟通的桥梁,真心倾听。

7. 学会赞美

要充分相信员工的能力,时常赞美员工,并给员工提高的机会。

案例 7-6

推崇"狼性文化"的华为,颇为重视对员工的培训与教育。每个新员工入职,都会有一个工号,工号的数字便意味着你是第几个加入华为的员工。新员工在加入公司后还会拥有自己的培训档案,用以记录每次培训的内容、考试结果、教官评语和培训状态。

华为的入职培训一般以如何"打败跨国公司,进入世界 500 强,为民族工业争光"为具体内容。在培训时,华为会从生产、市场和管理一线抽派员工与新人进行近距离交流。由于采用了案例教学的方法,新员工总会从培训中收集到对工作最有价值的信息。同时,华为的高层还会现身培训场所,进行热情洋溢的演讲。每当公司最高领导任正非演讲时,新员工总是听得兴致勃勃,被激发出无限的热情。

在进行入职培训时,团体进行大合唱也是一个重要的内容。华为一般选取的歌曲为《真心英雄》,这首歌产生的鼓舞力量,常常使员工在唱的时候热血沸腾,对在华为的未来怀有无限美好的憧憬。

第五节 团队冲突管理

一、团队冲突的定义和类型

团队冲突是团队生活无法避免的现象,它是指目标、资源、预期、感觉或价值观的不相容,所导致的两个或更多的人之间,或工作小组之间的相互排斥。从相互作用的观点来看,团队冲突可以分为良性冲突和恶性冲突。

良性冲突是双方有共同的奋斗目标,通过一致的途径及场合了解对方的观点、意见,大家以争论的问题为中心,在冲突中互相交换信息,最终达成一致。这类冲突对于企业目标的实现是有利的,应当加以鼓励和适当引导。

恶性冲突中持不同意见的双方目的等不一致,在冲突的过程中不分场合、途径,过多地纠缠于细枝末节,是团队内耗的主要原因,严重时还可能导致团队的分裂甚至解体。这类冲突是管理层应当尽量避免的。

二、团队冲突的效应与管理原则

1. 团队冲突的正面效应

冲突能够促进团队成员对重大事项进行审慎分析；

冲突具有激励作用，可以带来竞争，唤起成员的危机感和紧迫感；

冲突是团队变迁的源泉；

冲突有时可以改善团队气氛。

2. 团队冲突的负面效应

冲突导致团队运作的无序、混乱；

冲突容易导致冲动和非理性行为；

冲突使成员注意力由整体目标转向个人目标；

冲突会导致团队运作效率的下降。

3. 团队冲突管理的原则

有效管理团队之间的冲突，需要遵循以下 3 条原则：

①分清楚冲突的性质，对建设性冲突要适当鼓励，对破坏性冲突则应该尽量减少。

②个人与个人之间、个人与团队之间、个人与组织之间、团队与团队之间、团队与组织之间都可能产生冲突，要针对不同类型的冲突采取不同的措施。

③充满冲突的团队等于一座火山，没有任何冲突的团队等于一潭死水，因此既要预防团队之间的冲突，也要适度激发团队之间的冲突。

三、团队冲突的管理策略

行为科学家托马斯.科克伦认为冲突发生后，参与者有两种可能的策略可供选择：关心自己和关心他人。其中，"关心自己"表示在追求个人利益过程中以武断程度为纵坐标，"关心他人"表示在追求个人利益过程中以与他人合作的程度为横坐标。以此定义冲突行为的二维空间，就出现了 5 种不同的冲突处理策略：竞争、回避、迁就、妥协和合作。

1. 竞争

只满足自身利益，为达到目标而无视他人利益，常含有权利因素。应付危机或双方实力相差很大时往往有效。

2. 回避

试图置身于冲突之外,无视矛盾的存在,或保持中立。当冲突双方依赖性很低时,回避可避免冲突;当双方依赖性很高时,则会影响工作,降低绩效。

3. 迁就

只考虑对方的利益或屈从对方意愿,如恭维对方,不指责,提供帮助等。

4. 妥协

妥协实质上是一种交易,双方的目标都是在现有条件下获得最大利益。消极影响是双方可能因妥协满足了短期利益,但牺牲了长期利益。

5. 合作

合作就是积极理解对方的需求,尽可能地满足双方的利益。合作是双赢。

案例 7-7

一天,天鹅、梭子鱼和虾要拉一辆小车上山。它们分别套上了绳索,用足狠劲,身上青筋暴出,天鹅往上飞,虾往后拖,梭子鱼往水里钻。每个人都筋疲力尽,然而它们拉的小车却纹丝不动。

这则克雷洛夫寓言启示我们:团队成员意见不一致,事业便不能成功。

拓展阅读

高效团队的基本特征

1. 共同的目标

共同的目标是构成团队、维系团队成员关系的基础条件。一个团队的建立主要是基于员工在追求特定的、共同的目标上的能力,其成员之间的吸引力为次要因素。当人们基于一个共同目标而奋斗时,才会对彼此的优势予以认可,对彼此的缺点包容,凝聚力也因此而生。当个体的成长与团队的命运休戚相关、荣辱与共时,所有成员才会对团队产生归属感。共同的目标是个人与团队利益的纽带。

2. 良好的沟通与协调

沟通是团队成员相互传递思想,交换信息从而达到认识上的一致,协调是取得行动上的一致,良好的沟通与协调能力是团队成熟程度的重要标志。

沟通的效果与团队工作的成败有密切的关系,应注意消除障碍、提高效率,选择有效的途径和方式进行沟通。成员应在相互信任的气氛下工作,公开表达自己的想法、意见和问题,每个成员都应努力了解别人的看法与观点。

团队成员由于价值观、信仰、态度以及行为方式的不同而存在着差异。差异会导致分歧,分歧发展到一定阶段就会导致冲突,没有团队能够完全和谐。但是,冲突并非都是破坏性的,冲突不仅不可避免,而且还是一种重要而积极的现象,许多新观念的火花往往是在此过程中产生的。如果只强调忠诚与合作,提倡唯唯诺诺和不发表意见,反而使矛盾不能暴露,窒息了团队的生机。

应使团队中建设性的冲突保持在恰当的水平上,通过沟通、疏导在团队中建立积极面对冲突的组织氛围和议事规程。在达成共识之后,团队要有共同的行为规范去协调人们的行为,只有团队协作才能使本来分散的、具有不同能力和个性的人结合起来,携手作战,组织成一个有共同目标的、相互协调的整体。

3. 全员的高度参与

团队的运作往往采用协商和共同参与的方式,由全体成员共同决定团队的目标、结构、作业原则和规范。团队协作之所以具有强大的威力,是团队要吸引其成员直接参与各种管理活动,使全体员工不仅贡献劳动,而且贡献智慧,直接为企业的发展出谋划策,形成一股巨大的向心力。

任何团队都不能依靠天才,因为天才毕竟是少数。组建团队的目的就是要促使普通人做出不平凡的事情,只有设法调动每个人的积极性和高度的参与热情,才能使每个人发挥出比他个人的才能要大得多的能力,也可以使每个人的弱点减到最小程度。当全体成员都能为团队的发展毫无保留地奉献力量,整合自己的技能并充分发挥出来时,一种和谐的团队文化便产生了。

要使团队成员尽心尽力地工作,另一点是对每一位员工给予"人性的尊重"。管理者要时时刻刻提醒自己:你面对的是受过良好教育,具有更多技能、更多信息的员工,应尽量满足员工对工作的期待,尊重每一个人的职责范围;以尊重人性的方式批评和表扬员工;应邀请员工共同参与制定计划,要让员工知道他所承担的工作是重要的,团队为他的存在而感到自豪。要始终牢记一点:当一个人受到尊重、被充分肯定、被赏识、被信任时,他会用自己的最大努力去完成自己的工作任务,无限忠诚地对待事业。因此,管理者应以一种尊重、关心、爱护甚至是感激之情对待员工,才会创造出和谐的团队,员工对团队的忠诚感、使命感与归属感也由此而生了。

4. 注重团队的学习

这个时代是急剧变革的时代,科技发展日新月异,信息量、知识量快速增长。适应这种快速变化的环境的唯一方法就是不断补充新知识,学习新的观念和思维模式。壳牌石油公司企划部主任德格说:"唯一持久的竞争优势,或许是具备比竞争对手学习得更快的能力。"一个团队只有通过不断学习,加强和外界信息交流的深度和广度,才能立于不败之地。学习是变革的原动力,适应未来发展的团队应是"学习型组织"。

课后练习

1. 自行组成 8～10 人的团队,按步骤进行以下活动要求:
①确定团队名称;
②确定一名团队负责人;
③团队中要求男女搭配;
④确定团队口号、标识以及队歌;
⑤进行团队成员的定位讨论;
⑥讨论团队在学习过程中应遵守的规则(30 分钟);
⑦讨论结束后,选派一名代表汇报讨论结果(5～10 分钟)。
2. 阅读下列材料,分组讨论:麦当劳的团队属于哪种类型? 探讨各个类型团队的不同点。

　　麦当劳有一个危机管理队伍,由来自麦当劳营运部、训练部、采购部、政府关系部等部门的一些资深人员组成,责任就是应对重大的危机。他们平时共同接受关于危机管理的训练,甚至模拟当危机到来时怎样快速应对。比如广告牌被风吹倒,砸伤了行人,这时该怎么处理?一些人员考虑把被砸伤的人送到医院后,如何回答新闻媒体的采访,当家属询问或提出疑问时如何对待。另外一些人要考虑的是如何对这个受伤者负责,保险谁来出?怎样确定保险?所有训练都要求团队成员能够在复杂问题面前快速行动,并且进行一些专业化的处理。虽然这种危机管理究竟有多少时候能用得上还是个问题,但对于跨国公司来说是养兵千日,用兵一时,因为一旦危机发生就不是一个小问题。在面临危机的时候,如果做出快速而且专业的反应,危机会变成生机,问题会得到解决,而且还会给顾客及周围的人留下非常专业的印象。

　　3. 请查阅课外资料,列举出 3 个采用自我管理型团队的公司,并谈一谈自我管理型团队的优势。

　　4. 进行"看到自己"训练,帮助团队中的人彼此加深了解,巩固,完善团队的人际关系:

　　先在一张白纸上写下自己认为自己在别人心目中的形象,例如"我认为我在别人眼里是亲和的、爱笑的"等句子,写完之后将白纸贴在自己的身后,团队其他成员则在白纸上写出对他/她的看法。各个成员依次进行,并保持客观的评价。写完之后,请成员围成圈,依次到圈中间来说出自己对自己的评价和别人对自己的评价,并探讨:为什么别人对自己的评价和自己对自己的评价有所不同?

　　5. 吴承恩的《西游记》可谓家喻户晓,故事情节跌宕起伏,韵味深远,作者渊博的学识与精湛的文笔着实令人佩服。如果我们用现代管理学的角度观察,会发现《西游记》原来还是一部古典团队建设理论教科书,以师徒 4 人组成的微型团队为材料。这个团队虽小,但结构却很严谨,团队成员各具特点。成员的角色定位也很清晰。如果从企业团队建设的角度剖析《西游记》,其中的取经人可视为一个行动有目标,领导有威信,成员能力互补性强,能够历经九九八十一难,最后能够修成正果的非常成功的团队。

　　分组讨论:

　　(1)从这个团队"终成正果"的过程中,请分析总结出一些适用于团队建设的经验。

（2）分析师徒四人在团队中分别承担什么样的角色。

6. 请找到与你志同道合的3~6名同学，共同建立一个社团，并完成一份大学社团成立策划书。策划书内容包括社团名称、社团介绍、社团宗旨、成立目的、社团性质、社团发起人、社团组织构成、社团日常活动、社团规章制度等。

7. 据下面的材料讨论：

经理的这些观点正确吗？团队中的各要素之间如何优化协调？

一家企业的经理在全体员工大会上讲人才的重要性。

第一句话：企业之间的竞争关键是人才的竞争，企业的"企"字就是"人"字当头，如果去掉这个"人"字，下面就是一个"止"字，"企业"就变成"止业"。

第二句话：企业现有员工的素质已经远远不能满足企业发展的需要。这虽然是事实，但坐在下面的员工开始觉得不舒服。

第三句话：因此企业要继续花大力气做好引进人才的工作。这句话一说出来就有员工想，我在这里辛辛苦苦干了这么多年，没想到企业视而不见，企望外人；还有员工认为，既然要从外面引进人才，我就没必要留在企业了。会开完以后，原来的一些骨干就开始写辞职报告。

模块三 演讲篇

第八章　演讲概述

语言的力量

陈秋实

在人类历史上有很多我特别崇敬的演说家,像马丁·路德·金,像曼德拉,真的非常好。但是大家千万别认为演说家都是好人,演说家里面也有恶棍,也有流氓,也有刽子手。我们今天在这里演讲,来说语言的力量,就必须得提一个人,那就是人类历史上最臭名昭著的一个,叫流氓演说家,阿道夫·希特勒。

希特勒年轻时想当个画家,但他水平有限,没考上艺术学院,他就当兵去了。不知道在什么时候,他发现自己在演讲方面特别有才能。在慕尼黑的小啤酒馆里进行演讲,让他名声大噪。希特勒的演讲非常有特色,他刚开始的时候一般都抱着膀子,然后轻声细语地慢慢跟你聊,就像邻居家大哥一样,但是很快他的语速就会加快,他的力量就会加强。他的演讲很有一种魔力,可以让人群情激愤,热血沸腾。我不知道希特勒自己信不信他那些种族主义的鬼话。但是在当时的德国真的有数以百万计的人对他信得五体投地的。他们真的相信希特勒才是民族唯一的希望,他们真的相信日耳曼人拥有最高贵的血统,必须去统治世界。他们真的相信当时德国的所有社会问题都是犹太人造成的,必须把犹太人斩尽杀绝,他们伟大的日耳曼民族才能拥有崭新的明天。

希特勒是个演讲的天才,但是他根本不爱他的人民。他说,说什么不重要,重要的是怎么说;他说,人民绝大多数都是愚蠢的,人民、年轻人是用来牺牲的,人民只要不思考,那就是政府最大的幸福。希特勒非常重视语言的力量。他要求德国每一个家庭必须得有一台收音机，他让德国最好的导演给他纳粹拍宣传片。摄像机和无线电广播随时跟在他左右，记录他的言行，你在德国的广场、商店、酒吧任何一个角落，都能听到元首的演讲。德军但凡攻陷一个城市，做的第一件事就是占领当地的广播站。当地的电台的主持人、播音员，你可以继续工作，但是你播音的时候，身后一定站着一个荷枪实弹并且精通当地语言的德国士兵。德国纳粹最猖獗最鼎盛的时期，他们所控制的广播电台能够同时以 27 种不同的语言对外进行广播。而这 27 种语言只传递一种思想，那就是希特勒的思想。希特勒是个演讲的天才，每当他组织大型的那种公众演讲、政治宣传的时候，那魔鬼般的声音，你可以看到，希特勒用语言的力量把人民的思想都掏空了，这些人就像行尸走肉一般追随着他，然后去执行他那些灭绝人性的命令，而且心甘情愿地为他去流干身上的最后一滴血，你听他的演讲感觉是在听魔鬼的声音，然后就是震耳欲聋的山呼万岁声音，然后是如潮水般的纳粹军礼。整个民族都在他的演讲中陷入了癫狂。

但是在地球的另外一边，美国第三届总统杰斐逊先生，也就是美国《独立宣言》的主要起草人，他花了一辈子的时间，终于把言论自由写进了美国宪法第一修正案。其实言论自由这东西吧，本身是有利有弊的，当时对于言论自由也没有一个清晰的法律界定，而且杰斐逊本人，他也被各种报纸各种谩骂各种攻击搞得痛苦不堪，但是即便这样，他还是要去保护新闻自由，他说一定要去保护他们"撒谎"和"造谣"的权利。杰斐逊相信新闻自由是美国民主的根基。他说如果让我来决定，是要一个没有报纸的政府还是要一个没有政府的报纸，我一定会坚决地选择后者。正是在杰斐逊先生的努力之下，我们看到一代又一代的美国新闻人，在美国宪法第一修正案的保护下，用新闻自由捍卫了社会的底线。

当然，美国的那个资本主义制度也存在很多的问题，就像马克思所说的资本从它来到这个世界的那一天起，它的每个毛孔都流着血污。但是，言论自由就是它的净化剂，世界上没有哪种社会制度是完美无瑕的，任何一个国家都必须伴随着对它的批评才能够成长。这个世界上只有言论自由和新闻自由才能保证一个国家不至于沦落到弱肉强食的地步。

我们现在知道了这个世界上有像希特勒这样的暴君，也有像杰斐逊这样的先贤。他们最大的特点就是他们都认识到了语言的力量。语言从来都是一把双刃剑，语言的力量如果掌握在魔鬼手中，就一定会发出邪恶的力量。但是关键的问题，谁是魔鬼谁是天使，谁是好人谁是坏人，善与恶真的就那么容易分辨吗？真的那么清楚吗？魔鬼不是经常给自己穿一身华丽的外衣，然后满嘴的仁义道德吗？怎么样才能让语言发挥出正义的力量呢，就好像说如果权力不经控制，必将走向腐败，同样的道理，语言的力量如果被垄断了，它就一定会走上邪恶。德国哲学家说，书籍被焚毁的地方，人迟早也会被焚毁的。如果有人已经剥夺了你说话的权利，那么接下来他要剥夺你的性命简直易如反掌。

新闻自由和言论自由是保证语言能够发挥正义力量的唯一方法。要想让语言发挥正义的力量，有且唯有一种方法，就是让语言的力量相互制衡。让好人说话，也得让坏人说话，让聪明的人说话，也得让愚蠢的人说话，让高贵的人说话，也得让平庸的人说话。只有这样，才能让真理越辩越明，让谣言不攻自破，只有这样才能防止语言变成独裁者统治人民的工具，变成暴君践踏百姓的枷锁。朋友们，要想让语言发挥它正义的力量，有且只有一种方法，那就是去坚持伏尔泰先生送给我们的那句格言：虽然我不同意你所说的话，但是我誓死捍卫你说话的权利。

学前问题

1. 演讲者应该持以什么样的价值观？
2. 演讲的核心内涵是什么？
3. 我们应该重视演讲的哪些作用？

第一节　演讲的含义和特征

一、演讲的含义

演讲对我们来说真的那么重要吗？也许你会说："我不打算竞选，我才不用站在台上发表演讲呢。"其实无论你是否竞选，演讲早已深入我们生活的方方面面。大学生加入社团时自我介绍是一种演讲，课堂上分享你的观点是一种演讲，毕业时求职应聘需要演讲，工作后介绍产品或新的创意需要演讲，当上领导后主持会议或鼓舞士气都需要演讲……

那么，究竟什么是演讲呢？

演讲是由演讲者和听众共同参与完成的一种重要的人际交往沟通形式，是演讲者在特定时间、特定环境中，面对听众，运用有声语言和态势语言抒发情感、表达观点、阐述事理的语言信息交流活动，是人类口语表达中最具有美学价值的一种方式。

在演讲中，演讲者作为演讲的实施主体，具有核心地位，对演讲的进行具有主导权，对演讲效果的成败负直接责任；听众作为客体，占支配地位，受演讲者影响，对演讲效果有直接评价的权利。

二、演讲的特征

演讲作为一种实用性强的社会交往形式，有鲜明的特征，掌握这些特征有助于我们更准确地理解演讲的实质，促进我们演讲水平的提高。

1. 视觉、听觉的统一

演讲者面对广大听众，通过口头语言将自身对某类问题的理解、意见、看法等，传达给听众，给人以听觉感受。与此同时，演讲者还借助态势语言以及自身形象，将所要阐述的观点、意见形象化，让听众看到演讲者肢体表达的内容。演讲者只有充分融合语言和动作态势，达到二者完美结合，才能真正创造出视觉、听觉统一的高水准演讲盛宴，也才能易于听众理解和接受。

2. 融合现实的社会性

演讲作为人类社会的重要活动形式，它不是单个人的行为，必须由演讲者和听众共同完成。演讲效果的达成，要求内容具有现实针对性，必须符合听众的实际需要，自然具有极强的社会性。如果忽略听众实际情况，只会脱离听众，难以引起听众感触，进而难以产生预期的演讲效果。演讲活动既要建立在演讲者与听众平等参与的基础上，也要充分考虑演讲者所讲述内容是否符合听众需要。充分处理好二者关系，才能真正实现演讲的价值和作用。

3. 艺术化的感染性

演讲是口语表达的高级形式。演讲者在实施演讲时，要使演讲语言易于听众理解，尽可能地将演讲所要表述的观点通俗化；同时，要充分利用姿态和声音，将演讲形式艺术化。这种艺术化的演讲呈现，就是要将声音和姿态魅力升华，给听众以高于日常讲话的感受，进而感染、打动听众。

此外，演讲者还要克服两种不良倾向。一是只"讲"不"演"，只作用于听众的听觉而不作用于听众的视觉，只注重演讲的实用性而忽略了演讲的艺术性，缺少动人的主体形象和表演活动，使演讲干巴枯燥，削弱了演讲的效果。二是过分地"演"，只作用于听众的视觉而不作用于听众的听觉，追求相声、评书一般的艺术表演技巧，冲淡了演讲的现实性、实用性和严肃性，显得滑稽、夹生，也难以起到演讲应有的作用。

4. 有逻辑的综合性

一场完美生动的演讲，必然是演讲内容有逻辑，符合认知规律，以及展现演讲者良好思维状况的。演讲者传达给听众的信息，越是层次结构清晰，越是逻辑性强，越能便于理解和引起听众注意。但逻辑性仅仅只是做好演讲的基础，演讲是一个系统工程，在特定的时间和环境下，演讲者综合逻辑、修辞、音韵、发声、表情、动作、体态等因素上的优势，作用于演讲所要表现出来的信息，则更能够给听众带来的思辨乐趣和艺术感受，促成听众理解甚至是接受演讲传递的信息。

5. 鲜明的时代特性

演讲作为一种社会交流活动，发生在社会交往中，演讲者宣扬自身的观点和看法，往往带有强烈的感情色彩，这种感情色彩同样带着鲜明的时代烙印。拥有不同社会地位和不同社会角色的演讲者，代表着不同的演讲立场。

案例 8-1

> 在这个严峻的时刻，这个有史以来便注定无可避免的时刻，我向每一位民众——不论你是在境内还是在海外——以我最深沉的心情，向你们每一位，传递这样一个消息：
>
> 对我们中的大多数人来说，我们将迎来第二次战争。
>
> 我们曾经无数次寻求以和平的方式来解决与敌国的纠纷和争端。但是这一切都是徒劳。
>
> 我们被迫面对这场纠纷。我们将和友国一起去挑战一个主义。如果这种主义大行其道，这个文明世界将毁于一旦。
>
> 这个主义允许统治者包揽私利，追求权力，忽视和平和庄严的承诺，而去用武力威胁其他国家的独立和自主。
>
> 这种主义，褪去伪装，不过是原始的暴力制裁和对武力的崇尚。如果这个主义得以散布全世界，我们英联邦各个国度的自由也将面临覆灭。
>
> 但远不止于此，世界人民将困在恐惧的束缚之中，所有国度对和平、安全、正义和自由的希望，也将终止于此。
>
> 这将是我们最大的问题。为了我们珍视的一切，为了这个世界的秩序与和平。我们必须面对这场挑战。
>
> 为了这个崇高的目标，我请求我的国度和海外的人民，将这个信念谨记。
>
> 在时间的审判前，我请求我的人民保持镇定和团结。
>
> 这是一场艰难的任务。我们将面临黑暗的岁月，战争将不再拘泥于烽烟战场。我们将虔诚地向上帝承诺，为了自己的信念和正义而奋斗。只要我们信仰坚定，做好准备为了未来而牺牲，在上帝的保佑下，我们终将胜利。

以上是电影《国王的演讲》中英国国王乔治六世的演讲词。乔治六世从小害羞、口吃，加之他的哥哥爱德华王储非常优秀，在很多人看来，他并没有继承王位的可能。乔治六世和他的妻子伊丽莎白、两个女儿在远离公众视野的平静生活中逍遥度日。但随着老国王身体衰弱，哥哥爱德华王储主动下台，乔治六世不得不临危受命。要想挽救国家于危难，他必须担起责任，发表演说号召全英人民反抗法西斯。因此，乔治六世想方设法克服口吃,终于在"民间医生"莱纳尔·罗格的帮助下,通过广播发表了一篇鼓舞人心的圣诞节演讲,大大激励了英国人民的斗志。

第二节 演讲的作用

演讲作为人类语言和姿态的艺术表现,有着强烈而广泛的社会作用,也有着不可估量的社会价值和极其深远的历史意义。正是这种对人类社会发展的持续性影响,使演讲这门语言艺术长久不衰。简单来看,对演讲作用的认识,应从演讲者和听众两个角度来理解。

1. 演讲者角度

(1)有助于演讲者艺术水平的提升

"宝剑锋从磨砺出,梅花香自苦寒来。"演说家高超的演讲技术,不是天生的,也不是一朝一夕形成的。俗话说,"台上一分钟,台下十年功",演讲也是如此。演讲者通过不断反复练习实践,形成自身独特的演讲风格,从而创造出历久弥新、影响深远的演讲。在这种反复练习的过程中,演讲者不断总结自身的经验,从而为最终成就打下良好基础,实现自我成长。

(2)有助于扩大演讲者的影响力

随着互联网信息技术日益成熟,人们生产生活交往愈发紧密,人与人之间的信息交流传播愈发迅速,演讲自然也迎来了互联网时代的机遇。如今,悬河之口、举止优雅的演讲者,只要获得听众认可,其演讲的视频很有可能被迅速地传播到网络上,扩大影响范围。这时,演讲者良好的言行举止将受到人们的广泛关注,甚至成为人们效仿的表率,自然也为其本人赢得更多的发展空间和合作机会。

(3)有助于演讲者自我完善

拥有良好的口才,善于、乐于言谈,尤其是能够从容不迫地在公众场合发表演讲,是表现自身才智的重要途径。演讲作为人类口语表达形式中最高级、最完善、最具有美学价值的,集中展示了演讲者哲学、美学、逻辑学、心理学、教育学、语言学和写作学等方面的基本理论和知识。学习、了解、掌握上述学科中与演讲艺术紧密相关的技巧并付诸实践,能使我们增长才干,开阔眼界,陶冶情操,培养气质,展示形象,扩大知名度,提高事业的成功率。在学习和实践中,我们的口语表达能力、观察能力、分析能力、思维能力、判断能力、应变能力和记忆能力都将得到了极大锻炼——演讲本身就是演讲者不断自我完善的过程。

2. 听众角度

(1)真理启迪

演讲者通过演讲阐述观点,往往带有理性、教育性,旨在向听众说明事理,阐明真理,启发听众对社会和人生的正确认识。正如马克思哲学讲的,人类社会是在曲折中向前发展的。这种曲折无时无刻不伴随着真、善、美与假、恶、丑的对抗。在这个对抗过程中,演讲作为一种工具,宣扬真理,向恶势力"开炮",让听众明白正义,树立正确的价值观。

(2)接收信息

演讲者通过有声语言、无声语言以及实物展示等演讲手段,在具体的语境中向听众传播知识和信息。在这个过程中听众了解了新的信息,开阔了眼界,学习到新的知识技能,也促进了自身的成长。

案例 8-2

人要像树一样活着

俞敏洪

人的生活方式有两种,第一种方式是像草一样活着。你尽管活着,每年还在成长,但是你毕竟是一棵草,你吸收雨露阳光,但是长不大。人们可以踩过你,但是人们不会因为你的痛苦而产生痛苦;人们不会因为你被踩了,而来怜悯你,因为人们本身就没有看到你。

所以我们每一个人,都应该像树一样的成长,即使我们现在什么都不是,但是只要你有树的种子,即使你被踩到泥土中间,你依然能够吸收泥土的养分,自己成长起来。当你长成参天大树以后,遥远的地方,人们就能看到你;走近你,你能给人一片绿色。活着是美丽的风景,死了依然是栋梁之才,活着死了都有用。

这就是我们每一个同学做人的标准和成长的标准。

每条河流,都有自己不同的生命曲线,但是每条河流都有共同的梦想,那就是奔向大海。我们的生命,有的时候会是泥沙,你可能慢慢地就会沉淀下去了,一旦你沉淀下去了,也许你就不用再为了前进而努力了,但是你却永远见不到阳光了。所以我建议大家,不管你现在的生命是怎样的,一定要有水的精神,像水一样不断地积蓄自己的力量,不断地冲破障碍。当你发现时机不到的时候,把自己的厚度给积累起来,当有一天时机来临的时候,你就能够奔腾入海,成就自己的生命!

拓展阅读

白鹿原上奏响一支老腔

陈忠实

我第一次看老腔演出,不过是在此前两三年的事。2004年春节的气氛尚未散尽,一位在省政府做经济工作又酷爱文化的官员朋友告知我,春节放假期间,由他联络并组织了一台陕西民间多剧种的演出,当晚开幕,不属商业性质的演出,只供喜欢本土文化的各界人士闭门欣赏。他随口列举出诸如眉户戏、线腔、碗碗腔、阿宫腔、关中道情、同州梆子、老腔等多种关中地区的戏曲剧种(秦腔属于大剧种,反倒不在其列)。这些地方小戏我大都看过演出,也不甚新鲜,只有他最后说到的老腔,在我听来完全陌生。尽管他着重说老腔如何如何,我却很难产生惊诧之类的反应,这是基于一种庸常的判断:我在关中地区生活了几十年,从来没听说过老腔这个剧种,可见其影响的宽窄了。尽管如此,我还是满有兴趣地观看了这台由他热心促成的关中民间小剧种的演出。往日里看过这种小戏或那种小戏,却很难有机缘看到近十种关中小戏同台亮相,真可谓百花齐放,各呈其姿。

开幕演出前的等待中,赵季平也来了,打过招呼握过手,他在我旁边落座。屁股刚挨着椅子,他忽然站起,匆匆离席赶到舞台左侧的台下,和蹲在那儿的一位白头发白眉毛的老汉握手拍肩,异常热乎,又与白发白眉老汉周围的一群人逐个握手问好,想必是打过交道的熟人了。我在入座时也看见了白发白眉老汉和他跟前的十多个人,一眼就能看出他们都是地道的关中乡村人,也就能想到他们是某个剧种的民间演出班社,也未太注意。赵季平重新归位坐定,便很郑重地对我介绍说，这是华阴县的老腔演出班社，老腔是很了不得的一种唱法，曾经在张艺谋的某一部电影中出现过，尤其是那个白毛老汉……我自然能想到，老腔能进入大导演张艺谋的电影，必是得到担任电影作曲的赵季平的赏识，我对老腔便刮目相看了。再看白发白眉老汉，安静地在台角下坐着，我突然生出神秘感来。

这台集中展现关中地区小剧种的"十样锦"式的演出开幕了，参演的演员全部是来自乡村的演出小团队或班社，是他们的衣着装束和眉眼间的气色让我认定的；无论登台演唱的是哪一种"腔"，都唱出一种有别于专业演员太过圆润的另一番韵味儿，我当即联想到曾经在山坡上河滩里乃至马车过后的村路上听过的这种腔那种腔的余韵。

轮到老腔登台了。大约八九个演员刚一从舞台左边走出来，台下观众便响起一阵哄笑声。我也忍不住笑了。笑声是由他们上台的举动引发的。他们一只手抱着各自的乐器，另一只手提着一只小木凳，木凳有方形有条形的，还有一位肩头架着一条可以坐两三个人的长条板凳。这些家什在关中乡村每一家农户的院子里、锅灶间都是常见的必备之物，却被他们提着扛着登上了西安的大戏台。他们没有任何舞台动作，用如同在村巷或自家院子里随意走动的脚步，走到戏台中心，各自选一个位置，放下条凳或方凳坐下来，开始调试各自的琴弦，其中的板胡、二胡、喇叭、勾锣、大鼓、铙钹和马锣这些乐器我都见过，秦腔剧也都要用到的，只有坐在前排的白毛老汉和另一位中年演员怀中所抱的乐器我叫不出名称，却很眼熟，大约是一种少数民族的乐器。好在作曲家赵季平坐我身边，肯定知道我不识此器，当即告诉我，白毛老汉抱的是月琴，老腔的主要乐器。

锣鼓敲响，间以两声喇叭嘶鸣，板胡、二胡和月琴便合奏起来，似无太多特点。而当另一位抱着月琴的中年汉子开口刚唱了两句，台下观众便爆出掌声；白毛老汉也是刚刚接唱了两声，那掌声又骤然爆响，有人接连用关中土语高声喝彩，"美得很！""太攒劲了！"我也是这种感受，也拍着手，只是没喊出来。他们遵照事先的演出安排，唱了两段折子戏，几乎掌声连着掌声，喝彩连着喝彩，无疑成为演出的一个高潮。然而，令人惊讶的一幕出现了，站在最后的一位穿着粗布对门襟的半大老汉扛着长条板凳走到台前，左手拎起长凳一头，另一头支在舞台上，用右手握着的一块木砖，随着乐器的节奏和演员的合唱连续敲击长条板凳。任谁也意料不及的这种举动，竟然把台下的掌声和叫好声震哑了，出现了鸦雀无声的静场。短暂的静默之后，掌声和欢呼声骤然爆响，经久不息，直到把已走进后台的演出班社再唤回来，又加演了一折唱段……

我在这腔调里沉迷且陷入遐想，这是发自雄浑的关中大地深处的声响，抑或是渭水波浪的涛声，也像是骤雨拍击无边秋禾的啸响，亦不无知时节的好雨润泽秦川初春返青麦苗的细近于无的柔声，甚至让我想到柴烟弥漫的村巷里牛哞马叫的声音……

气势磅礴，粗犷豪放，慷慨激昂，雄浑奔放，苍茫苍凉，悲壮的气韵里却也不无婉约的余韵，我能想到的这些词汇，似乎还是难以表述老腔撼人胸腑的神韵；听来酣畅淋漓，久久难以平复，我却生出相见恨晚的不无懊丧自责的心绪。这样富于艺术魅力的老腔，此前却从未听说过，也就缺失了老腔旋律的熏陶，设想心底如若有老腔的旋律不时响动，肯定会影响到我对关中乡村生活的感受和体味，也会影响到笔下文字的色调和质地。后来，有作家朋友看过老腔的演出，不无遗憾地对我说过这样的话，小说《白鹿原》里要是有一笔老腔的画面就好了。我却想到，不单是一笔或几笔画面，而是整个叙述文字里如果有老腔的气韵弥漫……

后来还想再听老腔，却难得如愿。听说这个演出班社完全是业余的松散组合，仅在华山脚下的华阴县活动，多是为这个村那个村的乡民家庭的红事和白事演出，也应约到一些庙会祭日赶场子，毕竟是少有出场，平时就在自家的责任田里劳作。这样，我就很难再次享受到那种撞击胸腑的腔儿。直到两年之后，正在筹备话剧《白鹿原》的北京人民艺术剧院导演林兆华电告，让我挑选并联系几位秦腔演员，在《白鹿原》话剧的情节中插唱几段。他特别强调，不要剧团的专业演员，就要那些纯粹的乡村里喜欢唱秦腔的演员。我当即满口应承，这事不难，关中乡村唱得一嗓子好戏的人太多了。后来的通话中，我告诉他还约了几位老腔演员试唱，供他根据剧情的构想进行选择。他表示乐于"看看"，却不甚迫切，尽管我作了坦诚的介绍，他仍是不太热烈地作"看看再说"的回应。待我在灞桥区文化局工作的朋友帮忙物色到十余位乡村秦腔唱家，我也联系约定好了华阴老腔演出班社，林兆华专程到西安来验收了。且不赘述他对秦腔演员的选择，到他看老腔班社演出的时候，我却独生一分担心：老腔的腔调不知能否切合他构想中的剧情需要。白毛老汉来了，另一位弹月琴唱主角的张喜民自然不可或缺，还有那位用木砖砸长条板凳的张四季等十余位演员都来了。在一个小会议室里，他们仍然依着习惯蹲在地板上，或是坐在作为演员道具的小凳上。他们开唱伊始，我已不能专注于欣赏，而是观察林兆华导演的反应。一折戏尚未唱完，我发现林兆华老兄的两只锐利的眼睛发直了。这是我当时的第一反应，用关中俗话说，那种眼神的确叫发直。我至今依旧记着那种发直的眼神。我在发现那种眼神的一瞬，竟有一种得意的释然，林兄不仅相中了，而且被震住了。果然，老腔班社刚演唱完两个小折子戏，正准备再演唱第三折，不料林兆华导演离席，三五步走到老腔演员跟前，一把攥住白毛老汉的手说，这就定啦！随之和在他身边的张喜民等握手又拍肩。最后才转过身对我说，真棒！那眼神已经活跃起来，而且溢出颇为少见的光亮……这样，老腔便登上了北京人民艺术剧院的舞台。

课后练习

1. 说话与演讲有何区别？
2. 演讲的本质是什么？
3. 如何理解演讲的作用？演讲对当代大学生有何现实意义？

第九章　设计演讲内容

今日青年之弱点

章太炎

现在青年第一弱点，就是把事情太看容易，其结果不是侥幸，便是退却。因为大凡做一件事情，在起初的时候，很不容易区别谁为杰出之士，必须历练许多困难，经过相当时间，然后才显得出谁为人才，其所造就方才可靠。近来一般人士皆把事情看得容易，亦有时凑巧居然侥幸成功。他们成功既是侥幸得来，因之他们凡事皆想侥幸成功。但是天下事哪有许多侥幸呢？于是乎一遇困难，即刻退却。所以近来人物一时侥幸成功，则誉满天下；一时遇着困难废然而返，则毁谤丛集。譬如辛亥革命侥幸成功，为时太速，所以当时革命诸人多半未经历练，真才不易显出。诸君须知凡侥幸成功之事，便显不出谁是勇敢，谁是退却，因之杂乱无章，遂无首领之可言。假使当时革命能延长时间三年，清廷奋力抵抗，革命诸人由那艰难困苦中历练出来，既无昔日之侥幸成功，何至于有今日之纷纷退却。又如孙中山之为人，私德尚好，就是把事情看得太容易，实是他的最大弱点。现在青年只有将这个弱点痛改，遇事宜慎重，决机宜敏速，抱志既极坚确，观察又极明了，则无所谓侥幸退却，只有百折千回以达吾人最终之目的而已。

现在青年第二个弱点，就是妄想凭藉已成势力。本来自己是有才能的，因为要想凭藉已成势力。就将自己原有之才能皆一并牺牲，不能发展。譬如辛亥革命，大家皆利用袁世凯推翻清廷，后来大家都上了袁世凯的当。历次革命之利用陆荣廷岑春暄，皆未得良好结果。若使革命诸人听由自己的力量，一步一步的做去，旗帜鲜明，宗旨确定，未有不成功的。你们的少年中国学会，主张不利用已成势力我是很赞成的。不过已成势力，无论大小，皆不宜利用。宗旨确定，向前做去，自然志同道合的青年一天多似一天，那力量就不小了。惟最要紧的须要耐得过这寂寞的日子，不要动那凭藉势力的念头。

现在青年的第三个弱点，就是虚慕文明。虚慕那物质上的文明，其弊是显而易见的。就是虚慕那人道主义，也是有害的。原来人类性质，凡是能坚忍的人，都是含有几分残忍性，不过他时常勉强抑制，不易显露出来。有时抑制不住，那残忍性质便和盘托出。譬如曾文正破九江的时候，杀了许多人，所杀者未必皆是洪杨党人，那就是他的残忍性抑制不住的表示，也就是他除恶务尽的办法。这次欧洲大战，死了多少人，用了若干钱，直到德奥屈服，然后停战。我们试想欧战四年中，死亡非不多，损失非不大，协约各国为什么不讲和呢？这就是欧美人做事彻底的表现，也就是除恶务尽的办法。现在中国是煦煦为仁的时代，既无所谓坚忍，亦无所谓残忍，当道者对于凶横蛮悍之督军，卖国殃民之官吏，无不包容之奖励之，决不妄杀一个，是即所谓人道主义。今后之青年做事皆宜彻底，不要虚慕那人道主义。

现在青年第四个弱点，就是好高骛远。在求学时代，都以将来之大政治家自命，并不踏踏实实去求学问。在少年时代，偶然说几句大话，将来偶然成功，那些执笔先生就称他为少年大志。譬如郑成功做了一篇小子当洒扫应对进退的八股，中有汤武证诛，亦洒扫也；尧舜揖让，亦进退也；小子当之，有何不可数语。不过偶然说几句话而已，后人遂称他为少年有大志。故现在青年之好高骛远，在青年自身当然亟应痛改。即前辈中之好以（少年有大志）奖励青年者，亦当负咎。我想欧美各国青年在求学时代，必不如中国青年之好高骛远。大家如能踏踏实实去求学问，始足与各国青年相竞争于二十世纪时代也。

学前问题

1. 请分析上述演讲稿的行文结构和特色。
2. 你认为撰写演讲稿最重要的是什么？

第一节 演讲稿的立意

进行激情四射、魅力十足的演讲之前,我们需要设计演讲的内容,也就是撰写演讲稿。这一步走得好与坏,直接决定了演讲的质量是出众还是平庸。

演讲稿,就是我们通常所说的演讲词,它是在正式场合或特定环境中使用的一种常见文体,是演讲的基础和依据,也是演讲前的情感主张或某些方面经验的书面表达,具有较强的真理启发、宣传教育和艺术欣赏价值。

演讲稿的优劣,取决于演讲稿的立意是否积极、新颖、明确、深刻。它的方向和中心意思表达,对演讲主题的确定,起着至关重要的作用。我们应在撰写演讲稿时,对如何立好意予以足够重视。

一、演讲稿要中心明确

不论稿件长短,佐证材料多寡,每篇演讲稿都应只有一个中心,一个主题,一个核心观点,所有的阐述文字都围绕这个中心展开,所有的佐证材料都指向这个主题,所有的分论点都在论证核心观点。这样,听众才能跟随演讲的节奏,清晰地理解演讲的内容和意图。

二、演讲稿要立意新颖

富有新意的演讲,往往与时代紧密联系,针对听众关心和需要的前沿热点问题。同时,在这些对热点问题的认识中,演讲者有自身独具一格的见解,正所谓"言前人所未言,发古人所未发"。被称为"教授中的教授"的国学大师陈寅恪先生,上课时有"三不讲":书本上有的不讲,前人讲过的不讲,自己讲过的不讲。这一点对于我们学习演讲,写好演讲稿也具有非常好的借鉴意义。要做到演讲富有新意,立意新颖,无外乎要重视选用新颖的讲话角度、新颖的佐证材料。"巧妇难为无米之炊",要想演讲角度和材料新颖,必须要勤思考,多积累,多学习,多读书。从其他优秀文章中汲取精华,并结合自身和听众的需求,才能创造出符合时代特征和社会需要的演讲内容。

三、演讲稿要见解独到

生产生活中,人们或多或少对社会和周遭环境有感受和体会,只不过不同的人感受不同罢了。作为演讲者,所讲内容应该来源于生活,应该是在正确世界观、价值观、人生观指导下对社会的深刻感知认识,这样才能更好地感染听众。同时,演讲稿要立论正确,论据充分可靠,但又不能面面俱到,全面铺开,要选取合适的角度,深入阐述,让见解独具一格。

四、演讲稿要立意积极

演讲要抒发正义情感,传递正能量,给人鼓舞,发人深省,激发人们的上进心,这就需要演讲稿立意充满积极因素。一方面,我们在选取佐证材料时,要选有深刻内涵、饱含正义和积极能量的内容;另一方面,演讲稿的中心思想和各分论点,都应该围绕传递正能量的积极导向进行提炼。

案例 9-1

"大英帝国和法兰西共和国在他们的事业和需要上联系在一起,将保卫他们的土地,相互帮助战友,竭尽全力。尽管大片的欧洲和许多古老的著名国家已经落入或可能落入盖世太保和所有纳粹统治的可恶机构之中,但我们不会有失败的迹象。我们将继续前进,我们将在法国作战,我们将在各片海洋上作战,我们将以越来越大的信心和越来越大的力量在空中作战,我们将保护我们的岛屿,不惜代价。我们将在海滩上作战,我们要在登陆场上作战,我们要在田野里和街上作战,我们要在山上作战。我们决不会投降,我更不相信英伦三岛或其中很大一部分已被征服或正在挨饿。那时,我们在帝国的海上,由英国舰队武装和守卫,将继续斗争,直到世界繁荣。我们将竭尽全力,拯救和解放旧世界,走向新世界。"

温斯顿·丘吉尔在 1940 年 6 月 4 日发表的《我们将战斗到底》的演说,全文始终围绕坚持战斗的核心,义正词严地表达了在反抗法西斯战争中坚持到底的决心,给了人民极大的鼓舞,也极大地唤起了前线士兵的战斗意志。

第二节　演讲稿的结构安排

演讲稿是演讲的基石,学习演讲稿的撰写规律,对我们提高演讲实效有着不可忽视的价值。元代文人乔梦符谈到写词的章法时以"凤头""猪肚""豹尾"为喻,这也道出了天下文章写作的真谛。演讲稿作为一种应用文,也需要开头像凤头那样精彩,正文像猪肚那样充实,结尾像豹尾一样有力。

一、凤头：语出惊人，吸引听众注意

演讲稿的开头,也称演讲开场白,在演讲稿结构中处于首要地位。演讲稿出彩的开头,能够立即抓住听众的注意力,让听众一开始就关注演讲,能把握住演讲者所要表达的中心意思,并引起思考。有了听众的关注,演讲才能持续地进行下去。

演讲开场白方式多种多样,不同的人会根据自身特点选择不同的开场方式。通常而言,较为实用的开场白方式有如下几种:

1.直入式：开门见山，拔刀亮剑

演讲一开始,演讲者就直入主题,不绕弯子,不设任何悬念,直截了当地向听众亮明自己的立场和观点。

案例 9-2

做最好的自己

杨澜

今天非常高兴,也非常荣幸能够受邀前来与诸位太平人寿的精英们共度这个下午,我想用一个小时左右时间跟大家分享我的一些感受和职业生涯,然后用另外一个小时时间来回答大家的问题。我演讲的题目是"做最好的自己"。

要做最好的自己,我觉得就是要承认每一个个体的差异。在这个世界上成功没有绝对的标准,而是有很多相对的标准,古人说"天生我材必有用",所以在这个世界上我们做到的最重要的事情,不仅仅是要

赢得别人，更是要赢得自己。做最好的自己，阐述了一种可能性：我们每个人要对自己的命运负责，同时我们又能够有机会超越自身和环境的局限，做到生命价值的最大化。

我在读大学的时候非常喜欢看一些哲学方面的书，最沮丧的就是看到叔本华的书了，因为他说："人生本来没有意义，在这个世界上我们觉得产生意义的那些事情，最终对于这宇宙的变化是微不足道的。"当时觉得特别的沮丧，但是叔本华又说了，他说："这个人生并没有意义，但是为没有意义的人生创造出价值，却是人的一种特性，是我们与其他动物不同的地方，也可能是我们称之为灵魂所在吧。"所以我就在想，怎么样能够在这样一个短暂的生命以及更加短暂的职业生涯中，创造出一些真正的价值，这也是我在过去20年的职业生涯中，一直在探索的一个问题。

我看到古希腊先哲亚里士多德曾经说过这样一句话，很受启发，他说："每个人都在追求快乐，到底什么是快乐？怎么样获得快乐？我发现获得快乐的途径只有一条，就是让你周边的人也快乐。"这可能对我们人生的价值会带来很大启发。怎么样才能做最好的自己？什么是最好的自己？我想分成两个层面来谈一谈自己的感受，同时也想结合我职业生涯当中，接触到的很多世界各地的，还有各个行业的，所谓成功人士和领袖人物的经历来谈一谈，对于什么是"最好的自己"的理解。

杨澜所做的演讲直入主题，开门见山，干脆利落，给人以简洁明快的感受，使听众迅速了解演讲的主要内容及时间安排。

2. 陈述式：背景事实，娓娓道来

这种开头方式，选取新近发生的国际国内要闻热点，调动听众猎奇的心理，引起听众对演讲的关注。但对要闻热点的选取必须紧扣主题，围绕主题分析解说；否则会让听众抓不住重点，不知所云。

案例 9-3

2016年5月30日，全国科技创新大会在人民大会堂召开，任正非代表华为在会上进行了汇报发言。演讲的开头他不打官腔，不夸成绩，直面时代困境，直指文章主题。他说道："从科技的角度来看，未来二三十年人类社会将演变成一个智能社会，其深度和广度我们还想象不到。越是前途不

确定,越需要创造,这也给千百万家企业公司提供了千载难逢的机会。我们公司如何去努力前进?面对困难重重,机会、危险也重重,不进则退。如果不能扛起重大的社会责任,坚持创新,迟早会被颠覆。"

3. 发问式:问题引导,引人入胜

演讲稿开头,通过提出问题,直指演讲中心思想,引导听众对演讲问题的思考,进而引起听众继续往下听的欲望。随着演讲的持续进行,演讲的主题也随之展露并获得听众共鸣。

案例9-4

对自己狠一点

董明珠

大家好,我很高兴站在这里和大家来分享。可以这样说,也可以骄傲地说,格力电器是一个专业化的企业,是一个只做空调的企业。能够从20年的时间,从2 000万做到1 000亿,从20 000台做到4 000万台,这样的成绩到底是来自哪里?不是我一个人,是我们所有的员工,大家都有一个对自己的"狠",你才能不断地把自己产品做得越来越好。

我记得当时我应聘到格力电器的时候,我是应聘去当个业务人员,我说实在话,那时空调是什么东西我也不懂。但是我去的时候,我遇到一个最大的问题,就是我们上一任一个业务人员,留下了一笔债务40多万。很多人也说董明珠你别去追了,这跟你没有关系。那我后来讲我是一个格力的员工,我今天接替了他的这个位子,我就要对企业负责任。这一笔债40多万我追了40多天……

董明珠在演讲开头用数据指出格力取得的成就,然后用一个问题得出成就来自所有格力员工"对自己狠一点"的答案。一问一答,紧扣主题,吸引兴趣。

4. 引用式:名言警句,发人深省

以耐人寻味的名人名言或者古诗词在开头点题,引出下文,引发听众兴趣和思考。

案例9-5

在一篇《给灵魂一个支点》的演讲稿中,开头就很精彩:"阿基米德说:

'给我一个支点,我能把地球撬起来!'我说:'给我一个支点,我能把灵魂支撑起来!'"这种引用名言的开头方式,很好地阐明了演讲者的中心思想。

5. 即兴式：临场应变，机智感人

依据演讲现场环境和景物,阐述观点和道理。同时,在特殊情况下,处理突发情况,随机应变,即兴开头,避免尴尬,增进与听众的心灵交流,缩短与听众间的距离,增强演讲的临场现实感。

案例 9-6

有一女演讲员在观众的掌声中楚楚动人地走上讲台,不小心在台边摔倒,观众大惊。女演讲员站起后,不慌不忙走到话筒前,开口说的第一句是:"谢谢大家,我刚才是被大家的掌声所'倾倒'了。"语音未落,台下响起热烈掌声。

6. 忠告式：讲明利害，引起警觉

这种开头方式,常见于极严肃问题的演讲中。演讲者依据现实情况,以忠告的姿态,讲明某些利害关系,从而引起大家的警觉,让听众产生一种迫切感,甚至是危机感。

案例 9-7

全中国的同胞们,平津危急!华北危急!中华民族危急!只有全民族实行抗战,才是我们的出路!我们要求立刻给进攻的日军以坚决的反攻,并立刻准备应对新的大事变。全国上下应该立刻放弃任何与日寇和平苟安的希望与估计。

——1937 年 7 月 8 日,中国共产党为日寇进攻卢沟桥时发出通电

7. 悬念式

以铺设悬念的方式为演讲稿开头,往往采用经典、精彩的故事作为引子,由于故事情节扣人心弦,故通常能够营造悬念重重的情景和氛围,让听众对即将发生的演讲充满期待。

案例 9-8

这是一个真实的故事。2006 年 11 月的一个拂晓,市郊发生了一起特大交通事故,一辆客车从数十米高的悬崖上跌下。初步勘验,全车 20 余人无一幸免。突然,从尸体堆里传出孱弱的哭声。扒开一看,原来是一个婴儿正伏在一位已经死去的年轻妇女怀里啼哭。这位妇女后被证实是婴儿的母亲,她的双臂紧紧将婴儿护在怀里。为抱出孩子,民警和医护人员费了好大的劲才将她已经僵硬的手臂掰开。车祸发生时,绝大多数人都在沉

睡。也许是谁的呼号惊醒了这位年轻的母亲,在客车下坠的瞬间,母亲的本能使她改变了自己的求生本能,她没有双手抱头,而是用两条柔弱的胳膊和温厚的胸脯为婴儿构筑了一个安全的"生命巢"……

在"母爱,世间至纯无私的爱"主题演讲中,一位选手这样开头。这个故事惨烈惊险,扣人心弦,与主题紧密相连,很快吊起了听众的胃口,使听众产生了急于听下去的强烈欲望。故事中的年轻母亲在灾难降临时舍生救子的壮举震撼着每一位听众的心,牢牢地吸引了在场听众的注意力,为展开阐述母爱的无私、伟大的演讲主题作了良好的铺垫。

8. 换位式:立足听众,直面问题

换位思考,以听众的角度撰写演讲稿的开头。这要求对听众有直接、深刻的认识,对听众的心理特征要把握准确,才能起到良好效果。

案例 9-9

"同学们,大家渴望爱情吗? 在座的各位都有女朋友,都有男朋友了吗? 大家想过没有,你心中能够与你执手偕老的另一半是什么样子吗? 我相信,大家都有一个理想中的他或她,正所谓'哪个少女不怀春? 哪个俊男不钟情?'下面,就请各位同学上台来说说理想的另一半吧。"

这番话,看似平淡无奇,事实上却饱含对作为听众的学生的理解和关心,而且展现出对学生有深刻的了解,对他们的兴趣爱好比较熟悉。这样来说这番话,自然而然就能够引起共鸣。

二、猪肚:有条不紊,注重层次分明

演讲稿的正文,是整个演讲文本的主体,内容要充实饱满,能够承担起演讲核心观点的论证和阐释作用。同常见文体一样,正文应该有重点层次和段落中心语句,结构上至少应该有总分的架构。为了便于演讲的具体实施和听众理解,演讲稿的正文可以按照时间顺序、空间顺序排列组织各段中心句和论据。同时,演讲中的论据材料,要尽可能口语化,并做好段落之间的衔接,做到上下连贯,前后呼应,有条不紊,杂而不乱。总体上来讲,对于演讲稿正文的撰写要注意以下几个方面:

1. 层次分明,易于辨识

听众从演讲者的口头语言和态势语言中获取信息,信息如果前后不一致,杂乱无章,必定会让听众云里雾里,难以抓住演讲者的观点。为了有效避免这种情况的发生,演讲者事前一定要在演讲稿中对中心论点和分论点

进行清楚明了的标记,比如用"首先""其次""最后",或者"第一""第二""第三"等词语进行过渡,这既能够增强演讲者的思路连接,又能有效地引导听众理解演讲的中心观点。

2. 张弛有度,把握节奏

演讲内容既然要以演讲者的语言和态势融合呈现出来,那么就必然要考虑演讲的节奏。演讲节奏既不能"穷追猛打",也不能漫不经心。演讲应跌宕起伏,即要适当埋好"包袱",设计好兴趣爆炸点,比如插入幽默语句、经典诗文或奇闻逸事,让演讲脱离理论说教的平淡乏味,让听众感受到演讲正文的饱满和张弛有度。

3. 过渡变换,巧妙自然

小说的最大艺术魅力是"无巧不成书",我们在阅读小说时,往往能够深刻感受到事情发展的巧妙耦合性。演讲稿正文部分,某种程度也可以尝试阐述事理的巧妙耦合性。从结构上看,正文部分涵盖了大量的演讲信息,段落多,材料杂。这就需要我们注意各段落之间的紧密联系,要自然过渡,合理地切换各分论点,从整体上把握演讲稿。这样就可以自然而然地将演讲的中心思想传递给听众。

三、豹尾:铿锵有力,给人留下余味

演讲稿的结尾,可长可短,可繁可简,可以不拘一格。但一定要力求铿锵有力,能够给人留下深思后的回味。有时我们也能看到,演讲者巧妙地让整个演讲戛然而止,让还沉醉在演讲中的听众,突然收回,思索。这种戛然而止的方式,往往使用名言警句或者反问,以一句话的形式结尾。这种结尾方式铿锵有力,让人回味无穷,给人留下深刻印象。

案例 9-10

"我要说的是,不管有再大的牺牲,这都是我们必须要承受的代价,因为我们是军人,我们肩负着守土抗敌的使命和责任!我们不牺牲,难道,还要牺牲我们的父老乡亲吗!同志们!尽管敌众我寡,实力悬殊,但是我们敢于与敌人以命相搏,杀出一条血路!狭路相逢勇者胜,我们要杀出独立团的威风!"

电视剧《亮剑》中,赵刚在做战前动员演讲时以这种铿锵有力的坚定表述结尾,起到了激发战士斗志的良好作用。

失败在大学生活中的三种功能
——清华大学开学演讲

梅赐琪

首先请允许我代表我的同事们向今天（9 月 2 日）入学的 2021 级同学们表示最热烈的祝贺！每一届的清华人都是特殊的，但是你们还是要更特殊一些。在人类和七种冠状病毒的遭遇之中，你们中的绝大多数见证了其中最危险的两次，一次懵懵懂懂的，还在父母的襁褓中，一次脱颖而出来到了清华的怀抱。对这两次疫情的联想，相信已经在这个夏天被你们的家人和朋友们反复提起，并且为你们的成长经历更添了一抹传奇色彩。

我能够作为教师代表来跟大家讲几句话，也是一个特别特殊的经历。上个星期收到通知以后，我就一直在回忆自己 1995 年考入这所学校以后的全部人生。我的思虑如此过度，以至于有几个晚上我都梦见，学校在查看了我的大学成绩单以后决定取消我这次发言的资格，非常的失败和沮丧。相信我，这样的梦你们在大一的时候也常常会做。毕竟，对过于美好的事物突然降临到自己头上表示怀疑，是一种正常的应激反应。

但是，这几个夜晚吓醒的经历，让我找到了今天跟各位分享的关键词。因为我发现，真正伴随着我们成长的，一直都是对于失败的恐惧或者失败本身。所以，作为老师，我特别想跟各位同学分享的是失败在大学生活中可能发挥的几个功能，供各位缺乏失败经验的同学们参考。

首先，失败会让你看见自己能力的边界。对你们很多人来说，之所以考不到更高的分数，完全是因为有总分的限制。所以，你们应该会愿意，在更广阔的知识空间里和更充裕的自主时间里，试探一下失败何时到来。因为正如跳高比赛一样，你跳不过去的时刻才能看见自己最大的标高。大家放心，这场跳高，我和我的同事们已经安排上了。

我打一个小广告。在清华传统的各种大一硬菜之外,学校从 2018 年起还开设了一门必修的"写作与沟通"课。你们的学长说这是"一门至少和微积分一样硬的课程",我们写作中心将在这门硬课当中等着你们发现自己的边界。

当然,认识自己的边界并不总是那么愉快的经历。"跳出舒适区"的另一面就是"跳进不适区"。除了建议大家在碰到失败的时候勇于寻求学校提供的各种专业帮助之外,我也建议大家常常想起考入清华的初心。荣耀不是你来这里的目的。通过自己的努力,在一个跳一跳才够得着的平台上打开自己新的可能才是。所以,面对未来的失败,你要学会忍耐。

第二,失败会让你看到输赢之外的风景。我们过去的成功通常都与输赢相关。一分之差,天上地下。然而,宏观经济学家早已指出,任何抽象的指标一旦用于评价,就一定会失去它的测量价值。你们来到清华之前,可能也已经厌倦了单向度的输赢体系,然而,只是碍于赢家的身份,不愿背上"凡尔赛"的骂名。所以各位,是时候放下你们的偶像包袱了!与其把所有的精力放在如何"科学"地提高 0.1 个绩点上,不如承受这一点小小的失败,在打好基础的前提之下,尽快地把更多的精力投入到更有意义的知识探索和创造实践中去。"立大志、明大德、成大才、担大任"是习近平总书记 4 月 19 日考察清华大学时对广大青年学生提出的殷切要求。各位,要做心怀国之大者,就要多看前路风景,少谈一时输赢。我期待在你们的未来数年里会有忘了时间的阅读、不取悦老师的写作、想解决问题的实验、把一件事情做到底的社工,并从这里开始,走向不再被输赢羁绊的人生!

第三,失败很有可能让你看到个人以外的世界。卢梭说,"当人们从事一个人能单独操作的工作和不需要许多人协助的手艺的时候,人的生活是自由、健康、善良而幸福的,并且在交往中无拘无束"。然而,这种"自由和无拘束"很可能只是哲学家的想象。来到清华以后,你们很快就会发现,几乎在所有方面,自己都不再是中学里无所不能的那一位,失落在所难免。然而,如果可以就此学会用平视的眼光欣赏他人的成就,用开放的心态寻求他人的支持,你们将有可能在与他人的合作中打开一个新的世界。甚至,你们可能还会发现合作不仅仅是为了双赢。在我们生活的北京，正在推广汽车礼让行人的做法，这是人们在一个超大城市里追求合作的努力。比起在交通安全上的共赢，让我这个公共管理学者更加感慨的是，原来人与人之间的耐心、包容和合作可以那么动人。

最后，请允许我回忆一下26年前我入学时最难忘的一个片段。那天我和你们一样兴高采烈地走进清华。奔向独立生活的愿望如此强烈，我迫不及待地就让我的父亲早早离开。收拾行李，认识同学，宿舍夜谈，度过了非常充实的一天。然而，第二天天刚亮，我和我的舍友们被一阵敲门声惊醒。开门一看，原来是我的父亲，他一手拿着一块捡来的砖头，一手拿着一枚钉子，跟我说："你上铺的铺板有些松动，我昨晚一直在担心，我来帮你固定一下就走。"父亲钉完钉子就离开了，但他拿着砖头的背影直到今天我还记得。各位亲爱的学弟学妹，在今天典礼结束之后，请记得给爱你的家人打一个电话。他们是今天最高兴又最失落的人。在未来的几年中，也请你们常常地记得他们。他们虽然最盼望的是你们的成功，但是如果有一天，你们遇到了失败，他们是还会爱你，直到最后的人！

谢谢大家！

课后练习

1. 演讲稿的立意需要注意哪些方面？
2. 你认为《失败在大学生活中的三种功能》演讲稿的中心思想是什么？传递了什么信息？

第十章　掌握演讲技巧

南北朝的时候，北齐出了一个昏庸的皇帝叫高纬。高纬亡国的直接原因不是兵力不强，战马不壮，将帅不勇，而是因为自己一次战前演讲的失败，说起来令人好笑。

高纬的昏庸无知是历史上出了名的。他广选天下美女，纳入后宫，封为嫔妃。他的嫔妃据说有500余人之多。他有一个宠妃，名叫冯小怜。冯小怜很美，高纬常常把她带在身边。高纬为了向大臣们炫耀自己的宠妃之美，竟然让冯小怜脱光衣服，睡在金銮殿上，让大臣们参观。这就是"玉体横陈"这个成语的来历，实在有些不可思议。

玉体横陈的事儿在当时影响很大，很快就传到了北周皇帝宇文邕的耳朵里。宇文邕早就对北齐虎视眈眈。但是，由于师出无名，加之北齐有斛律光这样的名将，因此不敢轻举妄动。现在，高纬如此昏庸，宇文邕就打着替天行道的名义，亲自率领大军，兵分三路，向北齐发动了大规模的进攻。

北周的军队攻陷了晋州，大将斛律光组织军队进行反攻。斛律光采取了挖地道的办法攻城，他的军队悄悄地从城外挖了几条地道，想通过地道把军队送进城，奇袭敌军。可是冯小怜想到地道里观光，于是，高纬命令斛律光暂停进攻，让冯小怜游览过后再攻城。这一耽误，就失去了战机。北周大举进攻，把北齐的军队打了一个稀烂。

北周的军队一路打到了北齐的都城邺城，把邺城围了一个水泄不通。这时候，邺城还有10万精锐之师，战将数十员，粮草无数。他们完全可以守住邺城，等待援军，甚至可以对北周进行反击。

大敌当前，士气非常重要。北周是皇帝御驾亲征，又打了几个胜仗，士气很旺。北齐的士气比较低落，为了鼓舞士气，斛律光建议高纬到军营里做一次演讲。

高纬只会享受，哪里会什么演讲呀！因此为了确保演讲成功，斛律光提前写好了演讲稿，送给高纬。他向高纬陈奏："万岁在演讲的时候，一定要声泪俱下，要打动将士们的心弦。演讲结束，万岁还需要亲自到战地安抚伤员！"

按理说，斛律光的安排已经够周密的了。可是，高纬还是有些害怕。因为，他除了与宫女们嬉戏之外，还从来没有在那么多人面前演讲过。但是，兵临城下，不去为守城军士打气是不行的。高纬经过一番准备，终于带着他的宠妃冯小怜和一群太监出发了。

军中的将士们听说皇帝要亲自前来慰问，都很激动，早早地在校场上列队等候。他们从早晨天没有亮一直等到快要中午的时候，终于把皇帝等来了。

皇帝下了车，一手搂着漂亮的冯小怜，一手拿着演讲稿，登上了点将台。台下，大军齐齐地跪下，高呼万岁，礼仪行毕，高纬开始演讲。他看了看台下的将士，黑压压的一大片，都把眼睛齐齐地望着他。这一看，高纬的心里便慌了。

高纬心里一慌，拿着演讲稿，竟然一句话也说不出来。他望着士兵，"嘿嘿嘿"地傻笑。他这一笑，冯小怜也开始傻笑。冯小怜一傻笑，身边的太监们也开始傻笑。台上的人一笑，台下的将士也跟着笑。于是，台上台下，笑成了一片。傻笑过后，高纬一句话也没有说，便搂着冯小怜的腰，穿过士兵队伍，上车走了。

士兵们一句安慰或者鼓动人心的话也没有听到，倒是瞻仰了皇帝宠妃的美丽。士兵们的心寒了：我们在前方卖命，皇帝却在后方沉湎女色，如此昏庸的皇帝，我们保他何用？于是，当天晚上，就有人打开城门，把北周的军队放了进来。

邺城失陷，高纬把责任全算到了斛律光的身上。他杀了斛律光，把皇位传给了自己的8岁的儿子，然后带着冯小怜逃出了邺城。高纬逃到青州，就被北周的军队追到。宇文邕杀了高纬父子，把冯小怜赐给其他皇族。自此，北齐灭亡。

1.试分析北齐皇帝高纬的演讲有哪些瑕疵,给我们什么启示?

2.演讲技能可以通过后天训练提高,你认为要提高演讲水平,应从哪几个方面入手?

3.处在网络时代的我们应该如何提高演讲技能?

第一节　语音训练技巧

生活中,我们对那些饱满圆润、悦耳动听的声音,对那些吐字清晰、字正腔圆的语句,往往能够以同样饱满的热情去聆听;而对干瘪无力、嘶哑干涩的声音,对那些发音不准,含糊不清的语句,则很难提起兴趣—对演讲也是如此。著名戏剧表演理论家斯坦尼斯拉夫基曾说:"语言即音乐。在舞台上讲话,这种困难并不亚于歌唱的艺术,要求有很好的修养和高超的技术。"演讲者登台演讲,形同表演艺术家,既需要良好的文化修养,也需要高超的语言表达技巧,我们的思想、观点,主要通过声音表现出来。因而,练就悦耳动听的声音,掌握正确的发音方法,成为演讲训练的首要环节。

一、让嗓音富有磁性

优美的嗓音是良好语音呈现的前提。因此,语音训练,首先要学会如何让自己的嗓音变得具有磁性而不沙哑。

我们都知道,美国前总统林肯年轻时声音沙哑,说话中还时而夹杂着让人难受的尖锐高音,这显然不是适合当众发表演讲的嗓音。然而,通过坚持不懈的演说训练,林肯最终让自己的嗓音变得动听并富有磁性,为其总统梦的实现提供了帮助。

富有磁性的好嗓音,基本上有持久、有力、准确、清晰、圆润 5 个特点。为了达到这些要求,我们要进行如下训练:

1. 呼吸训练

气息是声音的动力来源,充足、稳定的气息是发音的基础。演讲时,欲达到较好的运气发声效果,最好采用胸腹式联合呼吸法。这种呼吸方法,简而言之,就是收缩小腹,以丹田的力量控制呼吸。具体方法如下:

吸气:用鼻吸气,上腹、胸、腰部同时向外扩展,使自己可以感觉到腰带渐紧,上腹和后腰分别向前、后、左、右撑开,小腹相对向内即向丹田收缩,做到快、静、深。

呼气:小腹始终收住,不可放开,控制胸、上腹部,将肺部储气慢慢放出,均匀地外吐。呼气要用嘴,做到匀、缓、稳,使语音一个接一个地发出,形成节奏。

实际演讲中,在呼吸上,我们还必须注意以下几点:

第一,呼吸要有别。吸气要迅速,吸入的气量要适中,呼气要缓慢、均匀。

第二,换气要自然。在演讲中的自然停顿处换气,不要等讲完一个长句才大呼大吸,这样会显得讲话很吃力。我们还要根据自己的气量来决定是否使用长句,不要为了渲染和增强表达效果而勉强为之。因为那样可能会适得其反。

第三,态势要正确。演讲时的姿势要利于自然轻松地呼吸,无论是站姿和还是坐姿,都要抬头,舒肩,展背,胸部要稍向前倾,小腹自然内收,双脚并立放平。这样发音的关键部位胸、腹、喉、舌等才能处于良好的呼吸准备和行进状态之中。呼吸顺畅,方可语言顺畅。

2. 声带训练

人类的声音源于声带,是通过气流振动声带而发出声音的,而声音的音响、音高和音色则是由声带的振动频率所决定。一个人的声音是否动听,很大程度上取决于其声带的好坏。因而,在先天因素的基础上,对声带进行后天的训练和保护,是拥有一副好嗓子最直接和最有效的途径。

声带训练最基本的方法是清晨在空气清新处"吊嗓子":吸足一口气,身体放松,张开或闭合嘴,由自己的最低音向最高音发出"啊"或"咿"的连续声响。

科学运用声带能使声带得到有效保护。首先,在长时间发声之前,声带要做准备活动,犹如赛跑前韧带要做准备活动一样。具体运用方法是:将声带放松,用均匀的气流轻轻地拂动它,使之发出细小的抖动声,仿佛小孩子撒娇时喉咙里发出的那种声音,并逐渐加大到一定分贝,使声带启动,以适应即将到来的长时间运动。其次,演讲时,注意发音轻松自然,处理好节奏、停顿,特别是起音要高低适度,控制好音量,充分利用共鸣腔的共鸣作用,要运用"中气"的助力来说话,不能直着嗓子叫喊,否则,声带负担过重,会导致声音变得嘶哑,影响演讲效果。

3. 共鸣训练

声带所产生的音量是很小的,只占人们讲话时音量的 5% 左右,其他 95% 左右的音量,需要通过共鸣腔放大得来。共鸣腔是决定音色的重要发音器官,直接引起语音共鸣的是声带上方的喉、咽、口、鼻诸腔,此外,胸腔和头腔也有共鸣作用。说话用声是以口腔共鸣为主,以胸腔共鸣为基础。共鸣腔以咽腔为主,又可分为高、中、低 3 区共鸣。高音共鸣区,即头腔、鼻腔共鸣,音流通过该区共鸣,可以获得高亢响亮的声音。中音共鸣区就是咽腔、口腔共鸣,这里是语音的制造场,是人体中最灵活的共鸣区,音流在这里通过,可以获得丰满圆润的声音。低音共鸣区,主要是胸腔共鸣,音流通过该区共鸣,可以获得浑厚低沉的声音。

正确运用共鸣器,首先要让整个声道畅通无阻,胸部舒展自如,喉部放松滑润,脊背自然伸直,以便声音不憋不挤,形成一个声柱,流畅地奔涌出来。其次,要对声音进行合理控制借助共鸣器的加工、锤炼,让声音或洪亮,或圆润雄浑,优美动听。

二、让话语获得美感

一个一个的音节以不同的方式组合起来,就成了词;一个一个的词以不同的方式组合起来,就成了话语;这些话语再以不同的形式表达出来,就成为人类多姿多彩的口头语言。

话语以声音表现出来,而语音的表现形式是多变的,主要表现在音量的轻重、音调的高低、语速的快慢、节奏的强弱等方面,演讲者应在这些方面进行练习。

1. 吐字归音

吐字清晰是学习演讲必须练习的一项重要基本功。我国传统说唱艺术理论中,将咬字方法总结为 4 个字,即吐字归音。这一方法将一个音节的发音过程分为出字—立字—归音 3 个阶段。出字是指声母和韵头(介音)的发音过程,立字是指韵腹(主要是元音)的发音过程,归音是指韵尾的发音(收尾)过程。出字要求声母的发音部位准确,弹发有力;立字要求韵腹拉开立起,做到"开口音稍闭,闭口音稍开";归音要求干净利落,不可拖泥带水,尤其是 i、ng 等做韵尾时,要注意口形的变化。

普通话有包括零声母在内的 22 个声母、38 个韵母、4 个声调,练习要严格掌握发音部位和发音方法,控制好口腔的开合、唇形的平展圆敛及舌头的升降伸缩。

此外,根据普通话的读音标准,演讲者还应校正自己的地方音和习惯音,也就是要注意常见的平舌音和翘舌音、鼻音和边音、送气音和不送气音、前鼻音和后鼻音等。

在吐字训练中,还要注意到位练习,即口型和发音器官操作到位的练习。韵母发声最依赖口形,而讲话中的每一个音节都离不开韵母。在讲话时,有的人有意无意地会出现图省事的情形,嘴巴没张到应有的程度,或者嘴、齿、舌、鼻、喉、声带等器官动作不够协调,于是就发生吃字、隐字、丢音或含混不清、音量过小、吐字不准等现象。如有人把"政治家"念成"整治家""针织家",有人将"公安局"念成"官局"等。总之,由于发音不到位,便会造成歧义,产生误解,不能准确地表情达意。

2. 读句训练

吐字归音训练与读句训练是紧密相连、相辅相成的。读句训练,就是选择一些有一定难度的语句、段落,进行快读训练。要求做到把音读准,不增减字词,不重不断,停顿自然,有节奏,连贯流畅。读句训练的目的是使演讲时语句干净利索,不拖泥带水,把习惯性的口头语逐渐减少,直至完全消除。

3. 音量训练

音量是指声音的强弱、大小。它主要决定于气息和共鸣器。不少人在演讲中把握不好自己的音量,或大或小,前者对身体消耗太大,又不利于恰当的表情达意,后者或造成听众听不清,甚至听不见的现象。因此,音量的把握也需要必要的训练。

在训练的过程中要注意几点:①不论在何种场合,音量都要适中,不可太大或太小。②要根据听众的多少和场所的空间大小和扬声器来确定自己的音量,要使在场的所有听众都能毫不费力地听清你说话。③要根据演讲的氛围和内容来确定音量的大小。比如演讲纪念性、追悼性的内容,音量不宜太大;演讲祝贺、声讨、动员性内容,音量可以大一些。④根据演讲内容的长短来确定音量的大小。演讲内容较短,一般来说音量可以稍大;如果内容较长,一般来说音量可以稍小,以免因为音量较大、持续时间较长而使嗓音嘶哑。

4. 音高训练

要弄清楚什么是音高,先弄清楚什么是音域。音域,是指某一乐器或人声所能发出的最低音到最高音之间的范围。音高,则是指人讲话时所使用的音域。音高决定于发声体的振动频率,频率越高,声音越高。每个人的声带条件都不一样,发音的技巧也不相同,所使用的音域不同,从而音高就不同。

通常情况下,人们讲话时使用的音域范围一般只有一个8度,多数情形下,却只有4.5度。不练习是可以的,没什么大问题。在文章内容情绪激昂的情形下,也不能把8度全用上,(偶尔要用高8度音),因为把8度全用上,时间稍长,会感到非常吃力,高低起伏太大,便会高不成低不就。因此,在练习把握高音时,要依据自己的声带情况而定,并且要留有余地,不要将自己音域中的高音用尽,否则会给人"声嘶力竭"的感觉。

另外,还必须注意,同唱歌一样,起音的音高一定要把握好,要适中,起音太高或太低,都会给后面的演讲带来困难,或者高得演讲不下去,或者低得听不清楚。一旦不小心出现了起音偏高或偏低则应及时进行调整。

第二节　演讲的态势语言

演讲是以有声语言(讲)为主,并以得体、优美的态势语言为辅。但在演讲过程中起着辅助作用的态势语言绝不是可有可无的,将态势语言充分合理地运用在演讲中,能有效地提高口头沟通的准确性,也能吸引听众注意力。准确、适当地运用态势语言,是演讲者必须掌握的一项基本功。

态势语言,简单来说,就是通过面部表情、体态、手势进行思想情感交流和信息传播的一种方式,亦称体态语或肢体语言。相应地,演讲中的态势语言大致包括表情语言、体态语言、手势语言。

一、表情语言

演讲者的表情受两种因素的制约：一是对听众的态度，二是所讲的内容。对听众而言，表情的基调应是微笑，它是招人喜欢的秘诀。就内容而言，表情应丰富多彩，喜怒哀乐都可出现。

在整个面部表情中，最鲜明、最突出、最能反映深层心理的是眼睛的神态，即眼神。"眼睛是心灵的窗户"，人的喜怒哀乐、爱憎好恶都能从眼神中表现出来，它甚至能表达出用言语难以表达的极其微妙的思想感情，故眼神是主要的面部表情语言。演讲者要学会用眼睛说话，把自己真实的感情流露在眼睛里，随时运用眼睛与听众交流感情。

运用眼神的方法主要有 5 种：

1. 前视法

即演讲者的视线平直向前流动，统摄全场。

一般来说，视线的落点应在全场中间部位的听众脸上，在此基础上适当地变换视线，照顾到全场听众，并用弧形的视线在全场流转，不漏掉任何一个角落。这样可使每个听众都感到演讲者在关注自己，从而引起听众的注意，同时也有利于演讲者保持端正良好的姿态，随时注意会场的气氛和听众的情绪。

2. 环视法

即用眼睛环视听众的方法，要求演讲者的视线在会场的左右前后迅速来回扫动，不断地观察全场，与全体听众保持眼光接触，增强双方的情感交流。将前视法与环视法结合起来，既可观察到听众的态度变化，还可检验表演效果，控制全场的情绪。

3. 专注法

即把视线集中到某一点或某一面，要求演讲者的视线有重点地观察个别听众或会场的某一个角落，并与之进行目光接触，同听众交流感情。这种方法既可启发、引导听众，也可以批评、制止不守纪律的听众。

4. 斜视法

即把眼珠向左或向右移动。既可表现对左右观众的关注，同时配合其他面部表情，又可表现喜欢或鄙夷的情感。

5. 虚视法

即似看非看，视而不见。这既可表现对左右观众的关注，也可减轻演讲者的心理压力，还可表示思考，把听众带入想象的氛围。

演讲者学会了"用眼神帮助说话"，就能很容易撩拨人的心弦。演讲者最忌的是从始至终用一种眼神，这样会给人呆滞、麻木的感觉。当然眼睛也不能无目的地乱转、仰视房顶、偷看评委或死盯讲稿。

二、体态语言

演讲者要表现稳定优美、舒坦自然的姿态，就必须运用体态。体态是指演讲者的身体姿态和身体动作，它也是一种塑造演讲者形象、辅助口语传情达意的无声语言，主要由演讲者的头部、身姿（站姿、坐姿、步态）几部分构成。

1. 头部语

头为仪容的主体，它的状态应当平正闲适，而不要偏侧倾斜。头部动作不宜过多，应该和身姿、手势相应。

使用头部语表情达意的类型一般有：点头表示赞同，摇头表示否定，低头表示谦逊或忧虑，昂头表示勇敢或高傲，后仰表示软弱或失望，倾斜表示得意或愉悦，左右微摇表示怀疑或不忍，前突表示惊讶或逗趣，微倾表示观察或思考，直立表示庄严或坚强。

2. 站姿语

站姿语，即通过站立的姿态进行表达的一种身姿语。演讲中标准的站姿是全身挺直，挺胸收腹，精神饱满，两肩平齐，腿绷直。

站姿有如下几种忌讳：

两脚并拢；昂首挺胸，很有精神，却显呆板，不能给人自然美；

两脚叉开，不能给人谦虚的感觉；

呈"稍息"姿态，一只脚还在不停地抖动，给人不严肃、不稳重的印象；

摆弄衣角、纽扣，低头不面向听众，给人胆怯之感；

耸肩或不停地晃动身体，扭腰，将手插入兜内，给人懒散的感觉。

站立时，男士和女士的脚位应为：男士的脚呈"稍息"姿态，两脚之间距离不能太小也不能太大；女士的脚呈"丁字步"，前面的一只脚放在后面的一只脚的1/3处，两只脚之间的夹角是45度，站立时，重心放在前面那只脚上。

男士和女士的手位应为:合拢来放时,左手在下,右手在上,女士的手放在腹部,不能太上也不能太下;分开来放时,男士左手放后,右手放于胸前,女士左手垂放,右手放于胸前。男士和女士的双手都可垂放。

3. 坐姿语

坐姿语是演讲中常见的一种身姿语。坐姿有严肃性坐姿和随意性坐姿,随环境和场合的严肃程度分别选用。

不管是严肃性坐姿,还是随意性坐姿,都有一般性要求:

入座时,应当轻而稳,不要给人毛手毛脚、不稳重的印象;

坐的姿态要端庄、大方、自然;

无论什么坐具,都不要坐得太满;

上身要挺直,不要左右摇晃,腿的姿势配合要得当,一般不能跷起二郎腿;

以坐姿演讲时,上身仍要些许前倾,表示对听众的尊重和自己的专心;

上身需要后仰时,幅度不能太大,否则会给人困扰、无聊、想休息的印象。

4. 步态语

步态语是通过步态的变化来传递信息的一种身姿语。步频较快,步履轻松,表示"春风得意";走路时拖着步子、步伐小或时快时慢,则表示自卑、紧张。

步态语的一般要求是自然、轻盈、敏捷、矫健:自然则不别扭,轻盈则不鲁莽,敏捷则不笨拙,矫健则不自卑。

一般情况下,当我们登上主席台做演讲时,要用庄重型,即行走时上身挺直,步伐矫健,双膝弯曲度小,步子幅度适中。如果演讲大受欢迎,步伐可采用稳重型,即行走时步履稳健,昂首阔步,步伐较缓,幅度较大。总之,不管是庄重型还是稳重型,步伐都要注意手的摆动,即手臂要伸直放松,手指自然弯曲,摆动时,要以肩关节为轴,用上臂带动前臂向前,脚跟要先着地,依靠后腿将身体重心送到前脚掌,使身体前移。

三、手势语

手势语是演讲者运用手掌、手指和手臂等的动作变化来表达思想感情的一种态势语言,包括人肩部到指尖的各种活动。手势语所表达的意义,是由手势活动的范围、方向、幅度、形状几方面来决定的。

1.手势活动的范围

手势活动的范围,大体分为三个区间。肩部以上为上区手势,表示积极向上或激昂,如讲到激动时,演讲者常常双手向上举甚至挥动拳头。肩部到腹部间为中区手势,表示客观冷静,如叙述一件事,分析一个道理,演讲者的手势常常在胸前出现。腹部以下为下区手势,表示鄙夷、厌恶、决裂,如讲到"我们须与一切没落的、腐朽的思想决裂!"时,演讲者一般会做出一个往下劈的手势。

2.手势活动的方向

一般来说,向内、向上的手势,意味着肯定、赞同、号召、鼓励、希望、充满信心,是积极的手势;向外、向下的手势,意味着否定、拒绝、制止、终止、摒弃、冷漠,是消极的手势。如同样是搓手,朝上搓,可能是摩拳擦掌、急不可待;往下搓,则可能是局促不安、不好意思。同样是举起两个手掌,掌心向内,往内缩,表示向我靠拢、注意我;掌心向下、往外推,则意味着拒绝、回避。

3.手势活动的幅度

幅度的大小与演讲者的感情、语势有很大关系。幅度大,表示强烈;幅度小,表示平和。手动臂不动,是小幅度;手臂挥动,甚至还带动全身,双手挥舞,这是大幅度。一般来说,演讲者大幅度的手势不宜过多,只能偶尔使用;太多"手之舞之足之蹈之",会破坏协调美,甚至还会引人发笑。

4.手势活动的形状

手势活动的形状是由手指和手掌构成的。演讲中常见的手形有以下几类:

(1)指法(由手指构成不同形状)

食指法:伸直食指。向上或向下起强调作用,即强调话题所涉及的人和物;向前指指某个听众,是挑明话题,表明说话的针对性,常有一定的威胁性。

拇指法:跷起拇指,表示和好、赞许;向鼻前翘,表示称道自我;向前或向后翘,表示夸奖别人。

啄指:互相啄紧,构成两种手势。一是五指接触,啄成一团,向内,表示反复强调重点;二是指尖不接触,尖锐地对着听众,表明不是泛泛而谈,而是有某种针对性。

叉指:手指伸直叉开,可叉两指,也可叉三指或四指,一般都是表示数字,有时也可以表示摒斥。

抓指:五指僵硬地弯曲,呈爪状,表示力图控制全场,吸引观众。

(2)掌法(由手掌运动的不同方向构成不同形状)

伸掌:五指合拢,手掌平伸。掌心向上,表示征求意见;掌心向下,表示要抑制和安定听众的情绪,制止某种行为的发生;掌心向前,表示回避;掌心向内,并向胸前缩拢或向外推,这是一种表示抚慰性的手势;掌心向上侧向外,即摊开双手,表示希望听众理解或无可奈何。

劈掌:手掌挺直展开,像一把斧子"嗖嗖"劈下,这是一种很果断的手势,表明下定决心解决急于解决的问题。

合掌:双手慢慢合拢,一只手搭在另一只手上,表明有必胜的把握。

(3)拳法(由拳头运动的方式构成)

拳头向上摆动,这说明说话者的心情不允许听众持有怀疑的态度,以此抓住听众的注意力;拳头向上举,这是一种挑衅性的动作,能给持不同观点的人以打击性的印象。

手势意义多为约定俗成,做手势也无须专门训练但手势不在乎多,而在于简练,在于有表现力。因此,作为一个优秀的演讲者,既要注意培养和加强这种非语词表现力,又要适当控制这种表现力。

手势还需要自然协调。符合演讲内容的需要,符合听众的文化心理需要,符合演讲者的身份和性格特征,恰如其分、和谐得体就是自然。与演讲者的表情配合,与有声语言同步,与其他动作一致,不生硬、粗俗、琐屑,这就是协调,就是一种美。

第三节 讲稿熟记训练

在正式演讲之前,演讲者往往需要进行积极充分的准备:写好演讲稿,设计演讲姿态以及反复排练。在演讲准备过程中,对拟定的讲稿进行熟悉甚至达到熟记的程度,也是非常重要的一环。演讲稿的熟记是已有的讲稿在人脑中的再现,是为了演讲的流畅,是将演讲艺术升华的重要步骤,也是提升演讲者现场发挥水平和促成演讲效果达成的重要途径。

一般来说,记忆演讲稿,有以下几种方法可供参考:

一、诵读记忆法

通过反复默念,高声诵读,充分调动眼、耳等器官,将书面文字材料印刻在脑海中,达到倒背如流、烂熟于胸的程度。这种记忆方法,适用于篇幅相对较短、段落层次清楚的演讲稿。据有关实证数据显示,采用诵读记忆法,记忆内容3小时后能保持85%左右,三日后仍可保持65%以上。

二、纲目记忆法

篇幅较长的演讲稿,包含的信息量大,多采用纲目记忆法进行熟记。纲目记忆,就是重点把握演讲稿的中心思想和行文结构,通过抓要点,围绕中心思想,形成逻辑清晰的大纲和细目,并适当采用自身语言习惯加以编排,从而记住演讲稿的行文脉络。例如,记忆故事情节类的演讲稿,只要理顺时间、地点、原因、结果等要素,就能较为迅速、高效地获得良好的记忆效果。

三、机械记忆法

记忆缺乏内在联系的、属性单一的事物,没有记忆捷径可走,往往只能采用机械记忆方法,如人名、地名、校名、年代、地址、菜谱、单词等。

当然,在机械记忆中,也可以根据自身记忆习惯自创一些办法,借以提高记忆的效果,如对照法、顺序法、抓特点法等,还可以运用谐音、押韵、会意等方法,提炼记忆对象的关键信息,灵活巧妙地进行记忆。

四、口诀记忆法

这种记忆方法,就是把本身互相联系很少的材料,根据其内容要点,编成整齐对称、偶句押韵、朗朗上口、便于记忆的语句,使之富于趣味性,达到易于记忆的目的。这种方法应用广泛,如二十四节气歌、加减法口诀表、九九乘法表等,都是采用此法。运用这种方法,不仅可使人们快速、方便地记忆,还不易遗忘。

五、重复记忆法

人的记忆都有时间限制,时间越久,越容易遗忘。为了避免这种情况,我们应该遵循遗忘规律,适时合理地进行强化记忆。这种强化记忆,就是重复记忆。通过重复记忆,能够加深对知识的熟悉程度,以延长记忆的保持时间。

六、形象记忆法

人脑对形象化信息的记忆处理更容易,且识别更迅速;因此,如果将需要记忆的材料形象化,以图文并茂的形式串联起来,让枯燥干瘪的文字具象化,能够使记忆内容更持久、清晰。

七、联想记忆法

联想是记忆过程中非常重要的大脑机能,尤其适用于难以突破的临界性环节和内容。对于这些关联性强的环节,涉及上下文记忆的连接,一旦遗忘,很大程度也会影响下文的记忆。故而,针对记不住、容易引起"卡壳"的关键环节,通过联想记忆,能获得非常好的效果。

记忆的方法很多,演讲者要提高语言表达能力,就要不断加强记忆力的训练。实践证明,良好的记忆能力能促进演讲成功进行。

第四节　把控实战技巧

掌握前述各项方法后,在实际演讲中,演讲者如何融会贯通,将自己的演讲水平淋漓尽致地表现出来呢? 这是本节讨论的内容。

一、目光坚定,给人信心

演讲者上场时务必大方自然,上场后首先以环视法向全场听众致意,然后才开始演讲。演讲中要动静结合,以恰当的目光、潇洒的动作影响场上气氛,持续吸引听众的注意力。

眼神一不小心就会将演讲者的心理状态出卖。有一次一位演讲者自我感觉表现非常完美,但是最后观众的评价却不尽如人意。怎么会这样呢?经过调查发现是演讲过程中演讲者的目光不够坚定,显得不够自信。因此,演讲过程中一定要注意与听众进行眼神交流,显得自信坦诚,更容易赢得听众的信赖。

二、动作得体,表意明确

在演讲场合,如果听众对演讲者的演讲内容十分陌生,会对演讲者及其演讲内容产生怀疑。这时演讲者需要尽快证明自己所讲内容的真实性、可信性。例如,演讲者说杂交生长的茄子是正方体的形状,引起了台下听众的质疑。这时演讲者拿出一个杂交生长的正方体茄子来证明给听众看。让事实说话保持了场上的稳定,让演讲深入进行。

三、脱稿演讲,应景应人

脱离讲稿,不仅有助于增强听众对演讲者的信服感,也有利于演讲者更好地控场,与听众交流。控场和内容有什么关系呢?内容是演讲的核心,控场给了演讲者根据不同听众而细化内容的机会——这样才更能吸引听众的注意力。每次演讲,演讲者除了要事先精心策划演讲主题,还要临场结合听众的需求,设置应景内容。

四、适当设问,调动气氛

在适当之处提出问题,能促使听众产生积极的反应,演讲者还可以用自己对问题的独到见解征服听众。特别是演讲气氛低落,听众注意力分散,甚至开小差、打瞌睡时,演讲者可以互动一下,通过提问来调动气氛,控制场面。

五、表情丰富,拉近距离

演讲是有声语言与态势语言的综合表现,脸部表情是态势语言的重要组成部分。演讲过程中,如果演讲者面无表情,或者表情呆滞,将很难与听众建立起良好的听说关系,从而无法传递演讲的主题思想。而丰富且恰到好处的脸部表情,不仅能使演讲洋溢活力,也能够提高演讲的亲和力,拉近与听众的距离,增强听众对演讲的获得感。

为了能够让我们的演讲表情自然得体,我们可以做如下几方面的准备:一是演讲开始前,进行面部肌肉预热,让脸部肌肉放松。比如对着镜子做几次鬼脸,轻轻拍打脸部肌肉,做做面部肌肉运动操等。二是演讲前进行适当训练和预演,比如对着镜子演讲,调整好演讲内容和面部表情的配合。三是演讲前多做几次深呼吸,充分地放松身体,以在演讲中全身心投入。抛开杂念,先从内心让自己成为演讲的主角,让自己享受演讲的过程。发自内心的演讲,脸部表情才会表现得更加自然。

案例 10-1

苹果粉丝也有不买苹果账的时候。2009 年,苹果公司的年度 Macworld 大会就遭到粉丝的抗议,要求退票,原因是苹果公司宣布乔布斯将缺席他持续多年的主题演讲。

2007 年,乔布斯的发布会引爆了全世界拥趸心中持续的热情,而高潮正是从那次发布会发售演讲开始的。在发布会上,乔布斯并没有草草带过开场:"现在我们有了一部令人激动的电话,我现在向大家介绍,这就是 iPhom"——然后直奔 iPhone 的功能介绍,而且费尽笔墨以取悦听众。乔布斯说:"我们要向大家介绍 3 款革命性的产品:一个新的 iPod,一部电话,还有一台网络交流设备。明白吗?这是一个设备,我们把它称为 iPhone。"在场的听众发出欢呼声,乔布斯也满面笑容,他彻底赢得了听众,这是多么欣慰和自豪的事情。

其实一部分参与节目录制的企业高管和访谈嘉宾总是会被重复邀请,他们的共同点是,都很善于讲故事,一件事情经过他们的描述往往变得清楚、明白,能唤起听众的热情,而乔布斯是全世界企业家中最会讲故事的人之一。在过去的 30 年里,他已经把产品发布和展示发展成为一门艺术。

乔布斯的演讲是一出戏剧。乔布斯的演讲往往是从回顾和评价苹果已经创造出的革命性产品开始,对他来说,革命性的产品总是结伴同行,相继到来。苹果公司很幸运,已经为这个世界创造了它们当中的一部分。在 2001 年 iPod 的发布会上,乔布斯回顾了 1984 年苹果推出麦金塔式电脑,它改变了整个电脑行业;而 iPod 的出现则改变了整个音乐产业。

优秀的小说家不会在小说的第一页就泄露全部的情节和结局,他会通过慢慢堆积素材、催化情绪来实现。在背景的铺陈之后,乔布斯用一种戏谑的方式来吊听众的胃口。就像他在发布 iPhone 时所做的那样,他调侃听众,设置悬念,最终出现的 iPhone 彻底颠覆了大家的预期。当大屏幕上出现 iPhone 的图片,乔布斯说,今天苹果重新发明了手机。乔布斯像驾驭一支交响乐队一样控制演讲的节奏,有起伏,有渐变,有高潮,最后为听众创造一个意料之外的结果。不仅是演讲的内容,乔布斯通过自己声音的抑扬顿挫,掌控着听众的兴奋点。这是一个优秀的演讲者必须具备的技巧,自如地变化语速,在恰当的时间提高或者降低声调,有时甚至是以一种谦卑的语气在说话,这样的声调一直延续到他宣告 iPhone 的诞生。

一张幻灯片展示一个观点,这是最有力的方式。乔布斯在介绍那 3 款"无中生有"的产品时,并没有用一张幻灯片展示出 3 种产品,他为每个产品都制作了一张幻灯片,宽屏 iPod、手机、网络交流设备,每张幻灯片上出现一种产品的图片。真正有效的演讲幻灯片,每张只传达一个信息。对于真实的信息是这样,对于那些有意制造效果、渲染气氛的信息也一样。对于幻灯片所展示的内容,乔布斯也极尽简化,没有要点提示,也不用冗长的数据,尽可能发挥图片的视觉作用。人更善于图片记忆,而简化的内容更容易让听众关注演讲者所说的话。太多文本会分散听众的注意力,所以演讲者在准备幻灯片时应该是图片导向,专注关键点。

在 iPhone 发布的时候,乔布斯使用了大量的形容词来描述这一新产品,包括"非凡的""革命性的""酷的"。对触屏技术,他甚至使用了"魔幻之作"的说法。而很多演讲者都害怕在介绍自己产品的时候太夸张,变成自吹自擂,于是他们走到了另一个极端,让演讲非常无趣。如果你相信你的独特产品和服务会改变世界,那就直接说出来。你为你的产品、服务、企业激动兴奋,那就直接告诉你的听众。你要允许自己释放这样的热情,表达出来,为大家分享欢乐。

乔布斯并没有把演讲的成功当作想当然的事,事实上,长时间的排练才换来演讲过程中的轻松、不拘小节和亲和力。乔布斯通常提前几个星期就开始为演讲做准备,检查要展示的产品和技术。一个原苹果公司的员工曾经回忆说,这些演讲看上去只是一个身穿黑色上衣和蓝色牛仔裤的人在谈论新的技术产品,真实情况是每场演讲都包含了一整套复杂、精细的商品宣传、产品展示。为了 5 分钟的舞台演示,他的团队曾经花了数百个小时做准备。演讲前,乔布斯用整整两天的时间反复彩排,咨询在场产品经理的意见。在幻灯片制作方面,他亲自撰写并设计了大部分内容。

当年乔布斯正在为发布 iMac 进行彩排，按照设计，他话音一落，新款的 iMac 从一块黑色幕布后面滑出。乔布斯对当时的照明状况不满意，他希望光线更亮一些，出现得更快一点。照明演示的工作人员一遍又一遍调试，始终不能让乔布斯满意，最后终于调试好了，乔布斯在礼堂里兴奋得狂叫。

第五节　演讲 PPT 的制作技巧

进入互联网时代，演讲有了新的辅助工具 PPT。将 PPT 运用到演讲中，能够丰富听众的视觉体验，也能让演讲者更加方便地呈现主旨、中心和逻辑结构。从这个意义上讲，做好 PPT 能让演讲更成功。

演讲者需要从以下几方面进行精心策划与细致准备：

一、PPT 内容要精练简化

PPT 上呈现出来的内容，应以多使用图形、少用术语为佳。PPT 切忌每一页都写满文字，且演讲时更不能只是阅读 PPT 上的文字。另外，每张 PPT 传达 5 个概念效果最好，最多不超过 7 个；超过 7 个，会增加人脑处理负担，降低观众对内容的理解程度。

二、PPT 动作要因需而动

一般来说，正式场合不使用任何 PPT 动作（包括自定义动画，幻灯片切换样式等），非要使用，最多不超过 3 种。总之，不要因为过多和过于复杂的动作样式设计，使得 PPT 喧宾夺主，掩盖了演讲者本身传递观点、激发情感的作用。

三、PPT 要美观和谐

美学研究表明，人们对于 PPT 的识别舒适度遵循"10-20-30"法则，即 10 张幻灯片、20 分钟长、字号在 30 磅以上，在此基础上可微调。也有人认为 PPT 中应按层级采用如下字体：

一级标题——44 磅粗体；

二级标题——32 磅粗体；

三级标题——28 磅粗体;

四级标题——24 磅粗体。

最后,PPT 风格要浑然一体。如何选择背景图片,如何搭配 PPT 的色调,如何进行样式切换,应该与演讲主题密切、相关风格一致,要力求让 PPT 只是发挥演讲的辅助作用。

拓展阅读

成功演讲具备的 5 大特征

第一,成功的演讲,其内容目的性非常明确,并且其目的具备一定的真理性。我们知道演讲是有一定的中心思想的,所说所言都是为达到或针对某一目的。真理性,就是演讲者所表达、想要实现的目的是积极向上的,是具有积极的意义的。简而言之,成功的演讲一定是弘扬真、善、美的。

第二,演讲者必备人格魅力。我们常笑那些说得比唱得还好听、实际行动起来却执行力低的人叫"思想的巨人,行动的矮子";而一个成功的演讲者往往不是这样,其人知行合一,本身就为演讲增添了自己的人格魅力。人格魅力并不是统一的,它因演讲者的不同而不一;但演讲是一种口头艺术,大体所有的成功演讲者都不会给人一种"空喊"的行动矮子的印象。当然,人格魅力还包括演讲者的外在形象,虽然外在的衣着相貌不及人的道德品质来得深刻,但也是重点,甚至给听众带来的冲击更加直接。

第三,成功的演讲一定是具备共鸣性的。人是作为一种群体动物存在的,演讲作为人所有的一种公共行为,势必离不开他人的反馈,成功的演讲也往往与听众产生共鸣。演讲是一种以一对多的形式展开的交流活动,演讲者与听众之间通过语言载体反馈信息,能否使所表达的思想与听众产生共鸣是区分演讲成功与否的标准。如果一个演讲者"对牛弹琴",那么其演讲势必没有具备共鸣性,当然是失败的。

第四,成功演讲具备思维的哲理性。这里的哲理性是对第一个特征——目的的真理性的升华。真理性,说明演讲的方向是正确的,而思维的哲理性,是指能在演讲内容目的的正确性上,给人以积极的冲击,引起人们的思考,甚至这种思考上升到使听众的行为发生积极的变化。

第五是演讲技巧的丰富性。演讲技巧有很多,但成功演讲者的演讲技巧一定是具备丰富性的。丰富性并不是意味越多越好,而是重在正确选择,即选择是最重要的。有了第一、二、三点,说明你有优质的内容;有了第四点,说明具备了产生积极效果的可能;但只有实践了第五点,才能最终将优秀的演讲内容有效传达给听众。演讲技巧的丰富性意味着演讲渠道的畅通,而围绕听众正确地选择演讲技巧才是重点。

课后练习

1.根据所学语音训练知识,矫正自身语言表达的缺点。

2.为演讲稿《我有一个梦想》(第十一章"拓展阅读")设计一套演讲使用的态势语言,并对照镜子进行演练。

3.回忆经历过的演讲的感受,并对照所学知识,罗列出 5 条自身存在的演讲问题。

第十一章　塑造演讲风格

导学案例

周恩来的演讲风格

周恩来精于演讲，深谙演讲之要义。他说："口头宣讲要力求普遍、通俗和扼要。"普遍，就是要让大多数听众所接受；通俗，就是要用群众语言；扼要，就是要抓住重点。

一、通俗、真诚，给人鼓舞和力量

1966 年 3 月 8 日，河北省邢台地区发生强烈地震。9 日，周恩来总理冒着余震的危险来到灾区。10 日，他在隆尧县慰问灾区人民大会上发表了《发展生产，重建家园》的演讲。

首先，周恩来代表党中央、毛主席向群众表示慰问。然后，他说："这次地震来得很突然。你们这个地方从邢家湾到耿庄桥是地震的中心。20 年前，在抗日战争中，你们也受了损失，那是和民族敌人作斗争。这次是和地底下的'敌人'作斗争，每个村庄、每个家庭都有很大损失。付出了代价，也取得了经验。"周恩来将当年的抗日战争与当前的抗震救灾联系起来，使群众很快从悲痛中振奋起来。

来到灾区后，周恩来及时了解了受灾和救灾情况，提出了重建家园的具体措施，给灾区干部群众送来了温暖和关怀。周恩来鼓励大家："你们不是学过《愚公移山》吗？愚公能够移山，我们对现在的困难也一定能够战胜。"最后，他带领干部群众一起高呼："奋发图强！自力更生！发展生产！重建家园！"周恩来的演讲结束了，但是激昂的演讲却久久回响。

通俗的语言、真诚的情感,给人以鼓舞,给人以力量。周恩来的演讲,总是能够达到如此神奇的效果。

二、亲切、自然,如春雨滋润人心

领导干部演讲的一个重要内容,是宣传和阐释党的路线方针政策。要让人听得懂,听得进,听得入耳、入脑,领导干部必须放下身段,亲切、自然,用心交流,而决不能居高临下,板着面孔一派说教。

1951年9月29日,周恩来应北京大学校长马寅初之邀作《关于知识分子的改造问题》的演讲,听众扩大为京津地区高等学校的教师和学生代表。

周恩来作了开场白后,这样进入了主题:"讲到改造问题,我想还是先从自己讲起……所以,我是一个中等知识分子。今天在你们这些大知识分子、大学同学面前讲话,还有一点恐慌呢。"当天,有些教师不知道周总理要讲什么,怀着不安的心情而来。听了周恩来敞开心扉的话,他们立刻消除了紧张情绪。

周恩来接着说:"拿我个人来说……30年来,我尽管参加了革命,也在某些时候和某些部门做了一些负责的工作,但也犯过很多错误,栽过筋斗,碰过钉子。"周恩来联系自己来阐发学习改造的必要性和重要性,这比那种空泛地讲道理的讲话更有说服力、感染力。

演讲中,周恩来多次现身说法:从自己的家庭、身世,讲到自己也和大家一样受过旧教育,后来因为看到民族危亡、山河破碎而思想觉悟,参加了革命;在党的领导下革命胜利了,又如何抵制各种旧势力的袭击,正确地处理个人、家庭和革命的关系。他进而指出,知识分子要过好民族关、阶级关、家庭关。周恩来共讲了5个多小时。最后,他亲切地鼓励大家要从爱国的立场发展到人民的立场,发展到共产主义的立场——这才是一个革命知识分子应有的归宿。

周恩来推心置腹、开诚布公的演讲,深深地打动和感染了与会者。马寅初有学问,也很擅长演讲,可是他由衷地佩服周恩来的演讲风度和演讲艺术。他说:"周总理自我批评的精神,坦率说出自己的社会关系,在座的人没有一个不受感动的。用这样的办法来领导知识分子思想改造,在我看来是最有效的……"

三、专业、精辟,给人以深刻的教益

有时候,领导干部会对某个领域如文艺界的同志发表演讲。"到什么山,唱什么歌",在这种场合演讲,除了应有良好的政治素质和演讲能力外,还应熟悉和了解专业工作,如此才能说出专业话、内行话,讲得有见解、有深度,实现有效沟通、引起共鸣。

1956年4月,浙江省昆苏剧团进京演出昆曲《十五贯》。19日,周恩来看完《十五贯》演出后对剧团同志发表讲话。讲话也是一种演讲。他开篇就说:"你们浙江做了一件好事,一出戏救活了一个剧种。《十五贯》有丰富的人民性和相当高的艺术性。"并从政治和艺术两个方面,对人对事,给予充分肯定。然后,周恩来阐述了《十五贯》的现实意义:反对主观主义、官僚主义,提倡调查研究、实事求是。他还对戏剧应演现代戏还是历史戏等发表了意见。本是即兴讲话,周恩来却高屋建瓴,提出了精辟、独到的见解,令人耳目一新。

5月17日,周恩来又在关于《十五贯》的座谈会上发表讲话。他这次是有备而来,系统地发表了5点意见:第一,昆曲的改革可以推动全国其他剧种的改革。第二,《十五贯》是从传统剧目的基础上改编的,改得切合了历史主义的要求。第三,《十五贯》具有强烈的民族风格,使人们更加重视民族艺术的优良传统。第四,《十五贯》为进一步贯彻执行"百花齐放,推陈出新"的方针树立了良好榜样。第五,《十五贯》的思想性很强,反对主观主义,也反对官僚主义。

周恩来熟悉戏剧创作、表演的规律与特点,又有超人的政治智慧和鉴赏能力,因而其演讲思想深邃,立论高远,给人以正确的指导和深刻的教益。对此,当年文艺界的很多同志都有深切感受。

学前问题

1.分析周总理的演讲特征,你认为周总理的演讲魅力有哪些?

2.你认为什么是演讲风格?

第一节　演讲风格与个性

演讲风格是指演讲者通过实施演讲活动所表现出来的独特个性特征，是演讲者社会阅历、知识背景、人格兴趣、个体素质等诸多内在因素的综合反映。演讲风格为听众的直观感受，并影响听众情绪和对演讲内容的接受。

演讲是人类普遍参与的社会实践活动，受社会环境的客观因素影响，也受人本身诸多内在因素的制约。演讲者也有自己独特的个性，这种独特的个性在演讲中体现为演讲风格。每个人都应该在演讲中拥有自己的演讲风格，这样才容易被观众识别和记住。

那么如何塑造个人独特的演讲风格呢？答案在于展示演讲者本人独一无二的特性。当人们展示最真实的自我以及自己真正热爱的东西时，他的眼里会有光，他的状态会极具感染力，他的语言会很有说服力。所以我们要去找到自己真正热爱的东西并分享它，这样你会拥有取之不竭的力量源泉。

通信业奇才、世界级演讲大师乔布斯 2005 年 6 月在斯坦福大学毕业典礼的演讲中告诉了我们他演讲的激情来自何处："你必须找到自己钟爱的事业，你的工作将占据你生活的很大一部分，所以你得到满足的唯一途径就是去完成你心目中的伟大事业。想要成就伟大的事业，必须钟爱你所做的工作。如果你还没有找到，就继续寻找，不要停下你的脚步。"

案例 11-1

今年是我做记者的第 9 个年头，在我做过的很多报道结尾，我都会报尾，我都会说"央视记者美国华盛顿报道"，又或者是"周韵、CGTV、北京"。在过去的 9 年里，我的名字和工作单位都没有变，但是最后这个地点却一直在变。

从中国的主场外交活动到精准扶贫政策落地的一个小村庄，从美联储货币政策的发布再到飓风"桑迪"的重灾区。我从一个个新闻现场去见证一个个历史性的时刻。有人说，站在这个舞台——主持人大赛的舞台，需要一种气，那就是底气。我很认真地想过我的底气到底来自哪儿，因为我不属于那种站在台上特别打眼的人,我也不是科班出身,但是我想我的底气可能来自在过去的 9 年里,我的报道是我一条一条跑出来,一个字一个字敲出来,一个画面一个画面编出来,一场直播一场直播完成出来的。生命见证过多少真实,付出过怎样的努力,我希望就会有怎样的底气。

这条路真的很难,所以我也有过动摇,这也是为什么在 2015 年我去剑桥读书的时候,我没有选择读跟媒体相关的专业,而是选择了一个最容易转型的商科——但是读完书反而更坚定地想要在这条路上走下去,因为我太想念那种在一个国际场合,我作为一个中国记者,去努力获得一个提问的机会,去发出中国的声音。我太想念——不管是在三都澳渔排上,还是在宁德的茶园里——去跟国际的观众分享那些有趣的事、有趣的人的那种紧迫感。今天站在这个舞台上,我有很多话想说。康辉老师曾经说过,从记者到好记者到主持人,再到好主持人,这是一个媒体人很扎实的路径,在过去的 9 年里,我努力地去实现从记者到好记者的转变。

而在今天,在这个舞台上。我希望可以迈出从好记者到记者型主持人的转变,这个转变注定艰难,但我想我会拼尽全力。因为毕竟"邹韵走运"—支撑起她的不是运气,而是越努力越走运。在未来,我希望在这个国际化的语境中,可以有我的一席之地。我想我会努力地去成为一个更加开放的中国人,始终打开聆听各方声音的大门,但是不忘自己的中国根;因为只有这样,我们才能写出更多的铿锵有力的中国文章,为我们的祖国在国际话语体系上加分。谢谢大家!

——2019 年中央广播电视总台主持人大赛总决赛中,周韵在 3 分钟自我展示环节做了风格突出的演讲

第二节　常见的演讲风格

一、诚恳型演讲风格

具有这种演讲风格的演讲者,一般生活阅历都比较丰富,博学多识,往往对演讲内容和环境都具有很强掌控力。他们演讲时,语言自然朴实、通俗易懂,语气委婉动听,演讲内容娓娓道来,给人较强的亲和力。同时,他

们神态举止晏然自如,轻松随和,但又不失诚恳、稳重,整个过程如同与老朋友叙旧。

案例11-2

大家午饭都吃过了吧?没吃的话我可以考虑请大家吃饭(笑声),是的,心里可能会疼些,也可能是邀请上千人吃午饭,找不到吃饭地方,着急所致吧!(笑声)不过大家想过吗?有很多人在吃饭的时候会时常感到伤心的。你们会问了,吃饭应该开心啊!总不能挨饿时开心吧?这些人就是供给我们三餐粮食吃的农民朋友们!

大家都知道耕种的辛苦不是一般人能受得了的,太阳暴晒下收割麦子,太阳光越毒辣,农民朋友们越高兴。这关系到粮食的质量的:毛毛细雨下收粮食挺舒服,但是这些粮食吃起来就要发黏,颜色发黑。最终,受了很多苦,收了很多粮食,丰收后农民朋友一算账,他是亏损的,这真是一种说不出来的痛。所以我今天要与大家谈谈粮食价格过低对经济的影响!

二、激昂型演讲风格

演讲者精神状态极佳,豪言壮语,声音激昂有力,对讲出的话坚定且充满自信,在演讲过程中频繁使用手势语,给人朝气蓬勃的感觉。其演讲内容也多充满鼓动性,往往能够带动听众积极响应,振奋人心。马丁·路德·金就具有典型的激昂型演讲风格。

案例11-3

我的飞行梦

李中华

大家好,我是李中华,很高兴今天能够有机会,站在这里和大家分享一下,我个人的一些飞行经历,以及在飞行过程中所产生的一些感受。

1989年的9月份,空军到航空兵部队选调试飞员,我报了名,也被顺利地选到了空军试飞部队。如果能有机会始终跟航空发展的最前沿站在一起,你带着自己的梦想去飞行、去实践,觉得是一件特别幸福的事情。

近年来,航空工业的跨越式发展也给试飞带来了一些新的机遇和挑战。大家知道歼-10飞机，是我们国家自行研发的一种第三代飞机，高性能、全天候，具有很强的制空能力。那么歼-10飞机，它的新品率占到了60%以上，国外研制这样的新机，新品率一般不超过30%，是为了稳妥起见。新品率越高，就意味着未知数越多，也意味着试飞的风险越大。那么按照试飞计划，我相继完成了歼-10飞机的最大马赫数、最大动升限、最大过载值、最大起飞重量、最小滑跑距离，等等，这些极限数据。在定型之前，就剩下了一个最难啃的硬骨头，就是低空大表速飞行。所谓低空大表速飞行，就是在低高度的情况之下，在气动载荷是极限的情况之下，来考核飞机的结构强度和它的颤振特性。低高度的时候，大气很稠密，气动载荷增加很快，如果一旦控制不好，或者一旦出现情况超过了这个临界点，飞机很可能就会出现振动发散，结构破坏，严重的时候，还可能导致飞机解体。但是这个临界点是地面的试验所没有办法准确预知的，怎么办？只能去试飞，去进行尝试。这样的一个科目，在国外的试飞史上也都摔过数十架飞机，牺牲过数十位试飞员。所以当时在我飞这个科目的过程中，每次试飞，机务人员都默默地帮我把飞行装具准备好，默默地目送着我起飞。

我记得最惊险的一次飞行，就是在2003年的12月1日，这一天我是要决定着向歼-10飞机的极限速度开始飞行。试飞开始了，当我驾驶着这型飞机呼啸着从跑道上起飞的时候，没有人知道我还能不能回来。我在高度一万两千米的时候，以每秒一百二十米的下降速度向下俯冲，随着速度的不断增大，飞机的结构强度承受着严峻的考验。之前我在试飞的时候曾遇到过这样的现象，速度达到一千二百七十公里，飞机的前起落架护板严重撕裂变形；速度到一千三百公里的时候，机翼前沿的铆钉被吸了出来；接近一千四百公里的时候，机翼油箱开始渗油；再往下飞，飞机很可能在没有任何先兆的情况下，就突然解体，而且试飞员没有办法逃生，因为这个时候你已经飞到了救生座椅的安全范围之外，即便是你弹射出来了，也会跟飞机的垂尾相撞。每往前飞一步，死神就离你近一步，而且你没有退路。

但是歼-10飞机要定型，我必须要加速飞，必须要飞到这个状态点上，必须要有一个结果，所以谁也不知道，加速的过程中，下一秒钟会出现什么情况。俯冲的时候，座舱里边安静得有些可怕，我几乎能够听到自己心脏的跳动，而且耳机里边鸦雀无声，我的战友们都很配合，防止影响我的判断。那么我往下飞的过程，我其实是把我自己所有的感官都调动起来，判断飞机的状态怎么样，会出现什么趋势，我紧紧地盯着座舱里边的各个系统和速度表的指示，我觉得那一段时间，真的特别地煎熬，也感觉特别地漫长。当最后时刻我看到速度表达到了一千四百五十的时候，我就兴奋地向指挥员报告，飞机达到了设计速度，终止动作的时候，速度表指到了一千四百五十三公里，这是目前我们歼-10飞机的飞行最快记录。

当我驾驶着飞机平安着陆以后，现场的领导和同志们都激动地跟我握手拥抱，不少人还流下了泪水。我记得中航工业集团航空产品部的晏翔部长，是一位干了一辈子航空的女同志，她跟年轻人一样，我一下飞机，她就一把抱住我，激动地对我说："中华，你刚才上飞机我都不敢看，还不知道你能不能回来。"所以那个时候，我觉得特别自豪和光荣，就是作为一名试飞员，你能够亲身参与到这样的一个场景，能够做一些事情，是很自豪的。

所以我的一个战友，转业到民航了，他曾经问过我，说，兄弟你什么时候撤呀？我说，我喜欢试飞，喜欢这种刺激的感觉，中国空军只要还剩下一名试飞员，那一定是我。

多年的试飞经历和我的试飞经验让我感觉，试飞的过程，一分付出一分收获。那么这么多年，我能够一次次地化险为夷，我觉得和战友们的支持，和这个团队是密切相关的。2005年的5月20日，这是一个让我印象深刻的日子。那么这一天，我和战友梁剑峰，驾驶着国产的三轴飞机进行飞行员诱发振荡的体验飞行。那么这个飞机非常特殊，它可以模拟我们的战斗机、轰炸机和运输机的飞行特性，也被誉为"空中试验室"。因为它的技术含量特别高，所以目前世界上也仅仅有美国、俄罗斯、英国、法国能够独立研发这样的飞机，中国也仅仅有这么一架。

那么这一天在试飞的过程中，当进行到第三个起落，我们以高度五百米，速度两百七十公里向机场飞的过程中，放下起落架准备着陆了，突然间变稳系统告警，电传系统发生故障，飞机瞬间就倒扣过来了。我前面的战友梁剑峰，已经没办法操纵飞机了，他在无线电里大喊了一声："教员飞机不行了！"我说："你别动，我来！"我当时的想法就是想把飞机赶快地改平，可是压杆、蹬舵，飞机没有任何反应，紧接着我就按下了驾驶杆上的应急切断按钮，但是飞机还是没有反应，接着我又把变稳系统的电源关闭了，飞机依然没有反应。当时我俩倒扣在座舱里边，过载很弱的条件之下，座舱里的杂物都漂浮在眼前，而且飞机左右摇摆着，那种气流声、呼啸声显得格外地刺耳，就感觉到水渠、麦田和河流向我们扑面而来，机毁人亡的情况，我们都想到了。但是就是这种情况之下，我突然想到了可能是变稳飞机的变稳系统在作怪，所以我一把就把右操纵台上的三个总电门，计算机、变稳和显控全部关掉了，这个时候，飞机就像被打通了穴位一样，啪的一下就停在那地方了，当时倒扣着，向下俯冲。所以我赶快将飞机改平，把飞机从俯冲中拉了起来，这个时候，高度还剩下了两百米。从飞机出现故障情况，到我将飞机定在那地方，这个过程用了七秒钟的时间。改平之后，飞机断电了，地平仪、罗盘没有办法工作，我看着地面，目视判断飞机的高度把飞机飞了回来。

那么回来查验过数据，试飞研究院的高级顾问张克荣就颤抖着跟我们说："这次飞行的险情来得太快太悬了，要不是你们处置得当，这架飞机肯定摔了，如果这型飞机摔了，很多科研进程都会受到影响，而且几十年来，科研人员的心血将会付之东流。"

我热爱试飞，也努力地延续着我自己的飞行梦想。多年来我有两个习惯。一个习惯就是常年坚持锻炼，科学饮食，所以说从事试飞二十多年，我没有因为身体原因，影响过一次飞行，也从来没有出现过像头疼脑热这样的小毛病，我的体重变化也都控制在一斤以内。还有一个习惯就是，每次飞行，我都要做一个详细的清单，把我这次飞行飞什么，怎么飞，可能会出现什么情况，该如何处理，我把它一一列出来，同时把一些最关键的点，写在卡片上，带上飞机，以备我关键的时候，能够提醒和帮助我。所以这些年来，从来没有报废过一个科研架次。飞行真的成了我生命中最重要的部分。

讲到这里，我也想起了泰戈尔曾经说过的一句话，"天空中没有翅膀的痕迹，但我已飞过"。这是因为，我不久前接到了退休的命令，这就意味着军事飞行对于我已经结束，但是我也想，飞行的梦想还会继续，任何需要的时候，国家和军队的召唤，都是我唯一的选择。当今社会，我们的通用航空蓬勃发展，我相信还会有很多机会，让我飞上蓝天，或者从事一些与飞行有关的活动。所以我相信自己，我还会飞起来，向着自己的梦想！

　　谢谢大家！

三、严谨型演讲风格

　　演讲稿事前经过精打细磨，仔细推敲，具有极强的逻辑性。演讲者态势语言表达相对较少，多站立或端坐，给人以严肃、井然有序的感受。这种演讲多见于政府党政干部作报告或重大活动中。

四、绚丽型演讲风格

　　这种演讲风格，往往演讲稿词藻华丽，感情色彩浓厚，内容厚重，长短句、对偶句频繁交替使用，而且句式变化多样，善于旁征博引，乐于借用名言警句、典故、史诗以及新鲜的趣闻轶事。演讲者非常注重态势语言的呈现，对演讲的节奏和语句的抑扬顿挫、轻重缓急把握精准，给人以强烈的节奏感和音乐美。

案例 11-4

　　面对 1 000 ℃的烈焰，没有犹豫，没有退缩，用生命助人火海逃生。小巷中带血的脚印，刻下你的无私和无畏，高贵的灵魂浴火涅槃，在人们的心中永生。

　　——《感动中国》给 2016 年度获奖者、三入火海救人的英雄王锋的颁奖辞词藻华丽，感情色彩浓厚

五、幽默型演讲风格

　　这类演讲风格，演讲者一般思维敏捷、词语丰富，具有较好的传情达意技巧，将平淡无奇的故事讲得新颖别致、回味无穷。演讲者演讲音调多变，戏剧性浓，生动活泼，或讥讽嘲笑，或挖苦批驳，或揭穿表象，或赞美歌颂，或支持表扬，往往都能恰到好处地运用口头语言和态势语言，轻松活跃，常使听众忍俊不禁。文学家、诗人、演员及主持人常有这种风格，如央视《百家讲坛》嘉宾易中天与纪连海。

六、柔和型演讲风格

演讲者语言表达往往轻柔委婉，嗓音圆润甜美，吐字清晰准确，语句变幻多姿：短句简而赅，长句舒而缓，偶句匀称凝重，奇句绮丽洒脱，句式错落而协调。这类演讲多由女士参与完成。

案例 11-5

"为黄土地添一抹新绿，在凛冽的寒风中倔强地追求：虽然弱小，毕竟想成长；虽然幼稚，毕竟想成熟；虽然局限，毕竟有梦想；虽然默默无闻，毕竟想证明自己的存在……显示着自己做儿子的价值，这就是黄土地赋予我的性格。"

王安的《黄土地，我的理想大地》通过细腻多姿的抒情，将作者对黄土地的希望、理想和感情有滋有味地逐层托出，使听众在逶迤绮丽的意绪中，领略黄土地的博大情怀和自己作为"黄土地的儿子"的坚强性格。

> **拓展阅读**

我有一个梦想

马丁·路德·金

今天，我高兴地同大家一起参加这次将成为我国历史上为争取自由而举行的最伟大的示威集会。

100 年前，一位伟大的美国人——今天我们就站在他的雕像前——签署了《解放黑奴宣言》。这项重要法令的颁布，对于千百万灼烤于非正义残焰中的黑奴，犹如带来希望之光的硕大灯塔，恰似结束漫漫长夜禁锢的欢畅黎明。

然而 100 年后的今天，我们必须正视黑人还没有得到自由这一悲惨的事实。100 年后的今天，在种族隔离的镣铐和种族歧视的枷锁下，黑人的生活备受压榨。100 年后的今天，黑人仍生活在物质充裕的海洋中一个穷困的孤岛上。100 年后的今天，黑人仍然蜷缩在美国社会的角落里，并且意识到自己是故土家园中的流亡者。今天我们在这里集会，就是要把这种骇人听闻的情况公诸世人。

就某种意义而言，今天我们是为了要求兑现诺言而汇集到我们国家的首都来的。我们共和国的缔造者草拟宪法和独立宣言的气壮山河的词句时，曾向每一个美国人许下了诺言，他们承诺所有人——不论白人还是黑人——都享有不可让渡的生存权、自由权和追求幸福权。

就有色公民而论，美国显然没有实践她的诺言。美国没有履行这项神圣的义务，只是给黑人开了一张空头支票，支票上盖着"资金不足"的戳子后便退了回来。但是我们不相信正义的银行已经破产，我们不相信，在这个国家巨大的机会之库里已没有足够的储备。因此今天我们要求将支票兑现——这张支票将给予我们宝贵的自由和正义保障。

我们来到这个圣地也是为了提醒美国，现在是非常急迫的时刻。现在绝非奢谈冷静下来或服用渐进主义的镇静剂的时候。现在是实现民主的诺言时候。现在是从种族隔离的荒凉阴暗的深谷攀登种族平等的光明大道的时候，现在是向上帝所有的儿女开放机会之门的时候，现在是把我们的国家从种族不平等的流沙中拯救出来，置于兄弟情谊的磐石上的时候。

如果美国忽视时间的迫切性和低估黑人的决心，那么，这对美国来说，将是致命伤。自由和平等的爽朗秋天如不到来，黑人义愤填膺的酷暑就不会过去。1963年并不意味着斗争的结束，而是开始。有人希望，黑人只要撒撒气就会满足；如果国家安之若素，毫无反应，这些人必会大失所望的。黑人得不到公民的基本权利，美国就不可能有安宁或平静，正义的光明的一天不到来，叛乱的旋风就将继续动摇这个国家的基础。

但是对于等候在正义之宫门口的心急如焚的人们，有些话我是必须说的。在争取合法地位的过程中，我们不要采取错误的做法。我们不要为了满足对自由的渴望而抱着敌对和仇恨之杯痛饮。我们斗争时必须永远举止得体，纪律严明。我们不能容许我们的具有崭新内容的抗议蜕变为暴力行动。我们要不断地升华到以精神力量对付物质力量的崇高境界中去。

现在黑人社会充满着了不起的新的战斗精神，但是不能因此而不信任所有的白人。因为我们的许多白人兄弟已经认识到，他们的命运与我们的命运是紧密相连的,他们今天参加游行集会就是明证。他们的自由与我们的自由是息息相关的。我们不能单独行动。

当我们行动时,我们必须保证向前进。我们不能倒退。现在有人问热心民权运动的人:"你们什么时候才能满足?"

只要黑人仍然遭受警察难以形容的野蛮迫害,我们就绝不会满足。

只要我们在外奔波而疲乏的身躯不能在公路旁的汽车旅馆和城里的旅馆找到住宿之所,我们就绝不会满足。

只要黑人的基本活动范围只是从少数民族聚居的小贫民区转移到大贫民区,我们就绝不会满足。

只要我们的孩子被"仅限白人"的标语剥夺自我和尊严,我们就绝不会满足。

只要密西西比州仍然有一个黑人不能参加选举,只要纽约有一个黑人认为他投票无济于事,我们就绝不会满足。

不!我们现在并不满足,我们将来也不满足,除非正义和公正犹如江海之波涛,汹涌澎湃,滚滚而来。

我并非没有注意到,参加今天集会的人中,有些受尽苦难和折磨,有些刚刚走出窄小的牢房,有些由于寻求自由,曾在居住地惨遭疯狂迫害的打击,并在警察暴行的旋风中摇摇欲坠。你们是人为痛苦的长期受难者。坚持下去吧,要坚决相信,忍受不应得的痛苦是一种赎罪。

让我们回到密西西比去,回到亚拉巴马去,回到南卡罗来纳去,回到佐治亚去,回到路易斯安那去,回到我们北方城市中的贫民区和少数民族居住区去,要心中有数,这种状况是能够也必将改变的。

我们不要陷入绝望而不能自拔。朋友们,今天我对你们说,在此时此刻,我们虽然遭受种种困难和挫折,我仍然有一个梦想,这个梦想深深扎根于美国的梦想之中。

我梦想有一天,这个国家会站立起来,真正实现其信条的真谛:"我们认为真理是不言而喻,人人生而平等。"

我梦想有一天,在佐治亚的红山上,昔日奴隶的儿子将能够和昔日奴隶主的儿子坐在一起,共叙兄弟情谊。

我梦想有一天,甚至连密西西比州这个正义匿迹,压迫成风,如同沙漠般的地方,也将变成自由和正义的绿洲。

我梦想有一天,我的四个孩子将在一个不是以他们的肤色,而是以他们的品格优劣来评价他们的国度里生活。

今天,我有一个梦想。我梦想有一天,亚拉巴马州能够有所转变,尽管该州州长现在仍然满口异议,反对联邦法令,但有朝一日,那里的黑人男孩和女孩将能与白人男孩和女孩情同骨肉,携手并进。

今天,我有一个梦想。

我梦想有一天,幽谷上升,高山下降;坎坷曲折之路成坦途,圣光披露,满照人间。

这就是我们的希望。我怀着这种信念回到南方。有了这个信念,我们将能从绝望之岭劈出一块希望之石。有了这个信念,我们将能把这个国家刺耳的争吵声,改变成为一支洋溢手足之情的优美交响曲。

有了这个信念,我们就能够一起工作,一起祈祷,一起斗争,一起坐牢,一起维护自由;因为我们知道,终有一天,我们是会自由的。

在自由到来的那一天,上帝的所有儿女们将以新的含义高唱这支歌:"我的祖国,美丽的自由之乡,我为你唱歌。您是父辈逝去的地方,您是最初移民的骄傲,让自由之声响彻每个山岗。"

如果美国要成为一个伟大的国家,这个梦想必须实现!

让自由之声从新罕布什尔州的巍峨的崇山峻岭响起来!

让自由之声从纽约州的崇山峻岭响起来!

让自由之声从宾夕法尼亚州的阿勒格尼山响起来!

让自由之声从科罗拉多州冰雪覆盖的落基山响起来!

让自由之声从加利福尼亚州蜿蜒的群峰响起来!

不仅如此,还要让自由之声从佐治亚州的石岭响起来!

让自由之声从田纳西州的瞭望山响起来!

让自由之声从密西西比的每一座丘陵响起来!

让自由之声从每一片山坡响起来!

当我们让自由之声响起,让自由之声从每一个大小村庄、每一个州和每一个城市响起来时,我们将能够加速这一天的到来,那时,上帝的所有儿女,黑人和白人,犹太教徒和非犹太教徒,耶稣教徒和天主教徒,都将手携手,合唱一首古老的黑人灵歌:

"自由啦! 自由啦! 感谢全能的上帝,我们终于自由啦!"

课后练习

1.你的演讲风格是什么？有何特色？

2.演讲风格有哪些？各有什么作用？

3.请结合所学内容，分析马丁·路德·金的演讲风格运用效果。

第十二章　把握即兴演讲

　　我总觉得能发表即兴演讲的人，真的非常牛！他们一站上台，淡定从容，潇洒自如，拿起话筒便是出口成章，滔滔不绝，不是引得四座皆惊，便是招得哄堂大笑，而他走上台时，只是整理了一下衣装，定了定眼神，他手上没有任何东西，他根本来不及思考，这不由得不令人折服：他实在是个天才！

　　他们究竟如何能做到的？真的是天生的才思敏捷、舌绽莲花，发言不需要经过大脑，讲座不需要备稿吗？

　　我原先真是这么想的，这些人天生就是演说家，他们的脑袋天生就比平常人聪明！但事情根本就不是这么简单：任何即兴的东西，都绝不是即兴而来，它一定经历过思考，一定下过腹稿。

　　先说丘吉尔，他的官方身份是英国首相，但在历史上，他也是一位著名的演说家。他的演讲风格总是果断又有威信，有很强的号召力，但又总在不经意间流露他幽默的本质。这里有一个真实的笑话，有一次丘吉尔被邀请到某个重要场合发表即兴演讲，到了目的地后，警卫过去给他开车门，但丘吉尔并不急于下车，警卫又好心示意了一次，但丘吉尔却很诚实地回答道：我在准备我的即兴演讲稿。虽然此时此刻，他在车上，身上没有任何工具，没有纸没有笔，也没有在此之前列过任何提纲，做过任何思考；但是，他有灵活的大脑，他只需要安安静静地在车上坐上三两分钟，迅速转动自己的大脑，理清这次演讲的主题、条理，那么他只要一拿起话筒开口讲话，他就能将所有人的眼光集中到他这里来。

你看，明明是即兴演讲，哪怕是丘吉尔这样举世闻名的演讲大伽，所谓方法还是一样要准备好演讲稿，虽然这并不是真的写在纸上的稿件，但它们在演讲者心里也必须先定下格式和方法。就是有一套好的脚本，它可以细化为4个要素：第一，抓手，是指在一开始的交流中，一句话吸引对方的注意；第二，要点，也就是直截了当地阐述观点；第三，论据，找到论证观点的依据，并阐述清楚；第四，呼吁，在结尾时提出要求，呼吁行动。任何成功的即兴演讲，只要拆解来分析，它们全都离不开这4个要素，邱吉尔的也不例外。

1968年，马丁·路德·金在孟菲斯遇刺时，肯尼迪正飞往印地安那波利斯一个贫穷的黑人区，准备在那里发表竞选总统的演说。他可能预先准备了一套演讲词，得知马丁被刺，下飞机后，他认为演讲词要以此改写。但他根本没有时间，刚从飞机上下来，还要马不停蹄赶往市区。于是肯尼迪在街上找到了一辆板车，跳上去，这样说道："女士们，先生们，热爱和平的同胞们，很抱歉，我将给大家带来一个非常悲伤的消息，马丁·路德·金今晚被暗杀了，他为他的同胞，献身于爱和正义。"这句话就是抓手，只要他开口讲这句话，就一定能吸引听众继续跟从。肯尼迪接着阐述观点："在美国，我们需要的不是分裂，不是仇恨，在美国，更不要暴力和无法无天，而要爱、智慧和对彼此的同情，对那些在我们国家里仍然受苦的人——无论他们是白人还是黑人——都要有一种正义感。"然后他朗诵了一段古希腊诗人埃斯库罗斯的诗："即使我们在睡梦中，痛也不能遗忘。"肯尼迪指出杀戮给人们带来的痛苦，指出枪杀这件事情本身的错误性。最后他呼吁：让我们为古希腊人许多年前写下的理想而奋斗，驯服人类野蛮的天性，使这个世界变得温暖，让我们为此献身，为我们的国家和人民祈祷——也就是呼吁世界和平，不要再有暴乱仇杀。

这段成功的演说轰动一时，在那个暴乱的年代起着力挽狂澜的作用。因为他的演说在各大洲区循环播报，深入到人们心灵最柔软的地方，安抚了民心，才使美国很多地区免于灾难。

看似简短、精练的演讲，其实也经过深思熟虑—肯尼迪可能就在下飞机的那一刻，在某个角落静立了3分钟，让头脑清醒，让心情平静，或者在洗手间洗手时来了一段缜密的思考。任何长篇大论的演讲词，只要以 4 个要素组构,就能即兴速成。肯尼迪成功了,他唤醒人们的良知,挽救整个美国。

名人每次即兴演讲看似都那么轻松流畅,观点明朗,条理清晰,还能吊起场内所有听众的兴趣,并使人产生共鸣,并不是因为他们是天才,他们智商情商都比别人高,脑细胞比他人发达。那是因为,他们在多年的演讲生涯和学术探研中,早已准备了各种形式的脚本,完全能够应付每一次突发事件的到来,也能使自己坦然面对每一次临时性的受邀演讲。他们站在台上,都不急于说话,而是身体站定,眼睛自信而从容地注视场内的人,并在极短的时间内对听众作一个判断,然后从自己早已准备好的多个脚本中挑选出最合适的那一个,向台下的受众娓娓道来。

学前问题

1. 即兴演讲是否应提前准备?
2. 如何理解及使用即兴演讲四要素?

第一节 即兴演讲是演讲各项能力的综合

即兴演讲,就是演讲者根据演讲现场拟定的主题或根据实际情况需要,在事先未做准备的情况下,快速展开思维,以恰当的语言阐述观点的一种演讲形式。

即兴演讲是个人综合能力的集中表现。做好即兴演讲不仅需要平时积累各方面的知识,提高个人文化素养;也需要积极与人交往,向他人学习;并懂得自我调节,增强信心,敢于在毫无准备的前提下,大胆畅所欲言。

要达到良好的即兴演讲效果,我们应该重点把握以下几方面内容:

一、主题要单一明确

即兴演讲的关键是把握住演讲的主题。演讲时,每一句话都要力求围绕主题展开,尽量做到切入主题时角度较小,只表达一个意思,阐述一个道理。一方面,我们可以借助临场客观事物的本质和特征,发散主观思维;另一方面,我们可以选取不同的角度阐述问题,例如对人性的认识,有人认为性本善,有人则认为性本恶。

二、布局要井然有序

即兴演讲是临时起兴,虽毫无准备,但也需要层次清楚地谋篇布局:如何开头,如何过渡,如何结尾,佐证材料主次位置如何安排,叙事是按照时间顺序还是依照空间顺序,是递进还是并列。只有演讲者做到内心有数,听众才能听明白。

三、内容要应时应景

即兴演讲,大部分情况下是人们在生产生活中有即时发表观点的需要。这就要求演讲者所讲内容要具有现实感,切合即兴演讲现场的氛围,该严肃时当严肃,该喜庆时当喜庆。同时,要根据实际情况,控制演讲内容的长短,既不能一味求短,也不能有讲不完的话,切忌繁杂啰嗦。

四、形式要灵活多变

演讲从来都不是形式单一的语言表达活动,不同的时间,不同的环境,演讲的形式可以丰富多样。或就眼前的人、事、物引出话题,或借助故事分享一个道理,或因感触表达内心感受,或就某个问题发表看法,等等,都可以是即兴演讲选取的表现形式。

案例 12-1

大家好,欢迎收看本期的《新闻聚焦》,我是周韵。

今天我们要说的是一个人,一位老人,甚至有人管他叫作"硬核老头"。

原因很简单,平时我们在坐地铁坐公交的时候呢,看到老人我们会自觉地起立让座。但是这位老人却很特别,在身上写了"勿(无)需让座",他对于年轻人的这种关照和心疼也真的是很让人动容。但是在我看来能够让这个民族经历 5 000 年的风霜,有很重要的一个原因,就是我们有很多有大智慧的、高贵的、复杂的精神。而在其中,尊老爱幼是很重要的一个。刘增盛老人给我们这些年轻人让座,这是一种情分,而我们这些晚辈给像刘增盛这样的老人去让座,给他们更多的关注,是一种本分。也正是这种情分和本分的交融,让我们的社会得以发展。而更重要的,他身上的那个红红的灯,点亮了我们对老人更多关注的一种提示。也正是老人的对我们的心疼和关照点亮了我们对于向真、向善、向美的生活的更好的期待和憧憬。谢谢大家!

——2019 年中央广播电视总台主持人大赛上,周韵在 90 秒即兴考核中综合展现了她的演讲能力

第二节 即兴演讲的开场艺术

即兴演讲是一门高超的语言表达艺术,是口才的最高境界。美国著名口才大师洛克伍德曾说:"在整个讲话过程中做到轻松地、巧妙地和大家交流思想是困难的,做到这一点的关键是开头的表达。"

有效的即兴演讲开场方式主要有以下几种。

一、设问开场

演讲者一开始就提出一个或几个出乎意料的问题,让听众神经亢奋,能够迅速地唤起听众的兴趣和注意力,缩短演讲者与听众的距离,并能加深听众对问题的记忆和理解。提问式开头应注意:不能泛泛地为提问而提问,提问的信息要与对象、场合相适应,同时讲究内容的合理性和确定性,要使听众感到新鲜,能激发听众积极思考,并巧妙自然地引出演讲的主体内容。

案例 12-2

"今天讲一个问题,就是一个女人能干什么? ……我的回答是:能干,什么也能干;不干,什么也不能干……如果努力干,就是从那些小的具体工作到管理国家大事都能够干;如果不干,就会变成新社会的寄生虫。"

妇女运动先驱蔡畅在《一个女人能干什么》中通过提问来引发听众的兴趣,再经自问自答的形式来阐发自己的观点,给听众留下深刻的印象。

二、猎奇叙事

演讲者通过讲述新近发生的奇闻怪事、令人震惊的重大事件或生动感人的故事,设置悬念,利用听众猎奇心理,激发视听热情,从而达到获得听众关注的目的。

案例 12-3

"去年 5 月 24 日的《新民晚报》,披露这样一个事实:一个四年级的小学生,每天要带父母亲手剥光了壳的鸡蛋到学校吃。有一次,父母忘了给鸡蛋剥壳,差点憋坏了孩子,他对着鸡蛋左瞅瞅,右看看,不知如何下口。结果只好原蛋带回。母亲问他怎么不吃鸡蛋,回答很简单:没有缝,叫我怎么吃!"

以这个小故事的开头,《救救孩子》的演讲者提出是否应该思考一下我们孩子的社会生活能力究竟怎样,今后他们是否能自立于社会、贡献于社会的问题。

三、解题明旨

演讲开门见山,简要解释说明演讲题目的含义,并概括主要内容,直接揭示主题,说明意图,让听众明白演讲的主旨和思路。

案例 12-4

"听到这个题目,在座的许多同志也许会联想到爱情。是的,爱情是神圣的,也是美好的。可是,我今天所要讲的,却是一种更高意义上、具有更强生命力的爱。这,就是战士的爱!"

《战士的爱》以题解开头,开门见山。

四、抒情达意

演讲者调动个人情感,通过渲染现场气氛,以情动人,让听众因受到情绪感染而注意聆听演讲内容。这种开头常采用排比、比喻、比拟等修辞手法,多用诗化的语言,形象生动,引人入胜。

案例 12-5

"漫漫的冬季,不如春意融融,万物争光辉;不如秋意绵绵,香山红叶飞满天;更不如夏意灿烂,烈日激情回射。但冬意,也是暖暖的。冬季的阳光缓缓洒下,洒进每一个角落,温暖人心。光线轻柔而温暖,孕育着一丝丝的生机;冬季的雨水声声滴落,落入每一寸土地,喂饱每一株生命,滋润万物细无声,孕育着一丝生命。冬季并不是人们想象中那么无情,冬季只是以她的方式爱自然。如果说春季是生机勃勃的,是万物复苏的季节,那么我说冬季是孕育生机的季节,有何过之? 相比之下,是不是冬季更伟大,更博爱呢?"

该演讲题为《季节》。

五、借物传情

这种开头方式常见于军事演讲、法庭演讲或学术演讲。演讲者通过展示实物(可以是一幅画、一张照片、一件艺术品等),给听众建立一种直观感受,然后借助实物阐发自己的观点。在开讲之前向听众展示某件实物,给听众以新鲜、形象的感觉,引起他们的注意。

案例 12-6

"今天我给大家带来了一样礼物。(举起一个小铜盒)我珍藏它已 5 年多了。它不仅使我改变了自己的命运,更使我明白了自己肩上重担不止千斤。你们一定想知道它是什么,那就请听一个关于我自己的真实的故事……"

《拼搏——永恒的旋律》开头时,演讲者以藏有励志血书的铜盒引出故事,并娓娓道来。

六、日常感知

演讲者通过向听众介绍自身日常生活状态或者平时生活感受,引入演讲主题。

案例 12-7

今天,我要借这个演讲台,向各位讲一下,我和我爱人结婚的第一晚上,讲的第一句话是什么。结婚的那天晚上,我妻子羞答答地碰碰我说:"哎! 有一件事跟你说一下。"我高兴地赶快说:"说吧,说吧! 尽管说。"妻子说:"我家在农村,条件不好,我妈培养我上学也不容易。毕业后我参加了工作,每月都要给我妈寄点钱回去。现在我们结婚了,你说以后还寄不寄?"我万万没有想到妻子会问这么一个问题。我怎么回答呢? 我说:"从今天起,你妈就是我妈,那我妈呢?"妻子笑笑说:"当然也是我妈了。"好,我就给大家讲一下:《你妈我妈都是妈》。

七、幽默开篇

这种开场,就是借用夸张、对比等修辞手段,用幽默轻松的语言,将听众的情绪稳定下来,让听众的思绪跟随演讲的节奏展开。

案例 12-8

"我刚从绍兴过来,在绍兴的兰亭,那里的人让我写字。我说,这可不行,这是书法家王羲之写字的地方,我怎么能写? 他们不干,非要我写不可,于是我就写了一行'班门弄斧,兰亭挥毫'。今天,北大又让我在此讲学,又是一种'怎敢当'的心情,于是我又写了一行'草堂赋诗,北大讲学'。我是搞新闻出身的,做新闻是杂家,跟专攻一学的教授不同,如果让我做正式教师的话,那是完全没有资格的,幸亏我当的是你们的名誉教授。"

金庸应邀到北京大学演讲时,幽默、风趣而又自谦的开场白引来了同学们会心的笑声和热烈的掌声。

八、取喻明理

演讲者常用比喻的方式,将抽象的理论、观点具体化,拉开演讲序幕。

案例 12-9

"蜡烛,很普遍,光不强,但能给我们带来光明;小草,很渺小,不高大,但却能点缀春天。我们很平凡,但要学蜡烛,燃烧自己照亮他人;要学小草,在平凡的土地上谱写伟大的诗篇。"

该演讲题为《平凡中的伟大》。

如果在出席活动过程中,确实遇到了没有丝毫准备却必须上台演讲救场的情况,作为演讲者一定不要惊慌,淡定从容走上台更能赢得听众的信任和钦佩。那上场之后说什么呢? 这里有一个万能的演讲内容:听众是怎样的人? 听众在乎什么? 听众正在做什么事情? 上场时,你只需要围绕这几个方面展开,注意内容新颖,形式别致,语言简短,快速入题,也会收到不错的效果。

拓展阅读

央视财经频道《明星团队》请来新东方教育科技集团的 4 位领导兼演讲高手做了一期特备节目有一个环节特有意思。主持人准备了一个装有很多小玩意并被红布盖住的箱子,让 4 位演讲高手现场抽"讲"——,摸到什么物件,就以它即兴演讲,但演讲的内容又必须与新东方的创立与发展有关。随后,俞敏洪摸到一个鸡毛掸子,周成刚摸出一个铁榔头,王刚摸出一个口罩,而陈向东居然摸出一个小瓶滴眼液。

回忆往昔,感情先行——俞敏洪即兴演讲之"鸡毛掸子":

有时候,我们的生活需要一把鸡毛掸子。因为当我们的窗户上有灰尘的时候,你看外面的世界会非常的模糊,就像当初我在北大的时候,觉得北大是全世界最好的地方。当然今天我也认为北大不错,依然是我心中向往的圣地。但是如果当初我没有下定决心,用我自己生命的鸡毛掸子,把北大在我眼前的这扇窗户给抹干净,然后看到外面的世界有可能还有我的天地的话,我就不会走出北大。1993 年,我举起了手中的鸡毛掸子把窗户擦干净了,我走出了北大,就有了新东方。

娓娓道来,承前启后——周成刚即兴演讲之"铁榔头":

我到新东方已经 10 年了,一直参与新东方的管理工作。后来,我有了很多的体会,作为一个管理者,你需要综合更多的能力,比如分析能力、判断能力、决断能力。实际上,自从新东方创立,如今 16 年走来,有很多重大的决策,都是靠俞洪敏带着我们"一锤定音",所以才能克服那么多的困难。尤其是当 2006 年 9 月 7 日,经过 13 年来的努力,我们共同让新东方成为在美国纽约交易所上市的中国第一个教育公司的时候,我们听到那锤子敲下去——一锤定音——新东方从此走上了国际舞台。

结合实际,一语中的——王刚即兴演讲之"口罩":

同学们,这是一个小小的口罩,当病菌肆虐的时候,戴上它,我们的身体就能健康。但是新东方是干什么的呢?是帮你摘除人生中一个无益的口罩——阻挡你与世界进行交流的自卑的。当你把这个阻挡在你灵魂之前的口罩摘除的时候，你的灵魂就挺立起来了，你就获得了与世界对话的知识和自信。

句句押韵，慷慨激昂——陈向东即兴演讲之"滴眼液"：

荣誉代表过去，学习代表未来。在学习的时候，当你累了，滴点滴眼液，来寻找陪伴你奋斗一生的人生伙伴——你们可以鼓掌——新东方的未来将永远关注学员，培育栋梁，让卑微、懦弱、落后只是传说，让中华民族的精神在大爱中得以传扬。而梦想已经启航，青春就在我们前方，年轻歌声嘹亮，幸福随风飘扬，连阿凡达都祝愿我们梦想地久天长。在今天，我们发自内心地祝福，在快乐当中制造中国梦想，收获你我的成长，一起让中国成为世界反战和平的脊梁。

课后练习

1. 请现场背一首五言或七言的诗，并以全诗首字展开，做 3 分钟以内的简单发言。

2. 用一个阿拉伯数字和一个字母形容自己。

3. 请你举一个例子，说明你的一个有创见的建议曾经对一项计划的成功起到了重要的作用。

4. 以"人活着就是为了改变世界"为题做 1 分钟演讲。

5. 一农民卖羊肉串资助上百名失学儿童，你怎么看？

6. 在《西游记》中你最欣赏唐僧四师徒中的谁，为什么？

7. 就下文韩信、刘邦的对话"外行管理内行"的看法。

上问曰："如我能将几何？"信曰："陛下不过能将十万。"上曰："于君如何？"信曰："臣多多而益善耳。"上笑曰："多多益善，何为为我禽？"信曰："陛下不能将兵，而善将将，此乃信之所以为陛下禽也。"

第十三章　辩　论

　　庄子与惠子结伴郊游,走到濠水的桥上时,庄子随口说:"鱼在河水中游得多么悠闲自得,这鱼多么快乐啊!"惠子立即展开了进攻:"你又不是鱼,哪里知道鱼是快乐的呢?"庄子回击:"你又不是我,怎么知道我不知道鱼儿是快乐的呢?"惠子反击:"我不是你,当然不知道你的想法;你不是鱼,所以你也不知道鱼的快乐。这是可以完全确定的。"庄子再度反击:"让我们回到最初的话题,你开始问我'哪里知道鱼是快乐的',就说明你很清楚我知道,所以才来问我是从哪里知道的,现在我告诉你,我是在濠水的桥上知道的!当然也就知道鱼是快乐的。"这一辩就辩出了历史上著名的"非鱼焉知鱼之乐"的论题。

　　这两辩中,撇开庄子是怎么看待这个世界的不讲,单从辩论方法上来说,首先从庄子的第一次回答:我不是鱼,但你不是我,你怎么知道我不知道鱼的快乐呢?这是用了惠子的问题来反击惠子,以其人之道还治其人之身,以子之矛攻子之盾。显示了庄子辩才之道的一个方面。面对惠子的反攻,庄子又跳出了本身的逻辑,跳回开头,再从惠子言语的漏洞中另立了一个新的逻辑,把惠子的"你怎么知道鱼的快乐?你根本不知道"这个反问理解为"你庄子是知道鱼是快乐的,但你是怎么知道的?"然后庄子不答"我是怎么知道的"这个问题,而是换位思考,"我是在濠水的桥上知道的"。而这个就是辩论方法中的偷换概念。

　　偷换概念是诡辩中最常用的一个技巧,就是把别人的言论作出曲解,然后把他推翻,再装作已经推翻了别人真正的言论。简单来说,就是日常生活中说着一个话题,但说着说着就被别人带到了沟里。比如对于"你行你上,不行别叨叨",你可以回答"我评论什么与我要干什么有什么关系?";或者你太听一个人的话,别人会说"他让你跳楼你也跳?",你也可以偷换概念地反问他"你昨天吃饭了今天就不吃了?"

■ 学前问题

导学案例表现出辩论具有哪些作用?

第一节　辩论的概念与用途

辩论是指两方(或多方)围绕同一对象,站在对立的立场上阐述自己的意见,揭露对方的矛盾,为批驳谬误、辨明是非、提高认识、弘扬真理而展开的思想交锋活动。它包括辩驳和立论两个环节。构成辩论的要素有 3 个:一是辩论有双方或多方参与,并各自持有不同意见,观点具有明显对立性;二是辩论双方必须是就同一问题展开辩论;三是辩论各方存在共同的价值取向,遵循科学规律和使用正确的推理论证方法,论证严密,合乎逻辑。

墨子曾说:"夫辩者,将以明是非之分,审治乱之纪,明同异之处,察名实之理,处利害,决嫌疑。"即辩论是为了分清是非界限,考察治乱的原因,弄懂同一和差别的客观规律,明了概念与客观事物之间的关系,权衡利弊得失,解决心中的疑惑。这就明确地指出了辩论是因人类社会生活实践的具体需要而出现。如今,社会经济高速发展,人与人之间交往频繁,在社会生活各领域,辩论发挥着更加重要的作用。在社会科学研究领域,辩论甚至成为真理探讨的一种手段。

具体来探讨辩论的作用,我们认为有以下几点:

一、辩论是各种谈判的必备形式

无论是国际性谈判,还是国内的一般谈判,辩论总是不可避免的。周总理在国际谈判席上,那刚柔相济、一字千钧的辩辞,既维护了祖国的声誉与民族的尊严,又留下了许多足以长中国人民志气和威风的佳话。在谈判陷入僵局之时,如果一方抓住问题的实质进行辩论,往往会产生巨大的力量进而突破僵局,赢得胜利。

案例 13-1

改革开放初期,我国深圳蛇口工业区代表团与美国某财团关于引进新型浮法玻璃厂项目的谈判陷入了僵局。其争论的焦点在每年所付专利费占销售总数的百分比上。对此,双方各不相让。这时,作为中方主谈判的袁庚说:"先生们,我们的祖先4 000年前发明指南针,2 000年前发明火药,全人类都在享受这伟大的成果,可他们从来没要过什么专利。我们作为后代,也从没因此骂过自己的祖先是混蛋,反而觉得光荣。请问诸位,那时候你们的祖先在哪里? ……不过,各位不要害怕,我的意思不是不付专利费,而是要求公平合理!"袁庚的话语既坦率、诙谐,又机智、恰切,使精明的美国商人叹服。因此,他们放弃了原来的要求,同意我方的意见。袁庚就这样凭着辩才,为国家赢得了数千万美元的利益。

二、辩论是人们日常生活中说理的工具

在日常生活中,人们随时都可能就某一事、物发生辩论。如家庭生活中父母与子女的争执,夫妻之间的思想交锋,亲属之间的分歧,邻居之间的纠纷,同志之间对事物的不同看法等。当遇到这些问题时,如果通过恰当的辩论,就可辩明事理,统一认识,解决矛盾,和谐关系。

案例 13-2

王某与李某是一对新婚才半年的夫妻。一天,丈夫王某提出离婚,妻子李某指责道:"你当时向我求爱时,信誓旦旦,许下诺言要爱我一辈子,说什么'只羡鸳鸯不羡仙',为什么才半年就变心呢?"王某反驳道:"我这些话并没有说错啊,确是表达了对你的一片真挚的感情!""那为什么半年就要离婚呢? 这算什么真挚的感情呢? 这不是虚情假意又是什么呢?"李某毫不示弱,反唇相讥。王某又不慌不忙地辩驳道:"文艺作品中的鸳鸯比喻男女之间爱情的神圣与珍贵,可是你婚后3个月就在外面另有新欢,这难道能怪我不守诺言吗? 能怪我虚情假意吗?"李某听后哑口无言,只得向丈夫认错,请求原谅。王某在这场辩论中坦诚地指出了妻子不忠诚于婚姻的行为,警醒妻子回心转意,使夫妻关系得到了巩固。

三、辩论是法庭审判中必要的程序

在法庭审判中,要揭露犯罪、分清罪与非罪界限、明辨是非、维护公民的合法权益等都离不开辩论。只有通过辩论,才能揭露犯罪分子的诡辩,使犯罪分子认罪伏法;只有通过辩论,才能查清疑点,使无辜的人免于冤假错案;只有通过辩论,才能分清人民内部的是非问题,使公民认识自己的行为是合法还是非法,从而维护自己的合法权益。总之,无论是对刑事案件,还是民事案件,法庭要作出公正的判决,都不能不依赖法庭辩论。

案例 13-3

一件盗窃案,被告人在法庭辩论上百般狡辩,拒不承认自己的罪行,说什么发案的那天晚上他一直在李某某家打麻将,没有作案时间,他在预审中承认犯罪,是被逼迫的。针对被告人的这一狡辩,公诉人反驳道:"经调查核实,李某某那天晚上正在上班,其妻也回了娘家,你怎能在他家打麻将? 你的辩解能推翻你认罪的口供吗?"被告人哑口无言,只得接受法庭的判决,老老实实地认罪伏法。

四、辩论是对敌斗争的有力武器

在同敌人的斗争中,我们可以运用辩论这个武器揭露敌人的反动实质和罪恶阴谋,使其丑恶的嘴脸暴露无遗,从而伸张正义,弘扬真理。

案例 13-4

1933 年 5 月 15 日,党的早期领导人邓中夏不幸在上海被捕。敌人对他软硬兼施,企图诱降。国民党某中央委员对邓中夏说:"你是共产党的老前辈,现在受莫斯科那些小字辈的欺压,我们都为你不平。中共现在已不是政党了,日暮途穷。你这样了不起的政治家,何必为他们牺牲呢?"邓中夏当即反驳道:"我要问问你们,一个害杨梅大疮到第三期已无可救药的人,是否有权讥笑那些偶感伤风咳嗽的人? 我们共产党人从不掩盖自己的缺点错误,我们有很高的自信力,敢于揭发一切缺点与错误,也能克服一切缺点与错误。我们懂得,错误较诸我们的正确主张,总是局部的,有限的。你们呢? 背叛革命,屠杀人民,犯了不可饶恕的罪行,民心不可侮,你们注定失败,真正的日暮途穷了。"

面对敌人对党的侮辱和挑拨离间的阴谋,邓中夏运用辩证的观点阐明了我党的错误与正确主张的关系,指出党的错误是局部的、有限的,而正确主张则是占主导地位的,因此共产党前途无限光明远大。而国民党反动派处处与人民为敌,对人民犯下了不可饶恕的罪行,它已经日暮途穷,气息奄奄,注定要失败。邓中夏的驳斥有理有力,击中要害,因而使敌人无法招架。

第二节　辩论的基本技巧

　　如果仅仅把辩论看作唇枪舌剑的较量,未免失之偏颇,辩论之难,不仅在于辩手要具有广博的知识、敏捷的才思、良好的嗓音条件和一定的演讲水平,而且在于其评判指标是软性的,更多靠评委的主观判断,因而辩论好结果的取得难如体操、跳水运动员以高难度技巧取胜,没有绝活得不了高分。于是乎,古典诗词、名人名言、禅宗妙语、流行歌词、广告用语,乃至绕口令、歇后语都巧妙运用在了现代辩论中。如何化难为易,将丰富的知识用练达精妙的语言表达出来呢? 这就涉及本节要谈的辩论技巧了。

一、就事论事

　　这一技巧要求辩手在辩论中抓住辩题,不能离题万里大发议论,而要始终注意主攻方向。陈述观点则不要太华丽,而一定要系统地说清楚;自由辩论则不能过多地纠缠在细枝末节上。

　　案例 13-5

　　辩题:人类是大自然的保护者(正)/破坏者(反)

　　反二:我再一次请问对方辩友,人类要生存,要发展的基础是什么?

　　正四:我想再次告诉对方辩友,破坏是少数的。请问,马有白色的马,但是马一定要是白色的吗?

　　反三:对方答非所问,请正面回答,人生存发展是以什么为基础的?

　　——在反方的追问下,由于正方一时没有合适的回答,所以搬出了白马非马论,但反方没有被牵住鼻子,以"答非所问"马上把对方拉回来,在对自己有利的方向上毫不放松。

二、死缠烂打

从内容上说,原则性的问题必须死缠烂打,抓住不放。在每一场比赛中都要设定令对方无法回答的原则性问题,把对手逼住不放。如何设定?辩论双方总是既有理又没理,总有些问题,特别是具体事理或者是哲学原理,对方是不能或无法正面回答的,应该把这些问题理出来。

案例 13-6

辩题1:焚毁走私犀牛角是(正)/不是(反)保护自然资源的行为

反方说不是,一直追问:焚毁到底保护了哪些自然资源?

辩题2:流动人口的增加有利于(正)/不利于(反)城市的发展

正方说有利,一直问:由于管理不善带来的消极影响是否也要归责于流动人口?

——以上辩题中的例子,或攻或防,都可以让对方要么陷入解释的纠缠,要么跟随自己到对自己有利的战场,这就是追问原则性问题的好处。

三、主动转移

能否做到这一点往往成为初级比赛和高级比赛的根本区别。

要说清楚这点首先要明确辩论——尤其是自由辩论的意义。例如在某院新生辩论赛第三场中,正反双方语速飞快,比赛看似紧张激烈但实则犯了忽略大局的错误,比赛陷入"两小儿辩日"的泥淖之中。

自由辩论在于说服听众。双方不可能互服,所以要让听众认可无非两点:一为完善己方理论,二为指出对方的谬误。这两点是单方行为不需对方的认可:指错,指出即可、补洞,补足即罢。所以要提出完成一个战术目标之后的——主动转移。

从原本的二辩、三辩分别陈辞发展到现在攻辩阶段,目的在于增加对抗性和可看性,但不应该忽略这个环节的真正作用在于把己方理论阐释清楚,把攻防路线全面铺开。所以在这个阶段,全队都要全神贯注地思考对方的理论,看清对方所走的路线与自己路线的交锋和不利,为自由辩论的战场方向作下指引。

一个优秀的辩手,应该具备在短时间内发现对方立论问题的能力。在攻辩结束之后,需要的是交流!所以一、四辩此时任务尤其艰巨!一辩开始小结,指出对方在应对我方问题的时候的错误,指出对方理论的缺陷。四辩则既可告知二、三辩攻击方向,又可在己方理论处于被动时思考应对方略,随机应变。这一分多钟,实在是关键!

上述的两个环节可以说都是为自由辩论准备。在知己知彼以后,则应该战无不胜! 主动转移要求全队在设定多个小的战术目标后能步步为营。

案例 13-7

辩题:大学学习以博(正)/以专(反)为主

正方以博为主:战术目标一,确定大学学习之特点,博之范围,为主之评判标准。战术目标二,确立逻辑底线:当今世界学科呈现交叉性和复杂性。战术目标三,展开推论:由逻辑底线决定了要完成学业和未来自身发展的博之根本性。战术目标四,解释问题:解释为什么对方说的以博为辅不能符合现阶段的学习要求。战术目标五,攻击理论:指出以专为主的诸多弊端,质问对方。

一条清晰的自由辩论战术,如果在真正比赛中贯彻了 80% 就确保了正方的胜利。试想,若纠结在五点中的任何一点上说个 3 分钟,整个比赛将会无聊,整个观点将会片面。这也是很多初级选手比赛无可看性的原因。

须注意,一定要与"避而不答"严格区分开来。许多辩手往往不听对方发问,拿起一张卡片就念,虽然可能靠事先准备的妙语引来掌声,但瞒不住内行的评委和观众。所以主动转移一定要在反击或者至少守住的一次攻击后方可进行。

主动转移并非难点实为要点,只是很多新辩手没有意识缺乏经验罢了。好比没怎么打过架的人总是想着如何接一拳踢一脚,而武林高手却要谋划全面的攻防套路。

第三节 辩论赛的礼仪规范

一、着装规范

辩论赛场是公开的正式场合,应该注重树立自身良好形象,应着统一正装参加比赛。具体要求如下:

服装颜色统一，以白色或黑色为最佳。男辩手以着深色西装为主，配白色衬衣和深色领带，鞋袜与西装颜色相近即可。

女辩手上衣或衬衫应平整挺括，以单色最佳。衬衫的下摆应掖入裙腰之内而不是悬垂于外，也不要在腰间打结。衬衫纽扣除最上面一粒可以不系上，其他纽扣均应系好。穿着西装套裙时不要脱下上衣而直接外穿衬衫，衬衫之内应当穿着内衣但不可显露出来。

裙子应以窄裙为主，里面应穿着衬裙。年轻女性的裙子下摆可在膝盖以上 3~6 厘米，但不可太短；中老年女性的裙子应在膝盖以下 3 厘米左右。真皮或仿皮的西装套裙不宜在辩论场合穿着。

鞋子应是高跟鞋或中跟鞋，袜子应是高筒袜或连裤袜。鞋袜款式应以简单为主，颜色应与西装套裙相搭配。

另外，在发式上，男辩手头发不宜过长；女辩手长发应该扎起或盘起，短发刘海应用发卡别住，不要遮住眼睛。上台前，男女辩手都应化妆，但不宜太浓。

二、仪态规范

1. 坐姿

保持端正，脚应放在前方，欠身而坐，稍微前倾。一般为了方便站起发言，女士坐凳子的 2/3，男士坐凳子的 1/2。双脚不可踩在凳子或者桌子的脚踏上。切忌弯腰、驼背、跷二郎腿之类不雅动作。

2. 站姿

站立发言时，应保持微笑，身体直立，两眼正视，下颌微收，两肩平齐，挺胸收腹，两臂自然下垂，整个身体庄重挺拔。

3. 鞠躬

鞠躬分为浅鞠躬和深鞠躬两种，男女的鞠躬方法也不相同。

男辩手一般在行赛前、赛后礼时深鞠躬，鞠躬角度在 75 度左右，双手紧贴裤缝。在比赛当中发言行浅鞠躬，鞠躬角度以 20~35 度为宜。

女辩手在行赛前、赛后礼时，行深鞠躬，鞠躬角度 75 度左右适宜，双手自然摆放。在比赛当中发言行浅鞠躬，鞠躬角度以 20~35 度为宜。不回答问题时，要坐端正，目视对方辩友。

三、临场礼仪

辩论现场，各辩手的一言一行，是评委观众打分和评价的依据之一。恰到好处的礼仪规范，能够为自身在辩论过程中加分。在辩论现场，具体需要注意的礼仪规范如下：

尊重他人发言，尤其是主持人讲话时，不能打断。待主持人讲完后，经由主持人发令，方可发言。发言前，应说"谢谢主持人，谢谢对方辩友"等礼貌用语。

攻辩时，不要直视对方的眼睛，更不可目光四处游离，飘忽不定，应注视对方同学的眼睛稍上方的位置。在对方辩友质询的过程中不可打断，不可反问，更严禁人身攻击、粗言恶语。时间结束时，被提问的一方应等到提问一方坐下后再坐下，以示对提问方的尊重。

自由辩论时，要等到对方发言完毕后再站起发言，不要心急打断对方的发言，应认真倾听对方。

对于对方所提出的论据，尽量不要质问，以示对对手的尊重，除非有明显违背常识或事实的论据。

辩论过程中，站起来发言时，身体不应直面对方辩手，而是应该成一定的角度，稍微面向评委。双手应交叉放于肚腹前，不能左摇右晃，可以适当运用肢体动作，但不要过多，要自然得体。视线应该始终与对手、主席、评委、观众有直接交流。

发言时要注意次序、时间，严格按照辩论赛制。一方落座另一方方可发言，一般不得打断。主席宣布时间结束后，即使发言尚未结束，也应及时终结发言坐下，不可继续坚持超时发言。

在语言表达方面，尽量使用"您""对方辩友"等称呼对方辩手，而避免使用第二人称"你"等称呼。用词用语要做到礼貌、尊重，切忌有不文明或不尊重的用语出现。手中不可持笔、尺等指指点点，拍桌子摇晃等应一律禁止。

发言应吐字清晰准确。如果听不清对方的发问，也可请其再说一遍。

第四节　辩论赛基本流程与规则

一、铺垫工作

①介绍比赛背景
②宣布辩题
③介绍参赛代表队及所持立场
④介绍参赛队员
⑤介绍规则、评委及工作人员

二、比赛

1. 陈词立论

正、反方一辩陈述本方主要观点,双方必须从理论和实际两个方面进行立论,要求表达明确,论证恰当、逻辑清晰。(双方时间各 2 分钟,剩余 30 秒时,会有一次时间提示;用时结束时,会有一次时间提示,举牌人员举红牌。时间到后辩手不得继续发言,否则扣分)

2. 攻辩盘问

(1)正方二辩选择反方二辩或三辩进行一对一攻辩
(2)反方二辩选择正方二辩或三辩进行一对一攻辩
(3)正方三辩选择反方二辩或三辩进行一对一攻辩
(4)反方三辩选择正方二辩或三辩进行一对一攻辩

攻辩盘问由正方二辩开始,每方最多提问 2 次,正反方交替先手;

提问和回答都要简明准确,盘问方不得重复提问,被盘问方必须直接回答,否则扣分;

每一轮(双方互相问答为一轮)攻辩盘问,被盘问方不得向盘问方反问,否则扣分;

双方必须站立完成每一轮盘问,若落座则视为此轮盘问已结束;

每一轮盘问时间为 2 分钟,盘问方每次提问不得超过 15 秒,被盘问方每次回答不得超过 45 秒,用时结束时,有一次时间提示,举牌人员举红牌,盘问终止；

每位队员必须在规定的时间内完成盘问,超过时间按照弃权处理,并从所在团队总分中减掉 5 分。

3. 自由辩论

由正方辩手开始,正反方辩手轮流发言,二、三辩为主,一、四辩为辅,双方时间各为 7 分钟。

一方发言辩手落座,视为发言结束,即为另一方辩手发言开始的计时标志,若有间隙,时间累计,照常进行。同一方辩手的发言次序不限。

如果一方发言时间结束,另一方可以继续发言。双方用时均结束时,时间提示停止。

4. 总结

由双方四辩进行最后陈述(反方先手),总结己方观点,反驳对方主观点,对方错误进行总结。(双方时间各为 2 分钟,剩余 30 秒时,有一次时间提示,举牌人员举黄牌;用时结束时,有一次时间提示,举牌人员举红牌,总结结束。)

三、互动与点评

①观众提问。观众对双方队员进行提问,队员必须给予耐心解答。(提问阶段双方的表现不记入比赛成绩。)

②评委评分。与观众提问同时。

③由评委对双方观点及辩论过程进行点评。

④宣布结果。

四、评判标准

1. 评分项目

审题:对所持立场能否从逻辑、理论、事实等多层次、多角度理解。

论证:论证是否有说服力,论据是否充分,推理过程是否合乎逻辑,事实引用是否得当、真实,对本方的难点是否提出有效的处理方法。

辩驳:提问能否抓住对方要害,是否简单明了,在规定时间内有否提出问题或提问不清,是否正面回答对方的问题,能否给人以理据,有无不回答或不正面回答。

配合:是否有团队精神,是否相互支持,论辩衔接是否紧密。问答是否系统并给对方有力打击。

辩风:所用语言和辩论风格讲究文明礼貌。无明显或隐晦地对对方辩友进行人身攻击。

2. 得分标准

①论点明晰,论据充足,引证恰当,分析透彻。

②迅速抓住对方观点及失误,驳论精到,切中要害。

③反应敏捷,应对能力强。

④表达清晰,层次清楚,逻辑严密。

3. 扣分

凡审题、论证、辩驳、配合、辩风项目中,不符合评判要求和违反规则的,以及由于参赛队自身原因造成的突发事件影响比赛的,均酌情扣分。

拓展阅读

2001年国际大专辩论会大决赛:钱是(正)/不是(反)万恶之源

正方——武汉大学队	反方——马来亚大学队
一辩:蒋舸(国际法系三年级)	一辩:陈勋亮(电气工程系二年级)
二辩:袁丁(人文科学实验班四年级)	二辩:陈锦添(土木工程系二年级)
三辩:余磊(法律系研究生一年级)	三辩:陈政鞅(电气工程系三年级)
四辩:周玄毅(人文科学实验班四年级)	四辩:胡渐彪(中文系四年级)

● 双方一辩陈词

主　席:首先有请正方一辩蒋舸同学发言,时间是3分钟,请。

蒋　舸:谢谢主席。各位评委,各位观众,大家晚上好。《圣经》中"失乐园"的故事和中国先贤孟子的教诲都说明了人之为恶并非本性使然,而是外在的诱惑使人迷失了自己的良知。那么,外在诱惑如此之多,为什么偏偏是钱成了万恶之源呢?

第一,钱具有与任何商品进行等价交换的现实合法性。一方面,钱既是财富的象征,又是一般等价物。它具有无限的效力,因此能煽起人的无穷贪欲。但是另一方面,每个人对于金钱的占有又都是有限的,无限的欲望根本不可能得到满足。正是金钱这种效用无限性和占有有限性之间的矛盾,使它比其他任何物品都更能激起人心中的非分之想,从而使人迷失良知,堕入邪恶。

第二,钱不仅可以在商品领域呼风唤雨,而且可以使非商品也商品化。它不仅是物质财富的象征,而且成为精神价值的筹码。权力、地位可以用钱购买,贞洁、名誉可以公开出售,人性、尊严被"待价而沽",甚至天理、良心也染上了铜臭之气。莎士比亚早就揭露道:金钱可以使黑的变成白的,丑的变成美的,错的变成对的,卑贱的变成尊贵的。正因为金钱具有如此混淆是非、颠倒乾坤的无边法力,它才成为了滋生种类繁复、数量极多的罪恶肆意蔓延的深刻根源。

第三,人对钱的崇拜还异化了人与钱之间的关系。钱本应是促进社会经济发展的一种工具,但在现实中,却被人们当作了顶礼膜拜的上帝。因为钱,人们迷失于这光怪陆离的物欲世界;因为钱,人们丧失了内在良知却还浑然不觉;还是因为钱,人生价值和人性尊严都被当作了牺牲品(时间警示)供奉到了拜金主义的祭坛之上。

钱作为工具,的确可以促进社会经济的发展,但问题就在于现实中,它已经被人们当作了目的本身在看待。当崇尚自由的人类精神已经被缚上了黄金锁链的时候,他还能自由飞翔吗?谢谢。

主　席:谢谢蒋舸同学。下来我们来听听反方一辩陈勋亮同学是如何破题立论的,时间是3分钟,请。

陈勋亮:谢谢主席。大家晚上好。对方辩友刚才之所以告诉我们钱是万恶之源,因为她把钱等同于目的了。那我想请问二辩一个问题,我今天奉公守法地去追求钱,钱也可说是我的目的了,请问钱成为万恶之源吗?

第二,对方辩友告诉我,钱有时不是万恶之源,是因为有法律的制约。我想请问各位,法律是制约钱不赚,还是制约我们行为的准则呢?如果是制约行为的准则,那钱还是万恶之源吗?

接下来,且让我开宗明义,解释一下辩题的几个重要定义吧。钱,其实是人类文明发展的产物,它是一个不具主动性的交易媒介。而恶则是一个价值上的破坏,行动上的破坏。而我们所谓的源,就是事情的起源和根本。所以对方辩友要告诉我们钱是万恶之源,就得告诉我们，其实一切恶的根源是由钱导致的。我方认为：不是。因为钱有根本就无法达至是万恶之源的两个特性：第一，它无法告诉我，钱如何全面性地涵盖一切恶源；第二，钱不能够具有源的根本性。如果对方辩友说钱是根本，钱是万恶之源的话，那就请你解答我方以下的4大疑问。

第一，世间上的恶可是成千上万，难道用单一的钱就可以解释所有的恶吗？强盗杀人放火也许是为了钱，难道今天家庭暴力、虐待儿童，甚至是种族大屠杀都是为了钱吗？

第二，今天追逐钱的原因其实是错综（时间警示）复杂的，我们无法将它归类成一个共同的源头。我们知道独裁者排除异己，可能是为了钱，但难道他就不可以为权势、地位，或是愚昧吗？可见如果以钱作为万恶之源，是有点以偏概全之嫌。

第三，萨特这位哲学家早就告诉了我们，人具有自由意志，人是有选择的权利的，因此人必须为自己的行为而承担一定的责任，我们不应该把一切的恶的罪行都怪罪于钱上。同样是钱，但是为什么君子求财却是取之有道，小人求财却是偏偏喜欢偷盗呢？可见，关键根本就不在于钱吧。

第四，如果钱是万恶之源，为什么有人会用万恶之源来行善呢？陈六水先生创办了南大，而我们看各地的华人也在华东的大水灾时慷慨解囊。如果钱是万恶之源的话，那么到底这个恶源（时间到）如何结出善行呢？谢谢各位。

● 双方二辩陈词

主　席：谢谢陈勋亮同学。现在我们请正方的二辩袁丁同学进一步阐述正方的观点，时间是3分钟，请。（掌声）

袁　丁：谢谢主席。大家好。对方同学有4大问题，可惜一个前提错了。他们告诉我说，《辞海》中，"万"是一切。可是我方也查过《辞海》，无论是《辞海》《辞源》，还是《说文解字》，"万"从来就没有一切的意思。对方同学用的是不是盗版呢？不过盗版也是钱造的恶呀！（笑声、掌声）

对方同学，我们再举一个例子，我们说一个人经历了千辛万苦，是不是说他要经历一切的苦呢？那这个人肯定不是男人，因为男人再苦

也没有受过女人生孩子的苦；不过他也肯定不是女人，因为女人再苦，也没有受过男人怕老婆的苦——万是一切吗？（掌声）

其实，钱是万恶之源，就是说钱能够产生数量极多，而且品种繁复的恶行。这一点，历史早有明证。想当年，罗马帝国雄踞一方，征服给帝国带来了荣耀，也带来了源源不断的财富。但是很快，原本纯朴的罗马人就拜倒在金钱的脚下，沉迷于声色犬马的放荡之中，而帝国终于也在这种腐朽和堕落中分崩离析。《圣经》里说，让有钱的人入上帝的国比让骆驼穿过针眼还要困难。然而在利欲熏心的人看来，却是天堂大门朝南开，有德没钱，您就别进来。（掌声）

到了近代，社会进步的阳光普照大地，然而金钱罪恶的阴影却依然挥之不去。因为钱，热爱自由的美国人却迟迟不肯把自由给予黑人奴隶；因为钱，标榜平等的荷兰人却要强迫东方国家和他签订不平等的条约；还是因为钱，高唱博爱的法国人却偏偏忘了把爱给予终日劳作，却依然食不果腹的数万童工。事实（时间警示）胜于雄辩。一部西方文明发展史就这样清清楚楚地向我们表明了金钱化神奇为腐朽的巨大魔力。

无独有偶，在东方，无论是古巴比伦王国，还是阿巴斯王朝，不都是由富强鼎盛走向了荒淫颓败吗？而在中国的传统社会中，一个满腹道德文章的读书人，其最高理想却也不外乎"学成文武艺，货与帝王家"，这已经是赤裸裸地把人生看作一场金钱的交易了。因而才会有"三年清知府，十万雪花银"的民谣。当金钱的魔力使人把羞耻之心和报国之志都抛诸脑后的时候，我们还能说钱不是万恶之源吗？

古人云："以史为鉴，可以知兴衰。"面对着东西方的历史，我们不禁要问：金钱，究竟有多少罪恶由你而生，究竟有多少盛世由你而亡？谢谢大家。（掌声）

主　席：谢谢袁丁同学。下来我们来看看反方的二辩陈锦添同学是如何反驳正方观点的，时间是3分钟，请。（掌声）

陈锦添：谢谢主席。大家好。一个苹果，你不管再怎么切，它终也只能是一个苹果。今天对方似乎为我们举了很多种的恶，但其实就只有一种，那就是贪钱——而世间的万恶真的就只有贪钱一种吗？今天对方说"万"不叫作"全"，那我想问对方辩友，今天我说"你万万不可同

意我的立场",是不是说,你大部分时候不同意,偶尔可以同意一下呢?(掌声)

今天对方一辩的逻辑很有趣:她今天告诉我们,因为对金钱的追求是无限的,而对财富的占有却是有限的,所以金钱就是万恶之源了。既然这样,我说我对道德的追求也是无限的,可是我所拥有的道德也是有限的,所以道德也是万恶之源吗?(掌声)照这样的逻辑,今天健康也是万恶之源,今天,爱情也是万恶之源了。(笑声、掌声)

OK,继续阐述我方立场。我方认为钱不是万恶之源。为什么呢?因为钱无法全面性地涵盖世间所有的恶。在美国有这样的一个案例,有一个妇女趁她丈夫熟睡的时候,竟然用西餐刀狠狠地把她丈夫的子孙根给切下来了。我们说这种惨案的发生,到底是因为(时间警示)家用给得少,还是因为仇恨呢?而我们更看到,大马有一个痴心汉,因为他的女友另结新欢,结果,他就把他的女友分尸 13 段。这个恶的导因到底是他内心的仇恨——他内心本来这种憎恨,还是因为他的女友没有给他分手费呢?(笑声、掌声)

我们更看到,第三,价值的非理性违反。我们知道,今天不忠、不孝、不仁等等,都是恶。可是我们看到,吴三桂让清兵入关,他是为了陈圆圆,而不是美元。(笑声)我们更看到,今天如果你走在路上,你看到一只狗,你踢它一脚,你看到一只猫,你踩它一下,到底这是因为你有暴力倾向,还是因为那只猫和那只狗欠你钱呢?(笑声、掌声)

综上所述,世间的很多恶决定都不在于钱,钱不能引导恶的出现。钱到底能是万恶之源吗?如果真的是万恶之源的话,请对方解释以上种种的恶到底跟钱有什么直接的关系。谢谢。

● 双方三辩陈词

主 席:谢谢陈锦添同学。下来我们请正方三辩余磊同学对正方的观点做进一步补充,时间是 3 分钟,请。(掌声)

余 磊:谢谢主席。评委、各位好。对方同学的问题我会一一解答,请不要着急。首先,对方二辩告诉大家,"万万不可"表明的是一切的意思。您搞错了。"万万不可"的"万"字是一个副词,我们今天说的"万恶之源"的"万"字是一个形容词。您把副词和形容词来做类比,是不是叫作"把马嘴安到牛头上"呢?(掌声)

对方同学今天要我方解决的第一个问题是邪教,问题在哪里?您知不知道,您举的那个麻原彰晃的例子,麻原彰晃的一根头发卖给他的教徒要卖 30 000 日元,一杯洗澡水要卖 50 000 日元,他嘴上不说,心里想的还是钱哪!(掌声)

其次,对方同学谈到了家庭暴力。让我们想一下,家庭暴力大多数是男人打女人,男人打女人时候说什么?"我辛辛苦苦赚钱养家,你还不好好伺候我!"还是钱哪!(掌声)

第三点,对方同学还谈到了仇恨。让我们想一下,仇恨是什么?中国人说杀父之仇,夺妻之恨。可是现在有的人没有钱可以卖老婆,有了钱可以出卖自己的父亲,还不是仇恨吗?最大仇恨都是由钱而引起,对方同学还能否认钱是万恶之源吗?(掌声)

第四点,对方同学还提到了吴三桂,他说吴三桂是为了陈圆圆。这样的借口对方同学能相信吗?如果吴三桂真的是为了陈圆圆,他引清兵入关之后已经做了云南王,陈圆圆也已经到手了,为什么还要高官厚禄,心里还不放松,还要做皇帝呢?还是为了钱哪!对方同学以上种种例证都不能证明,如何否认我方观点呢?(掌声)

刚才我方二辩已经从东西方的历史给大家证明了钱是万恶之源。现在,再让我们来看看这个现实的社会。我们可以看到,在政治领域,因为对金钱的崇拜导致人们对权力的追逐,而一旦获得权力,又以权力为工具来攫取金钱,从而形成了对方同学深恶痛绝的权钱交易;在经济领域,由于金钱的巨大魔力,导致人们违背自己的天理良知去(时间警示)制造假冒伪劣,牺牲自己的恻隐之心来打击竞争对手,甚至在面对冰冷的绞刑架时,依然能够表现出飞蛾扑火般的莽撞与冲动;在日常生活领域,同样因为钱,一些人可以杀人放火、抢劫绑架、拐卖人口、贩卖毒品,这些活动,哪一样没有深深地打上金钱的烙印呢?

面对金钱造成的骇人听闻的一切,如果对方同学还能告诉大家钱不是万恶之源的话,我只能用巴尔扎克的一句话来与对方共警:金钱无孔不入地渗透到我们的社会当中,它控制了法律,控制了政治,控制了经济,控制了道德。当我们的一切为金钱所控制的时候,我们将何去何从?谢谢各位。(掌声)

主 席:谢谢余磊同学。现在我们请反方三辩陈政靰同学发言,时

间是3分钟,请。(掌声)

陈政靰:谢谢主席。首先对方要我说"万"是一个副词还是形容词,那形容词可多得很哪!什么叫"万全之策""万无一失"?什么叫"万有引力""万物之灵"呢?这些"万"难道不是指全部,难道是指有例外吗?

第二,对方今天逻辑点其实很简单,告诉我们:因为钱有诱惑力,所以钱就是万恶之源。可是我们知道,女性的美对男性来说也有一种无限的诱惑力。难道男性侵犯女性的时候,我们可以说女性的诱惑力、女性就是万恶之源吗?(掌声)

第三,对方从一辩到三辩,桩桩件件地告诉我们种种关于恶的类型,其实总结一句,就只有一个贪钱而已。但是贪钱,恶在于贪,还是在于钱呢?如果说恶在于钱的话,那么我告诉你,人类不只贪钱,还贪吃,贪喝,贪睡觉呢。那么,食物、睡觉本身难道又是万恶之源吗?(掌声)

钱和大多数的恶都没有关系;但是以根本性而言,即使跟钱有关系,钱也未必是恶的必然导因。第一,以钱为目的,未必就让人去行恶。同样是追求金钱,有人奉公守法,安分守己;有人作奸犯科,不择手段。关键不在于钱,而在于人追求钱的方法和手段。今天,主办当局设定10 000元的冠军奖金,难道是诱惑我们去行恶吗?不,(掌声)追求金钱不是恶,不择手段追求金钱那才叫是恶。

第二,以钱为手段就未必导出恶的结果。如果说钱是万恶之源,大家想一想,恶的根源为什么会结出善的果实呢?今天我以"万恶之源"来奉养我的父母,今天慈善机构都以"万恶之源"来救苦济贫,新加坡政府更以"万恶(时间警示)之源"来建设国家,这难道是在行恶吗?可见不是的。那么对方是不是已经默认了,其实是人的行为决定了钱的善恶。那时钱还怎么可能是万恶之源呢?(掌声)

第三,以钱的本质而言,钱没有主观能动性,钱是一个没有意识,没有生命力的东西。对方把一切罪行都归于钱,这对钱公平吗?那小偷就会说:哦,我偷钱的时候,不要怪我,不是我本身有贪欲,而是那个钱太吸引我了,要抓抓钱,不要抓我啦。(掌声)这样子不负责任,能够被大家接受吗?

第四,恶的出现在先,钱的出现在后。请问大家,在还没有钱出现之前,世上难道就没有恶行吗?原始人的时候,在还没有钱的时候,他们感到饿了,就杀掉同类;看到性欲来了,就侵犯异性。这样子的恶又是什么钱导致出来的呢?因此,恶在先,钱在后,钱又怎么可能是万恶之源呢?谢谢大家。(掌声)

主　席:谢谢陈政勣同学。那么究竟钱是不是万恶之源呢?我们稍后再请双方代表继续辩论这个问题。观众朋友,我们稍后见。

●自由辩论

主　席:观众朋友,欢迎继续收看2001年国际大专辩论会大决赛。现在呢,又是双方辩友施展辩才的时刻了,马上要进行的是自由辩论。在自由辩论当中,各队都有4分钟的发言时间,必须交替发言。我们先从正方开始,请。

周玄毅:对方三辩刚才谈"贪",请问"贪"字怎么写?上面一个"今",下面一个"贝"。"贝"是什么意思?还是钱嘛!

胡渐彪:我倒是对对方一辩提出的整个立论架构很有兴趣。她说今天人为恶不是本性使然,是钱诱惑他的。那我想请问对方辩友,那钱还没发明之前,世界上有没有万恶呢?

余　磊:原始社会到底有没有恶,伦理学上有争议。但是没有争议的是什么呢?是钱产生之后,恶的种类、恶的形式是"一日千里,突飞猛进",犹如"黄河之水天上来,奔流到海不复还"哪!(掌声)

陈政勣:对方认为在原始社会钱还没有出现的时候,那种伦理还有争议。真的是有争议吗?难道肚子饿了就杀掉同类,看到性欲起来就侵犯女性,这种罪恶还叫作有争议啊?

袁　丁:这叫作动物性,根本就不是人的善恶嘛。我再请问您,又是什么力量使得色情网站如洪水猛兽一样打击东方各国原本纯朴的本土文化的呢?请正面告诉大家吧。(掌声)

陈勋亮:所以其实对方辩友是告诉我,人在钱还没有出现之前,是兽性。也就是钱还没出现之前,人根本就不是人,人是动物。这样的逻辑大家可以信服吗?(掌声)

余　磊:动物性等于恶吗?请大家想一下。对方辩友看到一只老虎吃兔子,会告诉大家这个老虎多么的恶?这个恶是我们社会评判的

标准吗？对方辩友善恶的观念根本就是界定错误嘛。（掌声）

陈锦添：我想请问对方辩友，对方说人没有恶的本性，那请问，贪婪是不是恶的本性？是不是人的本性呢？

袁　丁：我方已经说了，连"贪"字下面都有个"贝"字，那不是表示对钱的贪欲吗？（掌声）

胡渐彪：有一个"贝"字，就是为了钱。那我们今天"辩论员"的"员"字下面也有一个"贝"字，你是说我们大家都是贪钱的人喽？（掌声）

余　磊：对方同学说，今天的奖杯有10 000块钱，我们会不会去贪呢？我们不会，因为我们受过教育。而且还要提醒对方同学，在这种情况下根本就没有恶的存在。没有恶的存在，对方同学还要讨论恶之源，是不是叫作"没有牙齿的老太太嚼牛筋——白费口舌"呢？（掌声）

陈锦添：对方说到教育，我倒想问对方一个问题，今天你教育，是教育人，还是教育钱呢？（笑声）

周玄毅：对方同学，我们谈谈毒品犯罪。请问您，毒品犯罪背后的推动力量究竟是什么？

陈政靫：如果要谈事实的话，我想人类最悲剧的一个事实就是在南京大屠杀的时候。请问南京大屠杀的时候，日本人蹂躏中华女性的时候，他是为了钱而这样子做的吗？（掌声）

余　磊：按照对方辩友的观点，日本人侵略亚洲各国，为的不是经济利益，为的是建立"大东亚共荣圈"？这样的借口，我们能接受吗？（掌声）

陈勋亮：对方辩友别忙着扣帽子。如果经济发展就是万恶之源的话，那新加坡经济蓬勃发展，不是可把恶源给堆得越来越多了吗？对方辩友，请你回答我方的一个例子吧，如果钱是万恶之源，那到底钱跟东京的沙林毒气案件有什么关系呢？

周玄毅：经济发展新加坡的确做得很好。可是日本的经济发展比新加坡做得更好啊！他还不是一阔脸就变，说反正我现在有钱了，我根本就不承认我侵略了东南亚各国啊！（掌声）

胡渐彪：对方辩友说到日本人篡改历史，我就一肚子气。我想请问，这种不顾事实，掩盖历史的现象，这种恶，是钱带来的吗？（掌声）

余 磊:钱多,这叫钱多烧得慌,冲昏了头脑啊!对方同学,毒品的问题,请您告诉大家,是什么让毒犯舍得一身剐,敢把毒品扶上马?

陈勖亮:请你们看,其实对方辩友来来去去还是谈一个例子,就是贪钱的例子。请问,今天我们贪的就只有钱吗?我方问了,色情的罪恶是不是万恶之源?我想请问对方辩友,到底强奸是不是被万恶包括在内呢?

余 磊:中国人说"万恶淫为首"。但是现在有了钱可以大摇大摆出入红灯区,还认为是风流快活。对方同学,把不道德的变成(时间警示)道德的,把不合法的变成合法的,还不能说明是万恶之源吗?(掌声)

胡渐彪:说到"万恶淫为首",就要让我想到性侵犯。美国根据调查,每3位妇女就有一位曾经面对过这种侵扰。请问各位,这和钱有什么关系呀?

袁 丁:可是我也知道,美国现在每2分钟就有一次抢劫案,每3分钟就有一次盗窃案哪!(掌声)

陈勖亮:所以对方辩友说得好啊,又有抢劫案,又有强奸案。为什么今天你的万恶之源导致部分的恶呢?部分的恶等于万恶吗?请你论述一下吧。(掌声)

余 磊:很简单嘛,对方同学"万"字概念界定错误。我方已经重申过4遍了呀!

胡渐彪:对呀,这个界定本身就是不看原典。请问你知不知道,这句话原典是来自《提摩太书》第六章第十节呢?

周玄毅:我可以告诉您中文的原典在哪里,在这里(举《汉语大辞典》)——《汉语大辞典》中,"万"字一共9种意思,没有一种是"一切"。请对方辩友自己去查。(掌声)

胡渐彪:对方辩友(时间警示)把今天这个辩题断章取义,你只告诉我是一个"万"字,不是"万恶之源"。成语、谚语、《辞海》也告诉我们,"万恶之源"所指是一切恶的源哪!(掌声)

蒋 舸:对方辩友,刚才我方的问题您都不愿回答。其实贩毒是冰山一角,现在全世界的有组织犯罪,还有偷渡、卖淫、造假、洗钱、走私,请问其中哪一种不是为了钱呢?

陈锦添：毒贩有罪，还是钱有罪呢？（笑声）

袁　丁：对方同学知道为什么毒贩都抓不到吗？因为有官员腐败。请问腐败是不是为了钱呢？（掌声）

陈勋亮：对方辩友没有回答我方问题，到底是毒贩有罪，还是钱有罪呢？

余　磊：毒贩不是为了钱，难道是还为吸毒者服务的吗？他干脆无偿大派送好了。（笑声、掌声）

陈政靽：按照对方逻辑，那么一个强奸犯强奸一个女人，是强奸犯有罪，还是那女人有罪呢？（嘘声）

余　磊：对方同学今天的兴趣怎么只在强奸上面？（笑声、掌声）世界上那么多主要的恶，您视而不见哪！

胡渐彪：所以对方辩友今天看万恶之源，只看抢劫。那强奸他们就认为不是万恶，那是大善吗？

袁　丁：强奸当然是恶。可是我已经说了，现在有人有了钱就可以进红灯区，连强奸都算不强奸了，这是不是恶呢？（笑声、掌声）

陈锦添：如果强奸对方不能回答，那我就问你，校园枪杀案是不是说杀了一个人，我就可以得到很多钱呢？

余　磊：因为新闻媒体播放暴力片，让天真无邪的孩子心灵（时间到）受到了蒙蔽。不是为了钱吗？（掌声）

主　席：谢谢。对不起，时间到。

陈勋亮：那请对方辩友告诉我们，解释一个事实的例子，美国校园枪击案，到底跟钱有什么关系呢？

陈锦添：今天破坏公物也不是为了钱嘛，可是破坏公物到底是不是恶呢？

胡渐彪：对方辩友也说"万恶淫为首"。那性侵犯和钱有什么关系？请您论证。

陈勋亮：如果钱是万恶之源，那创造（时间到）钱的恶又是谁呢？（掌声）

主　席：好，那么欣赏过了双方辩手紧凑的针锋相对，我们暂时来舒缓一下紧张的气氛。

● 双方四辩结辩

主 席:好,各位观众,欢迎再次回到辩论会现场。现在呢,是轮到双方的第四位代表做总结性的陈述,这可是重任。我们首先请反方代表——反方的四辩胡渐彪同学发言,时间是4分钟,请。

胡渐彪:谢谢。其实刚才一连串的争议都起源于对方一辩在展开命题的时候所犯下的几个关键错误。一开始他们弄下了两个前提,用这两个前提展开他们的立论。第一,他告诉我们,今天所谓的"万"不指全部。但是对方辩友这一种用《辞海》断章取义,只看一个"万"字,不看"万恶之源"这4个字,是不是有点离题之嫌呢?

对方辩友的第二个假定是告诉我们,今天人本身是没有恶性的。这个恶是从哪里来呢?是外在诱惑我出来。然后他们就告诉我们说,钱以后怎么重要,怎么诱惑我做恶事。我想请问各位,真的是人没有恶的本性吗?请大家抚着自己的良心,人类本身的贪婪,人类本身的那种兽性是从哪里来的呢?如果钱是万恶之源,那钱还没有发明之前,这种兽性跟贪婪性为什么就突然间不叫作恶了呢?

根据这两个前提,他们开展出三个论点。第一个,他告诉我们钱本身现在能够等价交换,所以钱是万恶之源。那我想请问各位,为什么钱能够有等价交换这种高尚的能力呢?是因为经济发展。按对方辩友的逻辑,是不是要告诉我们,经济发展其实真的是万恶之源呢?

第二个论点,他告诉我们,今天钱能够成为一个人的精神价值。但是这真的是一个必然判断吗?今天一个丈夫殴打他的老婆,本身可能是因为工作上不满意,可能因为情绪的宣泄,这和钱有什么关系呢?

第三,他告诉我们,今天钱本身是一个目的,是一个工具,因此是源。对方辩友其实已经阐述错误了:目的和工具不相等,不是同一个推导的导因。目的和原因有什么差别呢?一者是说从哪里来,一者是说到哪里去。如果两者是等同在一起的话,那么目的和原因有什么差别?!

对方辩友又告诉我们,今天钱本身是一个很重要的手段—是手段就说明它是一个中性体。如果是中性体的话,我想请问各位,怎么还会突然间变成了万恶之源呢?而今天我们认为钱不是万恶之源,不是我们想为钱多说好话,而是想给钱一个确切的定位。我们看得到,有人为了钱确实去做恶事,有人为了钱也去做善事啊!今天我奉公守法赚钱,与此同时都助国家成长,是善是恶?如果这个万恶之源一时会推出善,一时又会推出恶,那它怎么还会是万恶之源呢?如果对方辩友告诉我们,这个钱能够推导出万恶之源,又能够推导出万"善"之源,那就是告诉我们,它有时是万恶之源,有时突然间又不是万恶之源。那您是不是一半论证自己立场,一半论证我方立场了呢?(尾声)

我们姑且把那善的一半掩起来不看,我们效法对方辩友,只看恶的那一部分好不好?在恶的部分,人类学家告诉我们,在社会上出现的恶,基本上可以包含在四个层面:第一个本身所说的就是极端(时间警示)的信念带来的恶;第二个就是非理性价值的违反;第三个就是非分之情欲。像邪教啊,恐怖分子啊,塔利班毁佛事件,甚至到南京大屠杀,这些恶和钱有什么关系呢?还是对方四辩想告诉我们,由于这些恶都没有钱涉及在内,所以他们就突然间不是恶呢?那我恍然大悟,原来日本人哪,他们篡改教科书是有根据的,那个不叫作恶,因为没有钱涉及在内。

就算我们今天把这3部分没和钱有关系的恶都撇开不谈,我们只看涉及钱的恶好不好呢?有涉及钱又怎么样?代表钱是万恶之源吗?诚如刚才所说的贪钱,钱是恶,还是贪是恶?对方辩友把"一"当作"万"的推论方式能够论证万恶之源吗?在数学上,把"一"当作"万",本身就是一个推断错误;在逻辑上,以一当万,以偏概全,就不能够是一个有效的推论;在内容上,盖着一大部分,只看一小部分,就是以偏概全的诡辩,只看恶的那一部分,有关系到恶就当作恶(时间到)的源是钱,是第二重诡辩哪!

主　席:谢谢……

胡渐彪:谢谢。(掌声)

主　席:时间到。好,我们谢谢胡渐彪同学。再来请正方四辩周玄毅同学做总结陈述,时间是4分钟,请。

周玄毅:谢谢主席。大家好。的确,辩论是对于语言和文字的玩味。今天,我们也很欣赏对方4位同学玩味的能力。然而请问大家,玩味的前提究竟是什么?是对于基本的概念有一个规范,有一个标准。今天这样一本最权威的《汉语大辞典》告诉大家,"万"字一共有9

种意思,5种是名词,一种是数词,还有3种分别是"极大的""极度的""极多的"。因此今天我方只需要证明,钱产生了这个世界上种类繁复,数量极多的罪恶,我方的观点就可以成立。

而对方同学今天告诉大家,我方要证明钱产生了世界上一切的、微小的、琐碎的、细微的罪恶。这是不是有一点"纸糊的月亮当太阳—偷天换日"的嫌疑呢?(掌声)而且我还要提醒大家,《辞海》是一本辞书,而"万恶之源"是一个短语。一个短语居然能在《辞海》里面出现,这是不是有些奇怪呢?

总结对方同学今天的观点,其实无非是说恶源于人的内心,源于人的本性。可是请大家想一想,什么才是人的本性呢?孟子说:"民之归仁也,犹水之就下。"我们人都有是非、恻隐、恭敬、羞辱之四端,这才是本心,这才是本性。当心中有了恶念,就像是清澈的湖水里泛起了污秽。这污秽之源到底是湖水本身呢,还是外部的杂质呢?外在诱惑就是我们人心中的杂质,而金钱作为一般等价物,则是这种种外部诱惑的抽象化身,所以我们才说钱是万恶之源。

事实胜于雄辩。今天,我们一起在历史中回顾金钱如何腐蚀了强大的罗马帝国和中世纪的天主教会,这个时候对方同学告诉大家,钱不是万恶之源;我们一起在现实中看到了,走私、贩毒、战争、有组织犯罪如何都是因金钱而生,对方同学仍然告诉大家,钱不是万恶之源;我们一起看到了,人类几千年的文明史都在对于金钱的追求之中充满着血腥、暴力、仇恨与背叛的同时,对方同学仍然告诉大家,钱不是万恶之源。

此刻,就在对方辩友侃侃而谈,为金钱进行辩护的同时,我们不知道在金钱魔杖的挥动之下,又有多少奸商一夜暴富,有多少暴徒铤而走险。我们不知道,有多少人正在用闪闪发光的黄金去引诱那些原本纯朴、善良的灵魂,又有多少灵魂在金钱的引诱之下一步一步走向堕落的深渊。

面对着这一切,我们不能不觉察到金(时间警示)钱光辉背后罪恶的阴影,我们不能不倾听到金钱喧嚣声中良知的呻吟。是的,钱是万恶之源。然而,万恶之源本身并不是恶。只要我们发扬自身的理性和良知,在历史的天平上,钱仍然有自己应该有的位置——在这个恶之源,同样可以开放出美丽的善之花。

的确,总有一种力量能让我们迷失本性,那是金钱无所不能的魔力;然而,同时也有一种力量让我们返回本心,那是我们心中永恒不灭的人性之光。谢谢。

主　席:谢谢周玄毅同学。那,观众朋友,我们可以看出呢,双方的辩手都是使出了浑身解数。那接下来的工作就要交给我们的评判团成员了。请评判团退席。观众朋友,我们稍后见。(掌声)

课后练习

请组织正反方,选取如下辩题进行练习:

辩题1:女性比男性(正)/男性比女性(反)更需要关怀

辩题2:宽松式管理对大学生,利大于弊(正)/弊大于利(反)

辩题3:大学毕业了创业好(正)/就业好(反)

辩题4:知难行易(正)/知易行难(反)

辩题5:网络使人更亲近(正)/疏远(反)

辩题6:听话的学生是(正)/未必是(反)好学生

辩题7:大学本科毕业后,先工作再考研(正)/先考研再工作(反)合理

辩题8:大学生就业难是个人(正)/社会(反)原因造成的

辩题9:大学生谈恋爱利大于弊(正)/弊大于利(反)

辩题10:纪律会促进(正)/限制(反)个性的发展